古典文獻研究輯刊

三二編

潘美月・杜潔祥 主編

第46冊

嶽麓書院藏秦簡《叁》奏讞書研究（上）

楊椀清 著

國家圖書館出版品預行編目資料

嶽麓書院藏秦簡《叁》奏讞書研究（上）／楊椀清 著 -- 初版
-- 新北市：花木蘭文化事業有限公司，2021〔民110〕
目 4+176 面；19×26 公分
（古典文獻研究輯刊 三二編；第 46 冊）
ISBN 978-986-518-427-8（精裝）
1. 簡牘文字 2. 判例 3. 研究考訂
011.08   110000644

ISBN-978-986-518-427-8

9 789865 184278

古典文獻研究輯刊
三二編 第四六冊   ISBN：978-986-518-427-8

嶽麓書院藏秦簡《叁》奏讞書研究（上）

作　　者　楊椀清
主　　編　潘美月、杜潔祥
總 編 輯　杜潔祥
副總編輯　楊嘉樂
編　　輯　許郁翎、張雅淋　美術編輯　陳逸婷
出　　版　花木蘭文化事業有限公司
發 行 人　高小娟
聯絡地址　235 新北市中和區中安街七二號十三樓
　　　　　電話：02-2923-1455／傳真：02-2923-1452
網　　址　http://www.huamulan.tw 信箱 service@huamulans.com
印　　刷　普羅文化出版廣告事業
初　　版　2021 年 3 月
全書字數　317556 字
定　　價　三二編 47 冊（精裝）台幣 120,000 元

嶽麓書院藏秦簡《叁》奏讞書研究（上）

楊椀清 著

作者簡介

楊椀清，台灣嘉義人，淡江大學中文系學士，台南大學國語文系碩士，高雄師範大學國文系博士。曾任嘉義女中實習教師、新營高中設備組長，現任新營高中教師兼任校長秘書。師承汪中文教授、林文欽教授。碩士論文為《戰國縱橫家書彙釋及相關問題研究》。曾參與編寫《不用出門補習也能寫好學測國文》一書。喜好出土文物和古文字研究。

提　　要

　　《嶽麓書院藏秦簡》是湖南大學嶽麓書院在 2007 年搶救性購入的一批珍貴竹簡，《嶽麓書院藏秦簡》中所見律法皆可與《睡虎地秦簡》、《里耶秦簡》、《張家山漢簡》……等出土秦、漢簡做比對，除了可以互相解釋印證外，亦可看出漢律在秦律基礎上的沿襲。

　　《嶽麓書院藏秦簡（叁）》是關於戰國秦至秦統一後跟律法有關的判例，內容多是秦代的官吏判案過程有疑慮時，上表奏讞的案例，有一部分是因破獲微難獄而請求升官的案例，整體而言，是研究秦代律法和瞭解秦代民間生活的重要材料之一。

　　《嶽麓書院藏秦簡（叁）》共有十五個案例，均為判例。雖然有些案例殘簡頗多，但仍可大致判讀其內容，自出土以來研究者眾，在前人的研究基礎上，本文將十五篇案例重新分為五類：「盜罪案件研究」、「刑事案件研究」、「乞鞫案件研究」、「為偽書和畏耎案研究」和「綜合案件研究」。

　　本文從釋文、彙釋及相關問題研究著手，除了羅列前人研究外，加上筆者之爬梳整理並提出個人看法，希望對後來之相關研究者，有所裨益。

目

次

凡　例

一、釋文以《嶽麓書院藏秦簡（叁）》的釋文為底本，凡有改訂者，在彙釋中進行說明。

二、釋文前先置放各個案件之圖版，圖版皆取自《嶽麓書院藏秦簡（叁）》中之圖版，以供比照。釋文盡量對簡文加以隸定，簡文完整但不便隸定的字，粘貼簡文圖片。

三、釋文中假借字、異體字隨文注出，外加（　）號；錯字隨文注出正字，外加〔　〕號；不能補足的殘缺字，用□表示，一字一□；據文意補釋的文字，以字表示；據文例補出的脫文用『　』表示；原文中未能釋出的文字並且字數不確定者，用……表示；對釋文有疑問處以（？）表示；補充殘簡、缺簡內容用【　】標示；竹簡殘斷，用乙號表示；整理小組對引文的省略，採用（…中略…）表示；筆者集釋對引文的省略採用（……）表示。

四、簡文中提示分篇、分章、分條的墨點、墨團、墨塊照錄。合文和重文號都加以標示。

五、每個條簡文後加註簡編，本書簡編有二，圖版上方為原始編號，下方為《嶽麓書院藏秦簡（叁）》的簡文編號，為行文方便，以《嶽麓書院藏秦簡（叁）》的簡文編號為主。

六、集釋部分會先行列出整理小組的意見，以「整理小組」稱之。再引述其他學者意見之處，均直接引用。

七、筆者有討論、補充意見之處以【按】標示。

八、為行文方便，集釋所引學者除受業師外均直呼其名，敬請見諒。

第壹章　緒　論

第一節　研究動機

　　王國維先生曾於《最近二三十年中中國新發現之學問》一文提到：「古來新學問起，大都由於新發現。有孔子壁中書出，而後有漢以來古文家之學，有趙宋古器出，而後有宋以來古器物古文字之學。」〔註1〕可見利用出土文物來驗證或重新解讀古籍甚至另立學派，乃自古即有。而這些重大的文字資料之發現，造就了許多專門學科的興起，如敦煌學、甲骨學、簡牘學……等等。二〇年代，王國維先生首倡「二重證據法」，他說：

> 紙上之材料外，更得地下之新材料，由此種材料，我輩固得據以補正紙上之材料，亦得證明古書之某部分為實錄，即百家不雅馴之言亦不無表示一面之事實。此「二重證據法」為在今日始得為之。雖古書未得證明者不能加以否定，而其已得證明者不能不加以肯定可斷言也。〔註2〕

以紙上材料與地下材料互證，足以糾正前人之誤說。

　　2007年12月，湖南大學嶽麓書院從香港搶救性收購了一批珍貴秦簡。這批秦簡當時已多有殘斷、破裂，且出現了比較嚴重的黴斑，急需盡快進行

〔註1〕王國維：〈最近二三十年中中國新發現之學問〉《王國維遺書》第五冊《靜庵文集續編》（上海古籍書店，1983年），頁65～69。

〔註2〕王國維：《古史新証～王國維最後的講義》（北京：清華大學出版社，1994年12月），頁3。

保護處理，在湖南大學的支持下，嶽麓書院收藏了這批瀕臨毀壞的秦簡。

這批簡共編號 2098 個，其中比較完整的簡有 1300 餘枚。另外，2008 年 8 月，香港一位收藏家將其所購藏的少量竹簡捐贈嶽麓書院，經過技術處理後，發現這些簡（76 個編號，較完整的 30 餘枚）的形制、書體和內容都與嶽麓書院新收藏的秦簡相同，應屬同一批出土。

此批竹簡經過以李學勤為組長的專家鑑定組進行真偽鑑定，確定這批竹簡的時代和內容，認為是一批非常珍貴的秦簡，具有極高的學術價值，可定名為「嶽麓書院藏秦簡」，簡稱「嶽麓簡」。

這批秦簡的主要內容大致可以分為七大類：

一、質日

二、為吏治官及黔首

三、占夢書

四、數書

五、奏讞書

六、秦律雜抄

七、秦令雜抄

《嶽麓書院藏秦簡》已出版至第五冊，第一冊的內容為質日、占夢和為吏之道，第二冊為數書，第三冊是奏讞書，第四冊和第五冊皆為秦律雜鈔。其中《嶽麓秦簡（叁）》奏讞書的部分可和《張家山漢簡》和《睡虎地秦簡》及《里耶秦簡》的內容和律法做相互聯結和比對。使學界更瞭解秦漢時期的律法，及中下階層的生活情形。

奏讞類文書在《嶽麓書院藏秦簡（叁）》問世之前，出土材料中只有張家山漢簡《奏讞書》出土了大量的奏讞文書，歷來多有學者質疑奏讞文書的形成，而《嶽麓書院藏秦簡（叁）》的問世，給予世人得以見證到奏讞文書的演進歷程。

《嶽麓書院藏秦簡（叁）》經整理後，共有二百三十七枚簡，從材質、書寫體裁、記載內容等方面，整理小組整理出十五個案例，分別是：

一、癸、瑣相移謀購案

二、尸等捕盜疑購案

三、猩、敞知盜分贓案

四、芮盜賣公列地案

　　整理小組說明此十五個案例可分為四類：第一類記載案例一至案例七，內容屬狹義之奏讞，前後稱「敢讞之」，主文稱「疑某人罪」，「疑某人購」等，均係下級機關對上級機關表示法律適用上的疑問，和張家山漢簡《奏讞書》前十三個案件相似，但所疑的範圍更廣泛。一共有七個案件，內容有殺人、詐騙、脅迫和分贓等，時間發生在秦王政二十年到二十五年之間，為秦統一的前夕。在背面簡呈現明顯的劃痕，且前後連貫，文書格式保存完整。

　　第二類的簡是案例八至案例十三，只有七十四枚，比第一類簡少了近一半，保存狀況不好，殘簡缺簡很多，材質為竹簡，內容可分為二個部分，一是縣級長官為了破案立功的獄史或令史以敢言之形式寫的推薦信，附以詳細的偵探以及斷獄資料，請求郡府將其提拔為卒史，與張家山漢簡《奏讞書》案件二十二屬同類，這種案件有四個，三個盜殺人案，一個為刑殺人案。另一種是郡府以謂的形式命令縣來處理經過郡覆審的乞鞫案件，與張家山漢簡《奏讞書》案十八頗像。

　　第三類和第四類各僅包含一個案件，第三類即案例十四較完整，共有二十六枚簡，為木簡，內容為狹義的奏讞案件，與第一類同。文書格式保持了比較原始的格式，奏讞文書的年、月、日、官職、人名都保留原貌。

　　第四類為案例十五，書於竹簡，僅存七枚簡，較為殘破，用筆特徵自成一格和其他三類都不相同。和張家山漢簡《奏讞書》案十八相似。〔註3〕

〔註3〕以上分類參見陳松長等著，《嶽麓書院藏秦簡的整理與研究》（上海：中西書局，2014 年 11 月），頁 227～229。

《史記‧陳涉世家》：「會天大雨，道不通，度已失期。失期，法皆斬。」〔註4〕一般人對秦法嚴苛的印象多是來自《史記》的這個記載，還有賈誼《過秦論》：「秦之盛也，繁法嚴刑而天下震」說明秦代實施的是嚴刑峻法。然後出土材料的問世，從《睡虎地秦簡》、《嶽麓書院藏秦簡》、《里耶秦簡》和《張家山漢簡》等材料的出土，大量的秦簡律令，讓世人對秦的律法有更深層的認識，瞭解到秦法是有其人性化的一面。

《嶽麓書院藏秦簡（叁）》的出現，輔以其他出土材料，讓我們可以瞭解到秦的奏讞制度已趨於完備，整理小組的分類屬大分類，雖然是按簡文編號、簡的長度和簡背的編聯分類進行科學分類，學者對此十五則案例的研究大都按整理小組的分類進行分析，但筆者在深入閱讀完此十五個案例後，發現整理者的分類可以再細部分類，如第一類有七則案例，〈癸瑣相移謀購案〉〈尸等捕盜移購案〉都是羣盜殺傷人，追捕者要請領購賞之案件。〈猩、敞知盜分贓案〉主要是參與分贓。〈芮盜賣公地案〉是非法詐騙。此四則有一共同特點，即是都跟盜有關，在秦的律法上，屬盜律的懲處範圍，可以另行分作一類。〈多小未能與謀案〉是除罪問題，跟盜無關。〈暨過誤失坐官案〉則是公務疏失，討論的是數罪併罰或二罪從重的看法。〈識劫婉案〉則是恐嚇罪，內容牽涉到秦代的家庭成員，財產申報等問題。看上去和前四案沒有什麼關聯，故筆者認為可以將之分類在綜合研究類。因此本論文將對《嶽麓書院藏秦簡（叁）》重新分類，並羅列各家彙釋和相關問題進行研究分析。

第二節　文獻探討

學界對《嶽麓書院藏秦簡（叁）》的討論主要集中在以下幾個方面：一、簡冊的編聯及命名；二、相關案例探討；三、相關地理研究；四、綜合討論。現分別進行論述。

一、《嶽麓書院藏秦簡（叁）》的編聯及命名

（一）編　聯

1. 嶽麓書院藏秦簡整理小組：〈嶽麓書院藏秦簡《為獄等狀四種》概述〉

〔註4〕　〔漢〕司馬遷撰；〔劉宋〕裴駰集解；〔唐〕司馬貞索隱；〔唐〕張守節正義：《史記》，（臺北：鼎文書局，1981 年），頁 1950。

〔註5〕中對嶽麓秦簡的復原工作進行了介紹，指出復原工作的依據為簡文、文書格式、背面劃線、反印文、揭區位置等客觀標誌。

2. 陶安：〈《嶽麓書院藏秦簡（三）》校勘記〉〔註6〕，將各家對《嶽麓書院藏秦簡（叁）》有編聯問題的論文，增補了簡021、簡049、簡117、簡155遺漏殘片和簡094（2）、簡243（2）、簡243（3）、簡244（2）、簡244（3）遺漏簡，對簡245的歸屬問題進行了討論，並對書中相關簡序、號、釋文、注釋等進行了相應調整、增改。

3. 陶安：《《嶽麓秦簡復原研究》》〔註7〕：對《嶽麓書院藏秦簡（叁）》的編聯再做一更有系統的整理。本書除編聯外，亦對許多相關問題重新梳理。

4. 史達：〈嶽麓秦簡《為獄等狀四種》卷冊一的編聯——依據簡背劃線和簡背反印字跡復原卷軸原貌〉〔註8〕，對嶽麓秦簡的背面劃線的分析，指出《為獄等狀四種》卷冊一的製作順序為：劃線——書寫——編冊。又據背面反印文復原了該卷冊的原始簡位。

5. 史達：〈嶽麓秦簡《為獄等狀四種》新見的一枚漏簡與案例六的編連〉〔註9〕中又發現一枚原始編號為J15的漏簡，指出該簡當位於《暨過誤失坐官案》缺簡08處，並對該案簡進行重新排序，此補充了本案簡文的重要缺失內容。

6. 陳偉：〈《嶽麓秦簡三·𡥈盜殺安宜等案》編連獻疑〉〔註10〕，通過對《𡥈盜殺安宜等案》前後語言邏輯的分析和對該案偵查範圍的推測，指出將該案簡153放在簡155後更符合邏輯。

關於《嶽麓書院藏秦簡（叁）》的編聯探討，因為斷簡和殘簡的關係，

〔註5〕嶽麓書院藏秦簡整理小組：〈嶽麓書院藏秦簡《為獄等狀四種》概述〉《文物》（2013年第5期），頁77～83。

〔註6〕〔德〕陶安：〈《嶽麓書院藏秦簡（三）》校勘記〉《出土文獻與古文字研究（第六輯）》（上海：上海古籍出版社，2015年），頁537～573。

〔註7〕〔德〕陶安：《嶽麓秦簡復原研究》（上海：上海古籍出版社，2016年）。

〔註8〕〔德〕史達著，李婧嶸譯：〈嶽麓秦簡《為獄等狀四種》卷冊一的編聯——依據簡背劃線和簡背反印字跡復原卷軸原貌〉《湖南大學學報（社會科學版）》（2013年第3期），頁20～25。

〔註9〕〔德〕史達：〈嶽麓秦簡《為獄等狀四種》新見的一枚漏簡與案例六的編聯〉《湖南大學學報（社會科學版）》（2014年第4期），頁7～10。

〔註10〕陳偉：《《嶽麓秦簡三·𡥈盜殺安宜等案》編連獻疑》，簡帛網：2013年9月5日。

一直有人提出新的編聯，但散見在其論文中，非單獨討論編聯問題，故放在綜合討論的文獻探討中。《嶽麓書院藏秦簡（叁）》的編聯主要是整理者陶安在其著作中多次為編聯問題提出新的見解，而史達則找到一枚殘簡恰巧補了〈暨過誤失坐官案〉中的首簡。此說亦被整理者陶安所採納。陳偉只針對〈魏盜殺安宜等案〉提出簡 153 應放在 155 之後才更符合邏輯。筆者在本論文中將每一案例之釋文部分有編聯問題的，若有不同於其他人看法或認同某一定之說法者，在釋文中即呈現，並於相關問題研究中進行討論。

（二）命名

1. 嶽麓書院藏秦簡整理小組：〈嶽麓書院藏秦簡《為獄等狀四種》概述〉〔註11〕一文，對《為獄等狀四種》的命名方式進行了解釋與說明。

2. 蘇俊林：〈嶽麓秦簡《為獄等狀四種》命名問題探討〉〔註12〕，認為以《為獄等狀四種》命名不妥，建議以《奏讞文書》統稱全書，以「奏讞書」、「為獄狀」、「為乞鞫奏狀」、「為覆奏狀」等作為二級標題；或者去掉總標題，只使用各類文書的篇題。

3. 鄔勖：〈《奏讞書》篇題再議——以文書類型和案件性質的考察為視角〉〔註13〕，則針對題名問題進行了專門的論述。

在《嶽麓書院藏秦簡（叁）》的篇題討論中，蘇俊林、鄔勖認為相對於《張家山漢簡》中的《奏讞書》，「奏讞書」之名更適用于《嶽麓書院藏秦簡（三）》，不必太過強求名實的統一。此外，陶安〔註14〕、蘇俊林〔註15〕、劉慶〔註16〕還分別對題名中的「奏」和「狀」進行了進一步的解讀。對此學界並無定論，因為對於《嶽麓書院藏秦簡（叁）》有人稱之為「奏讞書」，

〔註11〕嶽麓書院藏秦簡整理小組：〈嶽麓書院藏秦簡《為獄等狀四種》概述〉《文物》（2013 年第 5 期），頁 77～83。

〔註12〕蘇俊林：〈嶽麓秦簡《為獄等狀四種》命名問題探討〉《簡牘學研究（第五輯）》（甘肅人民出版社，2014 年），頁 14。

〔註13〕鄔勖：〈《奏讞書》篇題再議——以文書類型和案件性質的考察為視角〉《武漢大學簡帛研究中心》：http://www.bsm.org.cn/show_article.php?id=1962。

〔註14〕〔德〕陶安：〈《為獄等狀四種》標題簡「奏」字字解訂正——兼論張家山漢簡《奏讞書》題名問題〉《中國古代法律文獻研究（第八輯）》（社會科學文獻出版社，2014 年），頁 22～48。

〔註15〕蘇俊林：〈秦漢時期的「狀」類司法文書〉《簡帛（第九輯）》（上海古籍出版社，2014 年），頁 301～310。

〔註16〕劉慶：〈也論秦漢司法中的「狀」文書〉，《國學學刊》（2015 年第 4 期），頁 114～121。

也有稱為「為獄等狀四種」的。本題將論文題目命名為《嶽麓書院藏秦簡（叁）奏讞書研究》的主要原因，也是來自於其內容雖是狹義的奏讞形式，但對《張家山漢簡》的《奏讞書》有承上啟下之作用，故命名之。

二、相關案例探討

此部分是有關於中學界對《嶽麓書院藏秦簡（叁）》各個案例進行探討的相關文章。

（一）癸瑣相移謀購案

1. 陳偉：〈也說《癸、瑣等相移謀購案》中的「辟」〉〔註17〕：從張家山漢簡具律和里耶秦簡互為比對，認為辟作為治獄的一個具體環節，是召喚證人，招引證據一類含義。辟書則應是相關文書。

2. 支強：〈「盜未有取吏貲瀆戍律令」問題再識〉〔註18〕，本文針對盜未有取吏貲戍律令進行探討，認為此律令包括「盜未有取吏貲法」和「戍律令」兩個部分。州陵守綰等依據前者判參與策劃騙取購賞的癸、瑣等人「贖黥」，依據後法判處癸、行「戍衡山郡三歲」。可見秦代法律形式至少包括了法、律、令三種形態，其中法是一種非成文的法律形式。

3. 曹方向：〈麓秦簡《癸、瑣相移謀購案》補釋一則〉〔註19〕：從簡長度的比對，還有簡18認為應該在簡4末端補「癸等」二字。

4. 陳松長：〈《嶽麓簡（三）》「癸瑣相移謀購案」相關問題瑣議〉〔註20〕，本文探討「相移」的法律條文，以《睡虎地秦簡》為補充，討論「有秩吏」和「士五」；再針對「購」和「拜爵一級」討論之。

5. 鄔勖：〈《嶽麓簡（三）》「癸、瑣相移謀購案」中的法律適用〉，本文探討《癸瑣相移謀購案》中法律適用問題，分別是州陵縣的判決，癸等八人被判贖黥。監御史康的劾，是目前首見的案例。圍繞著戍卒、吏徒捕盜相移和縣吏論獄有失兩個事實，產生了由郡、縣二級機構作出的數量豐富的定罪量刑意見。

〔註17〕陳偉：〈也說《癸、瑣等相移謀購案》中的「辟」〉《簡帛網》，2013年。
〔註18〕支強：〈「盜未有取吏貲瀆戍律令」問題再識〉，《出土文獻與法律史研究（第三輯）》（上海：上海人民出版社，2014年10月），頁63～72。
〔註19〕曹方向：〈嶽麓秦簡「癸、瑣相移謀購案」補釋一則〉《簡帛網》20130918首發。
〔註20〕陳松長：〈《嶽麓簡（三）》「癸瑣相移謀購案」相關問題瑣議〉《華東政法大學學報》（2014年第2期），頁12～18。

6. 陳偉：〈盜未有取吏貲灋戍律令試解〉，本篇探討「癸、瑣等相移謀購案」中，「盜未有取吏貲灋戍律令」，是說明判決嫌犯的根據。將簡 013 重新斷讀，並引《睡虎地秦簡・法律答問》中有關贖黥的條例，認為「法」是「廢」，來說明「盜未有取」是判處贖黥。〔註 21〕

關於〈癸、瑣等相移謀購案〉的討論通常都集中在「盜未有取吏貲灋戍律令」及法律適用問題。還有購賞問題，死罪的購賞和羣盜的購賞不同。

（二）尸等捕盜疑購案

1. 陳偉：〈尸等捕盜購金數試說〉〔註 22〕，認為簡 42～43 中「購金三兩」當為「二兩」之誤，從《法律問答》和《二年律令》來看，羣盜的購賞和死罪購也不同，因有秦人和它邦人，故此處是以死罪購是七兩。

2. 于洪濤：〈再論嶽麓簡尸等捕盜購金數額〉〔註 23〕，本文結合秦漢律令對案件中的疑購產捕羣盜等問題進行分析，認為南郡假守賈在判罰的時候選擇了折衷的意見，認同購金二兩之說。

3. 時軍軍：〈嶽麓秦簡「尸等捕盜疑購案」購賞辨析〉〔註 24〕，本文針對「尸等捕盜疑購案」中治、闖等犯罪行為分析，治等購金辨析，闖等購公辨析進行討論，可知秦代對罪犯的罪名認定是統一的，秦代的購賞制度嚴格且細密，最後提出捕它邦人律購金為二兩。

4. 水間大輔：〈嶽麓書院藏秦簡《尸等捕盜疑購》案所見逮捕群盜的獎賞規定〉〔註 25〕，以上篇章主要以尸等捕盜的購金為討論對象，但其中有探討到它邦人和本國人的問題，而對購賞產生了不同的意見。

對〈尸等捕盜疑購案〉學界的討論大都集中在購金數糾結在二兩或三兩，還有抓到本國人羣盜和他邦人的購賞問題，對文字考釋部分較少涉及。

（三）猩、敞知盜分贓案

方勇：〈讀嶽麓秦簡（叁）札記一則〉，本篇就「猩、敞知盜分贓案」中

〔註 21〕 陳偉：〈盜未有取貲灋戍律令試解〉《簡帛網》，2013 年 9 月 9 日首發。
〔註 22〕 陳偉：〈尸等捕盜購金數試說〉《簡帛網》，2013 年 9 月 12 日首發。
〔註 23〕 于洪濤：〈再論嶽麓簡尸等捕盜購金數額〉《簡帛網》，20130916 首發。
〔註 24〕 時軍軍：〈嶽麓秦簡尸等捕盜疑購案購賞辨析〉《肇慶學院學報》（2015 年 11 月第 27 卷第 6 期），頁 63～66。
〔註 25〕 〔日〕水間大輔：〈嶽麓書院藏秦簡《尸等捕盜疑購》案所見逮捕群盜的獎賞規定〉《中國社會經濟史研究》2014 年第 3 期，頁 89～92。

「錫」字應為「鍚」的考證，認為古時候此二字互通。〔註26〕

　　對〈猩、敝知盜分贓案〉的討論，並非只有一篇論文進行討論，大部分是零星的討論，而是散見於其他篇章，如在綜合討論中水間大輔的共犯研究，關於整本書的概述研究，都會提及此篇。

（四）芮盜賣公列地案

　　1. 鄔勗：《秦漢商業用地制度初探——以出土文獻為中心》〔註27〕，本文以出土文獻的材料為主，從〈芮盜賣公列地案〉中並輔以《張家山漢簡》、《睡虎地秦簡》，探討秦代的商業用地是由政府支配，除了分地經市外，還有身份區別。

　　2. 朱德貴：〈嶽麓秦簡奏讞文書商業問題新證〉〔註28〕：從《嶽麓秦簡參》中討論秦縣級商品交換較活躍，主要表現在交易的商品種類豐富；交易的媒介為貨幣；合伙經商等，認為《嶽麓秦簡參》首次揭示了秦商業糾紛的審理過程，是以往文獻不曾見過的。

　　3. 朱德貴、莊小霞：〈嶽麓秦簡所見「訾稅」問題新證〉〔註29〕，本文認為〈識劫婉案〉首次向世人公布了一批彌足珍的有關秦訾稅之史料，填補了秦史文獻相關記載的空白。確定訾稅徵收的對象；規定訾稅徵收的範圍；官府以戶為單位並依據一定的稅率，按財產折價之多寡而計徵訾稅。

　　4. 沈剛：〈新出秦簡所見秦代市場與商人探討〉〔註30〕，本文探討芮盜賣公列地案歸納出市場土地所有權歸屬國家；國家擁有對這類土地的出讓、分配權力，制訂這類土地的收受規則；商戶能夠從政府接受志地，可以有贈予等部分處置能力；政府對商業用地有規劃的權力。進一步探討政府和市場的關係，運用傳世文獻《史記》及出土材料《張家山漢簡》、《里耶秦簡》等資料說明秦代已有市租。

〔註26〕方勇：〈讀嶽麓秦簡參札記一則〉，《簡帛網》，20140221 首發。

〔註27〕鄔勗：〈秦漢商業用地制度初探——以出土文獻為中心〉（江西社會科學，2015年第 7 期）。

〔註28〕朱德貴：〈嶽麓秦簡奏讞文書商業問題新證〉《社會科學》（2014 年第 11 期），頁 154～165。

〔註29〕朱德貴、莊小霞：〈嶽麓秦簡所見「訾稅」問題新證〉，《中國經濟史研究》（2016第 4 期），頁 80～96。

〔註30〕沈剛：〈新出秦簡所見秦代市場與商人探討〉，《中國社會經濟史研究》（2016年第 1 期），頁 1～8。

5. 朱德貴：〈嶽麓秦簡所見「隸臣妾」問題新證〉〔註31〕，本文從《嶽麓秦簡參中〈芮盜賣公列地案〉中提出對隸臣妾的看法，認為隸臣妾是依附在官府名下的，這種又分為具有行動自由且通過「從事公」或經營產業而獲得經濟收入之「隸臣妾」，和因觸犯法律而被處「以為隸臣妾」。第二種為依附於私人名下的隸臣妾，他們只有在獲得戶主放免後，才能擁有立戶和財產支配權。

對此篇的討論，學界集中在秦代商業行為的研究，秦代的市場管理等，公列地屬國有，所以由政府置設官吏管理。另外還有對「隸臣妾」這個身份提出探討內容。

（五）暨過誤失坐官案

1. 方勇：〈讀嶽麓書院藏秦簡參小札一則〉，本文從馬王堆漢墓和《暨過誤失坐官案》簡 096 和 098 中的窓字應隸為窓字。〔註32〕

2. 張伯元：〈累論與數罪併罰〉〔註 33〕，本文從「暨過誤失坐官案」中「累論」與「數罪併罰」中討論其法律適用問題，得到秦律中雖未形成數罪併罰，但已有以重者論及更犯的適用法律。

3. 張韶光：〈嶽麓秦簡（三）《暨過誤失坐官案》的法律適用問題〉，本文對暨三次判處不同的結果進行討論。認為秦代的律法是「數罪併罰」和「重罪吸收輕罪」並行的。

此案例只有方勇針對窓字進行文字討論，張伯元的此篇論文得到對此篇進行研究的學者引用，如朱瀟〔註34〕、張韶光〔註35〕等皆根據「累論和數罪併罰」提出個人觀點。

（六）識劫𡟰案

1. 曹旅寧：〈《嶽麓秦簡（三）》案例八識劫𡟰案中奏讞的法律適用問題〉

〔註31〕朱德貴：〈嶽麓秦簡所見「隸臣妾」問題新證〉，《社會科學》（2016 年第 1 期），頁 153～165。

〔註32〕方勇：〈讀嶽麓書院藏秦簡叁小札一則〉，《簡帛網》，20131222 首發。

〔註33〕張伯元：〈累論與數罪併罰〉《中國古代法律文獻研究（第八輯）》（2014 年），頁 49～54。

〔註34〕朱瀟：《嶽麓書院藏秦簡《為獄等狀四種》與秦代法制研究》（北京：中國政法大學出版社，2016 年）。

〔註35〕張韶光：〈嶽麓秦簡（三）《暨過誤失坐官案》的法律適用問題〉《黑龍江史志》（2015 年第 5 期）。

〔註 36〕，本案探討婼的身份，為庶人，為大夫沛妻。書手在抄寫過程有誤，最後一簡應是「婼為大夫沛妻，識為城旦，須足輸蜀，或曰：婼為庶人，識貲二甲。」

2. 王彥輝：〈秦簡《識劫婼案》發微〉〔註 37〕，本文從大夫沛的家貲情況及其家庭經濟類型、財產登記制度、里單的性質等問題進行討論。

3. 賈麗英：《秦簡〈識劫婼案〉反映的秦代貲產稅》〔註 38〕：從〈識劫婼案〉一案探討秦代貲產稅，貲產稅的徵收程序和及方式都在本案中可以探知，貲稅的範圍從田、宅室、肆、客舍、馬和債款都有。從《嶽麓書院藏秦簡》來看，以貲財多少為標準，按比例徵稅納錢的財產稅徵收辦法在秦王政十八年已存在，比算緡早了一百一十多年。以上篇章主要是討論秦代的家庭身份問題及繼承問題。

4. 張岩岩、鐘意：〈試釋《嶽麓書院藏秦簡（三）》簡 136「後妻」、簡 158「大官」〉〔註 39〕，本文探討〈識劫婼案〉簡 136「婼為大夫□妻」，□未釋，觀看圖版後認為是後字，並列出在〈識劫婼案〉出現的後字共七個。〈魏盜殺安宜等案〉簡 158，認為大宮即大官。

5. 張娜：〈秦漢劫人罪當議〉〔註 40〕，本文從《識劫婼案》進行討論，認為劫在秦代相當於現在的敲詐勒索，但到了漢代就成了劫持人質的綁架了。案例中的識劫的目的是為了獲取財物，且其爵位為公士，故能得到減免，貲二甲與處完城旦並押送到蜀郡，說明相關法律還不是很完善。

對於本篇題的討論，可以探討的部分很多，有申報財產問題，有家庭身份問題，有主人和奴隸間的借代，還有里閭中人們如何相處，故研究者大多就以上問題進行討論。

〔註 36〕曹旅寧：〈《嶽麓秦簡（三）》案例八識劫冤案中奏讞的法律適用問題〉《簡帛網》，2013 年 10 月 22 日。

〔註 37〕王彥輝：〈秦簡《識劫婼案》發微〉（《古代文明》，2015 年 1 月，第 1 期），頁 74～83。

〔註 38〕賈麗英：《秦簡〈識劫婼案〉反映的秦代貲產稅》《光明日報》2014 年 9 月 3 日，第 14 版。

〔註 39〕張岩岩、鐘意：〈試釋《嶽麓書院藏秦簡（三）》簡 136「後妻」、簡 158「大官」〉，簡帛網：http://www.bsm.org.cn/show_article.php?id=2039，2014 年 6 月 26 日。

〔註 40〕張娜：〈秦漢劫人罪當議〉，《赤峰學院學報漢（文哲學社會科學版）》（2016 年 5 月第 37 卷第 5 期），頁 54～57。

（七）魋盜殺安、宜案

1. 陳偉：〈魋盜殺安、宜等案「焦城」試說〉〔註41〕，陳劍：〈關於《嶽麓簡（三）》的「燕城」〉〔註42〕，陳偉：《〈嶽麓秦簡三・魋盜殺安宜等案〉編連獻疑》〔註43〕，以上是探討篇章中提及熊城，經考證為焦城或燕城，目前學界多傾向燕城說。

2. 曹旅寧：〈何四維《秦律遺文》與〈嶽麓秦簡《三》〉〔註44〕針對《得之強與棄妻奸案》與《魋盜殺安、宜等案》中的「未」、「未奸」「未餤（蝕）」等用語，指出其為何四維關於《法律答問》簡65「內奸」為性關係方面的犯罪，「未餤（蝕）奸」為通姦未遂之意的觀點，提供了佐證。同時認為如果《魋盜殺安、宜等案》注二十二中按語改為：「餤（蝕）奸應為奸非罪未遂，參見案例十一注，本簡能證明『餤（蝕）』不限於奸罪使用，但『餤（蝕）』讀為何字仍待考。」更好。

3. 王偉：〈讀嶽麓書院藏秦簡參劄記一則〉，本文探討「魋盜殺安、宜等案》中簡1882中「訊同，同大宮隸臣，可（何）故為寺從公僕……」中的「大宮」，宮字有殘，似官字，且佐以秦代職官封泥觀之，並無「大宮」一職，但有「大官」，故應為「大官」才是。〔註45〕

本篇是刑事案件，其中熊城，陳偉考證為燕城，為學者所接受，對此城再無異議。接著是文字彙釋部分，曹旅寧針對餤（蝕）進行探討，最後認為餤（蝕）不限用奸罪，但讀音為何，則有待更多材料證明。王偉討論大宮與大官。筆者與之看法不同，在第參章中會進行深入的討論。

（八）譊妘刑殺人案

陳偉：〈丞相史如與丞矰－關於嶽麓書院藏秦簡三的兩個官制問題〉，本文探討案例八「譊妘到殺人等案」，有丞相史如，認為「丞相史」可能是《舊

〔註41〕陳偉：〈魋盜殺安、宜等案「焦城」試說〉，簡帛網：http://www.bsm.org.cn/show_article.php?id=1915，2013年9月24日。

〔註42〕陳劍：〈關於《嶽麓簡（三）》的「燕城」〉，復旦大學出土文獻與古文字研究中心：http://www.gwz.fudan.edu.cn/SrcShow.asp?Src_ID=2122，2013年9月25日。

〔註43〕陳偉：《〈嶽麓秦簡三・魋盜殺安宜等案〉編連獻疑》，簡帛網：http://www.bsm.org.cn/show_article.php?id=1887，2013年9月5日。

〔註44〕曹旅寧：〈何四維《秦律遺文》與〈嶽麓秦簡《三》〉簡帛網：http://www.bsm.org.cn/show_article.php?id=1935。

〔註45〕王偉：〈讀嶽麓書院藏秦簡參劄記一則〉，《簡帛網》，2014-03-12首發。

漢儀》中記載的官職，丞犅出現在案十五〈學為偽書案〉中，認為丞是少內中的一個職務。

此篇題研究目前只有陳偉針對此案進行討論，但是以官職加名為討論重點，而且案件本身，實為可惜。

（九）善等去作所案

莊小霞：〈《嶽麓書院藏秦簡（三）》〈善等去作所案〉之「楊台苑」補說〉〔註46〕，本文就「善等去作案」中的「楊臺苑」進行考釋，認為「楊臺苑」即秦封泥中的「楊臺苑印」，當為秦代苑囿之一，但具體所在，尚未能考。此案殘破，僅三簡，故研究者少，只此一篇。

本篇殘漏甚多，無法窺知全貌，只有莊小霞針對楊台苑進行揣測。

（十）學為偽書案

1. 黃傑：〈嶽麓秦簡《為偽私書》簡文補釋〉〔註47〕，針對學為偽私書中多條釋文進行補釋，如釋文中「種」字進行考證，認為多處應釋為「糧」，即「獄治求請」應讀本字「請」，非「情」。簡0913／2183＋J10／J11應斷讀為「丞主與胡陽公共憂毋擇，為報。」……等。

2. 黃傑：〈嶽麓秦簡《學為偽書案》再補〉〕〔註48〕：針對（嶽麓秦簡「學為偽書案」釋文注釋補正（三））進行修正，再增加幾條釋文。

3. 黃傑：〈嶽麓秦簡《學為偽書案》釋文注釋補正（三）〉〔註49〕，從簡222從殘劃考證此缺字為「信」字。簡225的殘字應是「毋」，應斷句為「毋害，聲聞」。簡226和234的「以名」，應釋為「使用假名、化名之義」。最後針對有關邦亡的幾條簡重新斷句和理解。〔註50〕

4. 陳松長：〈嶽麓秦簡《為偽私書》案例及相關問題〉〔註51〕，本文將

〔註46〕莊小霞：〈《嶽麓書院藏秦簡（三）》〈善等去作所案〉之「楊台苑」補說〉，簡帛網：http://www.bsm.org.cn/show_article.php?id=1926，2013年10月10日。

〔註47〕黃傑：〈嶽麓秦簡《為偽私書》簡文補釋〉，簡帛網：http://www.bsm.org.cn/show_article.php?id=1858，2013年6月10日。

〔註48〕黃傑：〈嶽麓秦簡《學為偽書案》再補〉，簡帛網：http://www.bsm.org.cn/show_article.php?id=1898，2013年9月12日。

〔註49〕黃傑：〈嶽麓秦簡《學為偽書案》釋文注釋補正（三）〉。http://www.bsm.org.cn/show_article.php?id=1921，2013年10月4日。

〔註50〕黃傑：〈嶽麓秦簡學為偽書案釋文注釋補正三〉，《簡帛網》，20131004首發。

〔註51〕陳松長：〈嶽麓秦簡《為偽私書》案例及相關問題〉，《文物》（2013年第5期），

《為偽私書》一案重新釋讀，相關問題方面則提出了學才是為偽書的主角，冒名癸去詐騙，還有偽造履歷和私信，此案說明馮毋擇是非同尋常的人物。但最後還是沒有說明學到底被判了什麼刑罰。

5. 曹旅寧：《嶽麓書院藏秦簡「馮將軍毋擇」補考》〔註52〕，本文除引史書外，尚引《張家山漢簡‧二年律令‧賊律》中對偽書的處罰。

6. 何有祖：〈嶽麓書院藏秦簡奏讞書1650號簡略考〉〔註53〕：提出邦亡為一種行為，二字不應頓開，再簡尾應是或令贖耐，而非或今贖耐。但此時簡文當未完全公布，故有些不完備之處。

7. 陳偉：〈嶽麓書院藏秦簡馮將軍毋擇小考〉〔註54〕，本文整理了史書中對馮毋擇的相關記載。

8. 陳偉：〈嶽麓書院秦簡1650號的解讀問題〉〔註55〕，本文根據何有祖的嶽書院藏秦簡奏讞書 1650 號簡略考一文，提出個人的意見，應重新讀作「盜去邦亡，未得，審，繫。敢讞之」。

9. 劉信芳：〈嶽麓書院藏簡《奏讞書》釋讀的幾個問題〉〔註56〕，本文認為「子癸」為人名，而不是「癸」為人名。並重新斷讀「學撟以五大夫，將軍馮毋擇子」。「得審□」句，待定字應是「疑」。

〈學為偽書案〉因為公布較早，在《嶽麓書院藏秦簡（叁）》尚未出版前，即有關於釋文和簡文討論的少數篇章，故研究篇目較多，首先是對馮毋擇的討論，再者是君子子的探討，另外還有簡文斷讀研究。

（十一）綰等畏奡還走案

1. 曹旅寧：〈孟子梁惠王「五十步笑百步」與嶽麓秦簡（三）〉〔註57〕，本文從《嶽麓秦簡參》案例十五分析臨陣脫逃所判的刑罰為何？再對照孟子

頁 84～89。

〔註52〕 曹旅寧：《嶽麓書院藏秦簡「馮將軍毋擇」補考》，簡帛網：http://www.bsm.org.cn/show_article.php?id=1041，2009 年 4 月 28 日。

〔註53〕 何有祖：〈嶽麓書院藏秦簡奏讞書1650號簡略考〉，《簡帛網》，20100927 首發。

〔註54〕 陳偉：〈嶽麓書院藏秦簡馮將軍毋擇小考〉，《簡帛網》，2009 年 4 月 20 日。

〔註55〕 陳偉：〈嶽麓書院秦簡1650號的解讀問題〉，《簡帛網》，20100925 首發。

〔註56〕 劉信芳：〈嶽麓書院藏簡《奏讞書》釋讀的幾個問題〉，《考古與文物》（2016年第 3 期），頁 110～111。

〔註57〕 曹旅寧：〈孟子梁惠王「五十步笑百步」與嶽麓秦簡（三）〉，《簡帛網》，2013年 10 月 14 日

梁惠王篇說明，孟子所處的戰國時期不戰而走是違法的。

　　2. 莊小霞：〈《嶽麓書院藏秦簡（三）》註釋商榷一則〉〔註58〕，本文探討〈綰等畏耍還走案〉中「反寇敗入茖中」的「茖」字，從史傳記載，還有出土材料分析，認為「茖」字應當「格」，通「聚落」的「落」。

　　3. 朱瀟：〈《為獄等狀四種》「綰等畏懦還走案」與秦代軍事犯罪問題〉〔註59〕，內容是以畏軟罪為出發探討罪名的構成和刑罰，再和亡罪做比較。

　　本案殘簡甚多，只有此三篇對本案進行討論討論。曹旅寧參照孟子五十百笑百步的不戰而走。進行討論。莊小霞在文字釋讀上討論茖之義。朱瀟則是從軍事犯罪問題進行探討。

三、相關地理研究

　　《嶽麓書院藏秦簡（叁）》中出現許多未見於傳世文獻或地理位置，屬郡有爭議的地名，因此有多篇期刊論文對此進行考證。

　　1. 陳松長：〈嶽麓書院藏秦簡中的郡名考略〉〔註60〕，本文討論嶽麓書院藏秦簡中出現的二十二個郡名，大致可以分五類，一是見於史籍，二是可與里耶秦簡相互補正，三與現代學者所考秦四十八郡互證，四史書上記載從漢代才設置的郡縣名，五是從不見於典籍記載的郡縣名。

　　2. 陳偉：〈「江胡」與「州陵」──嶽麓書院藏秦簡中的兩個地名初考〉〔註61〕，本文認為江湖郡似即會稽郡前身，州陵為南郡屬縣。

　　3. 王偉：〈嶽麓書院藏秦簡所見秦郡名稱補正〉〔註62〕，本文針對陳松長師之《考略》進行補正，討論太原郡、清河郡、衡山郡、州陵郡。

　　從《嶽麓書院藏秦簡（叁）》中提及的地名，及案件的發生地，大部分都可見於《漢書・地理志》，如州陵縣、沙羨縣、孱陵縣、江陵縣、櫟陽縣、燕

〔註58〕莊小霞：〈《嶽麓書院藏秦簡（三）》註釋商榷一則〉，簡帛網，2013～10～14。
〔註59〕朱瀟：〈《為獄等狀四種》「綰等畏懦還走案與秦代軍事犯罪問題〉，王沛主編：《出土文獻與法律史研究第（三輯）》（上海：上海人民出版社，2014年），頁129～144。
〔註60〕陳松長：〈嶽麓書院藏秦簡中的郡名考略〉，《湖南大學學報（社會科學版）》2009年第2期，頁5～10。
〔註61〕陳偉：〈「江胡」與「州陵」──嶽麓書院藏秦簡中的兩個地名初考〉，《中國歷史地理論叢》2010年第1輯，頁116～119。
〔註62〕王偉：〈嶽麓書院藏秦簡所見秦郡名稱補正〉，《考古與文物》2010年第5期，頁97～101。

城、當陽縣、夏陽縣、魏縣、重泉、胡陽縣、南陽郡、新野縣、夷道等，或不見於文獻上的地名，如衡山郡，京州、盧谿、銷縣等。這些地點都在南郡一帶，故從中可知《嶽麓書院藏秦簡》的出土地應當是在今兩湖流域一帶。地理研究的探討不僅可以知道當時的人活動範圍，參見《里耶秦簡》、《睡虎地秦簡》、《張家山漢簡》提及之地理位置及地名後，可知秦的法律是全國統一執行，並不會因為地方不同而有不同的法律判決。

四、綜合討論

關於《嶽麓書院藏秦簡（叁）》的綜合討論包括專書和期刊論文：

1. 陳松長：《嶽麓書院藏秦簡的整理與研究》〔註63〕：本書是將嶽麓秦簡的整理報告詳列，並將有關嶽麓秦簡的專題研究收入，如有關質日、為吏治官及黔首、占夢書、數和奏讞文書及律令文書的研究。

2. 陶安：《嶽麓秦簡復原研究》〔註64〕：詳細說明《嶽麓秦簡》的出土信息文本復原和簡號問題，列出簡號訂正表，針對《為獄等狀四種》復原研究論考，將作者有關此部分的期刊論文整理後編入其中。

3. 朱瀟：《嶽麓書院藏秦簡《為獄等狀四種》與秦代法制研究》〔註65〕：本書從《為獄等狀四種》的基本考察，與秦罪名、秦刑罰的關係進行討論，再從《為獄等狀四種》看秦司法制度，最後分析其案例中的法律推理與法律理念。

4. 水間大輔：〈嶽麓簡（三）所見共犯處罰〉〔註66〕，本文從（嶽麓簡三）的案例「癸瑣相移謀購案」、「尸等捕盜案」、「猩敞知盜分贓案」三個案例進行共犯處罰的探討。認為三個判決中有二判決對全體共犯適用同一刑罰，新出現的秦人和外國人之間在法律上不成立共犯關係的可能性，只能期待進一步的出土了。

5. 周海鋒：〈《為獄等狀四種》中的「吏議」與「邦亡」〉〔註67〕，本文從

〔註63〕陳松長：《嶽麓書院藏秦簡的整理與研究》（上海：中西書局，2014年11月）。
〔註64〕陶安：《嶽麓秦簡復原研究》（上海：上海古籍出版社，2016年）。
〔註65〕朱瀟：《嶽麓書院藏秦簡《為獄等狀四種》與秦代法制研究》（北京：中國政法大學出版社，2016年）。
〔註66〕水間大輔：〈嶽麓簡三所見共犯處罰〉（華東政法大學學報，2014年），頁32～46。
〔註67〕周海鋒：〈《為獄等狀四種》中的「吏議」與「邦亡」〉，《湖南大學學報社會科學版》（第26卷第4期，2014年7月），頁11～13。

《史記》、《二年律令》的記載來探討「吏議」，認為吏議之吏為都吏。再從秦律對邦亡的懲處問題，邦亡的界定得到邦亡乃逃出秦故地，而非秦地。

6. 曹旅寧：〈嶽麓書院新藏秦簡叢考〉〔註68〕，本文提出九個《嶽麓書院藏秦簡》的問題，一是《嶽書院藏秦簡》0552 號與秦傅籍之年；二是馮將軍毋擇補考；三是奔警律補考；四為內史雜律一條；五是關市律；六是田律；七是涉及有罪罰當戍的秦令；八為簡 865 號與秦漢遷刑。九是簡 0370 號與秦郡尉。

7. 肖洪泳：〈嶽麓秦簡所見秦刑事訴訟程序的歷史價值〉〔註69〕，本文從《嶽麓秦簡參》中的案例認為秦代刑事偵查縝密；審訊與判決分離；疑難案件奏讞體現出秦代對犯罪事實認定的嚴密性以及刑罰適用的準確性。

8. 張伯元：〈《嶽麓簡（三）》的內容及法律史價值〉〔註70〕，本文從《嶽麓簡三》的內容進行分類，得到時間、地名、性質的不同，可見滅楚後相當激烈的社會動盪和矛盾。從法律價值分析，反映秦王政時期的社會生活及司法狀況。；司法程序的確立及司法文書的規範制作；法律術語的確定和解釋，值得關注。

9. 陳偉：《嶽麓書院秦簡考校》〔註71〕本文從三點進行探討，奔警律、初書年、馮將軍毋擇。

10. 陳偉：〈《嶽麓書院藏秦簡（三）》識小〉〔註72〕，針對《癸、瑣相移謀購案》、《田與市和奸案》、《學為偽書案》中的相關詞句句讀、釋義皆進行了考證，其中對《學為偽書案》簡 224、227 中的「私印」當為「利印」說，對本文分析學之罪名，有重要啟發意義。

11. 黃傑：〈《嶽麓書院藏秦簡（叁）》釋文注釋商補〉〔註73〕一文中，將

〔註68〕曹旅寧：〈嶽麓書院新藏秦簡叢考〉，《華東政法大學學報》（2009 年第 6 期），頁 93～102。

〔註69〕肖洪泳：〈嶽麓秦簡所見秦刑事訴訟程序的歷史價值〉，《湖南大學學報（社會科學版）》（2013 年 5 月第 27 卷第 3 期），頁 14～19。

〔註70〕張伯元：〈《嶽麓簡（三）》的內容及法律史價值〉，《華東政法大學學報》（2014 年第 2 期），頁 4～11。

〔註71〕陳偉：《嶽麓書院秦簡考校》，《文物》2009 年第 10 期，頁 86～87。

〔註72〕陳偉：〈《嶽麓書院藏秦簡（三）》識小〉《簡帛網》：http://www.bsm.org.cn/show_article.php?id=1893，2013 年 9 月 10 日。

〔註73〕黃傑：〈《嶽麓書院藏秦簡（叁）》釋文注釋商補〉，《簡帛（第十輯）》（上海：上海古籍出版社，2015 年），頁 115～122。按：此文 2013 年 9 月曾刊于《簡

《嶽麓書院藏秦簡（叄）》認為有問題的釋文，逐一商補，並對斷讀多有想法。

12. 孔德超：〈嶽麓書院藏秦簡（三）對語文辭書修訂的價值〉〔註74〕，本文認為嶽麓書院藏秦簡參是司法案件的記載，可以為現有辭書提供很大的幫助如辭書書證補闕例；辭書書證補晚例；辭書義項的增補例。

13. 王明明：〈嶽麓書院藏秦簡的辭書學價值〉〔註75〕，本文從書證訂補、義項訂補、詞語增補角度來研究這批竹簡。大部分以《嶽麓壹》的詞例為主。

關於《嶽麓書院藏秦簡（叄）》的綜合討論主要是探討二篇以上的內容。如水間大輔的共犯研究，就涵蓋了三個案例。再者是通論，討論事項不只一個案例的都歸在綜合討論。

五、學位論文

關於研究討論《嶽麓書院藏秦簡（叄）》的學位論文如下：

1. 朱曼宁：《嶽麓書院藏秦簡（叄）》文字編》〔註76〕，是目前臺灣唯一一篇關於《嶽麓書院藏秦簡（叄）》的碩士論文，只做文字編，書中的內容及問題無做探討。此論文文字編的圖檔並無去背，很明顯只是從《嶽麓書院藏秦簡（叄）》中直接剪裁下來，美感較韓文丹之文字編略顯不足。

2. 鄔勖：《秦地方司法諸問題研究》〔註77〕，本論文在秦地方案例司法分析中，討論了〈癸瑣相移謀購案〉、〈尸等捕盜疑購案〉和〈芮盜賣公列地案〉三篇。分析其案情概要及法律適用問題。

3. 張韶光：《《嶽麓書院藏秦簡（叄）》集釋》〔註78〕，將整本書的十五篇案例做了集釋，但忙中有錯，文中將勞武利的某篇文章誤植為陶安之作。但

帛網》。http://www.bsm.org.cn/show_article.php?id=1900，2013 年 9 月 13 日。
〔註74〕孔德超：〈嶽麓書院藏秦簡三對語文辭書修訂的價值〉，《河北北方學院學報（社會科學版）》（2015 年 10 月第 31 卷第 5 期），頁 11～13 下接 36。
〔註75〕王明明：〈嶽麓書院藏秦簡的辭書學價值〉，《瓊州學院學報》（2014 年 8 月第 21 卷第 4 期），頁 70～73。
〔註76〕朱曼宁：《嶽麓書院藏秦簡（叄）》文字編》，（彰化師範大學國文系碩士論文，2014 年 12 月）。
〔註77〕鄔勖：《秦地方司法諸問題研究》（上海：華東政法大學法律史博士論文，2014 年 5 月）。
〔註78〕張韶光：《《嶽麓書院藏秦簡（叄）》集釋》（吉林大學古籍研究所碩士論文，2017 年 4 月）。

只有彙釋並無附圖版及對相關問題進行探討。

4. 張岩岩：《《嶽麓書院藏秦簡》（三）第一類簡集釋》〔註79〕

5. 鐘意：《嶽麓書院藏秦簡（三）第二類至第五類簡集釋》〔註80〕

以上兩本論文因未公開，無法得閱，只能從張韶光的集釋中，零星得窺一、二。

6. 時軍軍：《嶽麓書院藏秦簡《三》相關問題研究》〔註81〕，此論文針對《尸等捕盜案》，《暨過誤失坐官案》及《學為偽書案》三篇進行相關問題研究。

7. 韓文丹：《嶽麓書院秦簡（叁）文字初探與文字編》〔註82〕，此論文除了文字編外，對《嶽麓書院藏秦簡（叁）》的文字形體特點，異體字形體分析。

8. 劉雨林：《嶽麓書院秦簡（壹）—（叁）通假字研究》〔註83〕，本文將《嶽麓書院藏秦簡》（壹）至（叁）的通假字進行分類研究，做細密的統計工作。但此篇論文中通假字仍有些說不清楚或誤植之部分。

《嶽麓書院藏秦簡（叁）》在學位論文部分，有文字編、彙釋、少數幾篇的相關問題研究。因為文字編已有人著手完成，且嶽麓書院亦出版了《嶽麓書院藏秦簡〈壹〉至（叁）》的文字編，故筆者在本論文中即不再重作文字編。彙釋的部分雖然張韶光已針對十五個案例進行彙釋，但仍有多處筆者見解與之不同，因此在這些研究基礎上，針對《嶽麓書院藏秦簡（叁）》做全面性的釋文分析並補強上述論文中不足之處。

第三節　研究方法

本題之研究，除廣泛蒐輯有關資料，綜合前賢研究成果外，依資料之性

〔註79〕張岩岩：《《嶽麓書院藏秦簡》（三）第一類簡集釋》（武漢：武漢大學碩士論文，2014年）。

〔註80〕鐘意：《嶽麓書院藏秦簡（三）第二類至第五類簡集釋》，（武漢：武漢大學歷史研究所論文，2014年）。

〔註81〕時軍軍：《嶽麓書院藏秦簡《三》相關問題研究》（河南：鄭州大學歷史學碩士論文，2016年5月）。

〔註82〕韓文丹：《嶽麓書院秦簡（叁）文字初探與文字編》，（湖南大學語言學及運用語言學碩士論文，2014年4月）。

〔註83〕劉雨林：《嶽麓書院秦簡（壹）——（叁）通假字研究》，（湖南大學語言學及運用語言學碩士論文 2016年4月）。

質，擬從「彙釋」及相關問題研究方面，探討《嶽麓書院藏秦簡（叁）》之價值。其方法概別為四，即：蒐輯整理、組織分析、比較異同、綜合發揮。雖然方法之用，存乎一心，而互有關涉者，亦未可以自限之也。

一、蒐輯整理

治學的基本方法，首在多方蒐輯有關資料求其豐富而齊全，進而始可言及組織、分析、比較、綜合等方法之運用，抑惟資料蒐輯愈全，而後結論方稱精審。本文就各家彙釋詳加蒐輯後整理，不只以《嶽麓書院藏秦簡（叁）》的資料為主，更輔以《睡虎地秦簡》、《里耶秦簡》及《張家山漢簡》的相關資料。例如釋「吏徒」：「吏徒」一詞在《嶽麓書院藏秦簡（叁）》中只出現在〈癸、瑣相移謀購案〉，但《里耶秦簡（壹）》則出現三次，分別出現在第八層的簡 0167「令吏徒往取之及以書告酉陽令」，簡 0769「山今盧魚獻之問津吏徒莫智」，簡 1517「卅五年三月庚寅朔辛亥，倉衛敢言之，疏書吏徒上事尉府レ」。前二簡皆未對「吏徒」做註解，但在簡 1517 註解為「吏徒，史卒」。《封診式，遷子》云：「今鋈丙足，令吏徒將傳及恒書一封詣令史。」整理小組注釋云：「吏徒，押解犯人的吏和徒隸。」不確。從《二年律令・捕律》簡 140～143 號中觀之，吏徒之「徒」為兵卒。筆者贊同《里耶秦簡（壹）》的註解，此觀點正好呼應前者的「有秩吏」一說。從本案的敘述觀之，癸等人是被縮派去抓捕治等人的兵卒，是有職責在身的，有薪水的。結果犯人被瑣等人抓到了。因此癸等人要求相移犯人，除了貪圖豐厚的購賞外，也有可能是怕未盡職責會被懲處，所以才會願意先花二千錢取得瑣等人的信任答應將犯人相移。

二、組織分析

資料蒐集究屬基礎之方法，猶需進一層分析資料之內容，並就分析所得，歸納相關證據，乃可言及組織成編也。蓋分門別類，方可使其各歸所屬也。例如謀字「謀」字在《嶽麓書院秦簡（叁）》中出現十次，分別是〈癸瑣相移謀購案〉簡 7 和簡 28 及〈尸等捕盜疑購案〉簡 34「行到州陵界中未詣吏悔謀。」此處謀當謀劃。〈猩、敞知盜分贓案〉簡 53「謀埱冢不告猩」，54「達等埱冢不與猩謀」，59「謀得衣器」，60「不與猩敞謀」。〈芮盜賣公列地案〉簡 69「賀即不鼠材=私與喜謀」，〈多小未能與謀案〉簡 89「時小未

能與兒謀」92「多與兒邦亡荊年十二歲小未能謀」。「謀」動詞當「籌劃、計議、商議」。《左傳‧隱公九年》：「冬，公會齊侯于防，謀伐宋也。」名詞當「計策、謀略」。《書經‧大禹謨》：「無稽之言勿聽，弗詢之謀勿庸。」《論語‧衛靈公》：「巧言亂德，小不忍則亂大謀。」《嶽麓書院秦簡（叁）》中「謀」之解，不外乎此二解。

三、比較異同

　　本題之資料來源，有文獻資料、有出土材料相互比較參證，將可考見古史之真相也。如「獄史」一詞，《史記‧項羽本紀》：「陳嬰者，故東陽令史，居縣中，素信謹，稱為長者。」《正義》：「楚漢春秋云東陽獄史陳嬰。」〔註84〕《漢書‧項籍傳》：「請蘄獄掾曹咎書抵櫟陽獄史司馬欣」〔註85〕，《漢書‧路溫書傳》：「稍習善，求為獄小吏，因學律令，轉為獄史，縣中疑事皆問焉。」〔註86〕《漢書‧于定國傳》：「于定國字曼倩，東海郯人也。其父于公為縣獄史，郡決曹，決獄平，羅文法者于公所決皆不恨。」〔註87〕，傳世文獻中，《史記》張守節正義認為「獄史」和「令史」是一樣的，但《漢書》中的「獄史」就都是跟斷案、決獄有關的官吏。《嶽麓書院藏秦簡（叁）》凡九見，詳見下表：

NO	簡編	案　　例	釋　　文
1	047	猩、敞知盜分贓案	獄史窣
2	051	猩、敞知盜分贓案	獄史民
3	084	芮盜賣公列地案	獄史豬
4	142	同、顯盜殺人案	獄史
5	147	同、顯盜殺人案	獄史能得微難獄
6	151	䰡盜殺安、宜等案	獄史彭沮レ衷
7	154	䰡盜殺安、宜等案	獄史觸與彭沮
8	168	䰡盜殺安、宜等案	獄史彭沮レ衷
9	192	田與市和奸案	獄史相

〔註84〕〔漢〕司馬遷撰；〔劉宋〕裴駰集解；〔唐〕司馬貞索隱；〔唐〕張守節正義：《史記》，頁298。
〔註85〕〔漢〕班固撰；〔唐〕顏師古注：《漢書》，頁1796。
〔註86〕〔漢〕班固撰；〔唐〕顏師古注：《漢書》，頁2367。
〔註87〕〔漢〕班固撰；〔唐〕顏師古注：《漢書》，頁3041

上表中的獄史，工作內容很多，有偵查、逮捕、訊問、逮捕、詢問查封，而〈同、顯盜殺人案〉和〈魏盜殺安、宜等案〉中的獄史就是因為破獲微難獄得到表揚。因此戰國時秦國的「獄史」應如水間大輔之研究，在縣級進行的是「獄吏主導型」的治獄。

四、綜合發揮

學術之研究，貴在綜合前賢之研究成果，蓋博觀前賢有關著述，然後可知既往之成就，為指引新研究之起點也。且前人勝義擷取多，則無異集眾腋而成裘，始可推陳創新。前人有關本題之研究情形，參見研究概況及參考書目，此不複述。本文除了對《嶽麓書院藏秦簡（叁）》進行彙釋外，還有關於《嶽麓書院藏秦簡（叁）》的法律適用問題並與張家山漢簡《奏讞書》進行比較分析，另外對相關問題進行探討研究。

第貳章　盜罪案件研究

本章以《嶽麓書院藏秦簡（叁）》中，有關盜罪的四個案例進行彙釋及相關問題研究，其中〈癸瑣相移謀購案〉和〈尸等捕盜移購案〉、〈猩、敞知盜分贓案〉、〈芮盜賣公列地案〉。〈癸瑣相移謀購案〉〈尸等捕盜移購案〉都是羣盜殺傷人，追捕者要請領購賞之案件。〈猩、敞知盜分贓案〉主要是參與分贓。〈芮盜賣公地案〉是非法詐騙。此四則有一共同特點，即是都跟盜有關，在秦的律法上，屬盜律的懲處範圍，故歸在同一類。

第一節　癸、瑣相移謀購案

壹、前　言

本案現存三十簡，簡編號為 001-030，有三支脫簡，由格式和內容可知首尾簡俱在。本案所經的程序與張家山漢簡《奏讞書》的疑獄上讞案例（案例 1-13）相合，包括從案件啟動，審理，上讞直至上級回報的全部環節，其不同之處在於本案最初不是疑獄案件，縣廷曾作出過判決，因被監御史劾不當，在嘗試重新判決時產生分歧，然後才做為疑獄案件上讞，這一程序是以往所見材料中從未出現過的。具有十分鮮明的時代色彩〔註1〕。內容是有關羣盜盜殺人，追捕人犯的癸和已捕到人犯的瑣約定人犯交由癸去領賞金，癸先給瑣等人訂金二千錢，但還未得到賞金就被沙羨守發現了，於是此二人都被判刑處分。

〔註1〕鄔勖：〈嶽麓簡（三）《癸瑣相移謀購案》中的法律適用〉，《華東政法大學學報》2014 年第 2 期，頁 19。

圖版 1 〈癸、瑣相移謀購案〉

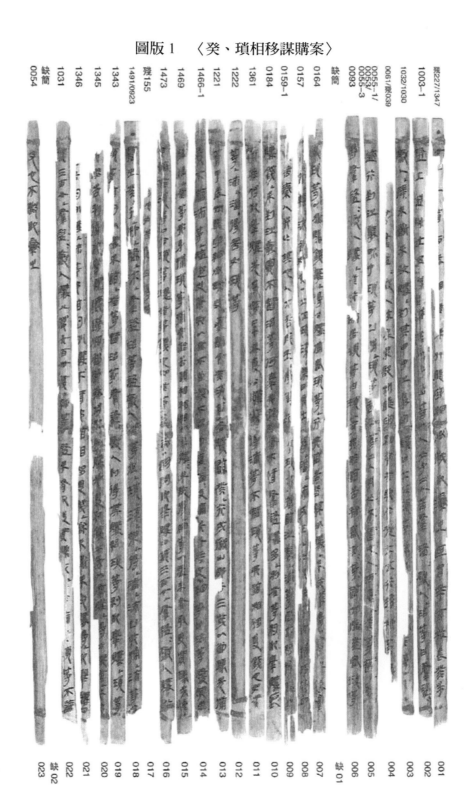

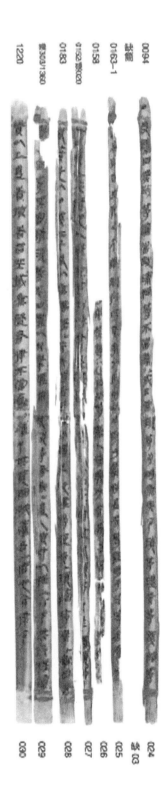

貳、釋　文

廿（二十）五年六月丙辰朔癸未，州陵守絠、丞越敢讞（讞）之：酉四月辛酉，校長癸，求（001）

盗上造柳，士五（伍）轎，沃詣男子治等八人，女子二人，告羣盗＝（盗）殺人レ。治等曰：羣盗＝（盗）（002）

殺人レ。辟，未斷，未致購。到其甲子，沙羨守轣曰：士五（伍）璝等捕治等，移鼠（予）癸等。●癸曰：（003）

【□□】治等羣盗＝（盗）殺人校長果部。州陵守絠令癸與令佐士五（伍）行將柳等追。【□】（004）

迹行到沙羨界中，璝等巳（已）捕。璝等言治等四人邦亡，不智（知）它人何辠（罪）レ。癸等智（知），利（005）

得羣盗＝（盗）殺人購レ。癸、行請告璝等曰：璝等弗能詣告，移鼠（予）癸等。癸等詣州陵，盡鼠（予）璝等（006）

【死辠（罪）購。璝等利得死辠（罪）購，聽請相移。癸等券付死辠（罪）購，先以私錢二千】（缺01）〔註2〕

鼠（予）璝等，以為購錢數レ。得公購，備鼠（予）璝等レ。行弗詣告，皆謀分購。未致購，得。它如沙羨書（007）

●行、柳、轎、沃言如癸。●士五（伍）璝、渠、樂曰：與士五（伍）得、潘、沛戍。之山材，見治等，共捕治等四（008）

人言秦人，邦亡，其它人不言所坐。得、潘、沛令璝等將詣沙羨。沛等居亭，約得購分（009）

購錢レ。未到沙羨，實不智（知）治等辠（罪），弗能告‧有（又）不智（知）羣盗購多レ。利癸等約死辠（罪）購，聽（010）

請，券付死辠購，先受錢二千。未受公購錢，得。沛如等不智（知）璝等弗詢，相移受錢。它如癸（011）

等レ。沛、潘、得言如璝等。（012）

五月甲辰，州陵守絠，越丞，史獲論令癸，璝等各購鼨。癸，行戍衡山郡各三歲，以當瀍（法）先備（013）

購。不論沛等レ。監察史康劾：以為不當，錢不處，當更＝論＝‧。（更論）

────────────

〔註2〕（缺01）根據《嶽麓書院藏秦簡（叁）》整理小組之研究補之，沿用整理小組之補充。

及論失者言夬（決）。●綰等曰：治等發興吏（014）

　徒追レ。癸等弗身捕，瑣等捕，弗能告。請相移，給以求購＝（購）未致，得。綰等以盜未有取吏貲瀌戍律（015）

　令論癸，瑣等口（？）令瑣等環（還）癸等錢・它如癸等及劾。●診、問：死辠（罪）購四萬三百廿；羣盜＝（盜）人購八（016）

　【萬六百四十錢……】口。它如告。辟（辭）。治等別【論……】（017）

　●鞫之：癸レ，行レ，柳レ，轎レ，沃レ，羣盜治等盜殺人レ，癸等追レ，瑣レ，渠レ，樂レ，得レ，潘レ，沛巳（已）共捕レ。沛等令（018）

　瑣等詣，約分購，未詣レ。癸等智（知）治等羣盜＝（盜）殺人，利得其購，瑣等約死辠購レ。瑣等（019）

　弗能告，利得死辠（罪）購，聽請相移，給券付死辠（罪）購。先受私錢二千以為購レ，得公購備レ。行弗（020）

　詣告，約分購レ。沛等弗詣，約分購，不智（知）弗詣，相移受錢レ。獄未斷，未致購，得レ。死辠（罪）購四（021）

　萬三百廿（二十）レ；羣盜盜殺人購八萬六百冊（四十）錢レ。綰等以盜未有取吏貲瀌（法）戍律令論癸レ，瑣等；不論（022）

　【沛等……審。疑癸、瑣、綰等辠（罪）。癸、瑣、綰】（缺02）〔註3〕及它不毄（繫）。敢瀌（讞）之。（023）

　●吏議曰：癸，瑣等論當殹（也）；沛，綰等不當論レ。或曰：癸，瑣等當耐為侯（候），令瑣等環（還）癸等錢；綰等（024）

　【……。】（缺03）

　廿（二十）五年七月丙戌朔乙未，南郡叚（假）守賈報州陵守綰，丞越：子瀌（讞）：校長癸等詣男子治等，告羣盜盜（025）

　【殺人。沙羨曰：士五（伍）瑣捕治等】，移鼠（予）癸等。癸（？）曰：治等殺人，癸與佐行將徒追。瑣等巳（已）捕，治等四（026）

　人曰邦亡，不智（知）它人辠（罪）。癸等利得羣盜購，請瑣等鼠（予）癸等，癸等詣，盡鼠（予）瑣等死辠（罪）購。瑣等（027）

　鼠（予）レ。癸先以私錢二千鼠（予）以鼠（予）為購數レ。行弗詣告，皆謀分購。未致購，得。疑癸レ，瑣レ，綰等辠（罪）レ。瀌（讞）固有（028）

　審矣。癸等，其審請瑣等，所出購，以死辠（罪）購備鼠（予）瑣等，有

〔註3〕缺02乃根據《嶽麓書院藏秦簡（叁）》整理小組之研究補之。

券レ。受人貨材（財）以枉律令，其所枉當（029）

貲以上，受者，貨者皆坐臧（贓）為盜，有律，不當瀆（讞）。獲手，其貲縮，越各一盾。它有律令。（030）

參、彙　釋

一、廿（二十）五年六月丙辰朔癸未（1），州陵（2）守（3）縮、丞越敢瀆（讞）之（4）：廼四月辛酉，校長（5）癸，求盜（6）上造柳，士五（伍）（7）轎，沃詣（8）男子治等八人，女子二人，告羣盜＝（盜）殺人（9）レ。治等曰：羣盜＝（盜）殺人レ。辟（10），未斷，未致購（11）。到其甲子，沙羨（12）守驪曰：士五（伍）瑣等捕治等，移鼠（予）癸等。

（1）廿（二十）五年六月丙辰朔癸未

整理小組：秦王政二十五年六月丙辰朔，癸未為二十八日。《嶽麓書院藏秦簡（叁）》中所有的註釋中所有曆日都是依據張培瑜《根據新出曆日簡牘試論秦和漢初的曆法》〔註4〕

按：曆日非本論文探討重點，故不深入探究，本論文的記日，依《嶽麓書院藏秦簡（叁）》註解之曆日為主。

（2）州陵

整理小組：秦縣名，見《漢書·地理志上》，屬南郡，治今湖北洪湖東北。〔註5〕

陳松長：可能是秦國在征服楚地的過程中所臨時設置的，而「州陵守」或許也就是這批秦簡中所多次出現的所謂「新地守」。〔註6〕

后曉榮：州陵，包山楚簡有「州莫囂」。《史記·楚世家》：「考烈王元年，納州於秦以平。」《索隱》徐廣曰：「南郡有州陵縣。」又西漢初年的張家山漢簡《秩律》有「州陵」縣，其上屬郡在西漢初年為南郡。《漢志》南郡屬

〔註4〕朱漢民、陳松長主編：《嶽麓書院藏秦簡（叁）》，（上海：上海辭書出版社，2013年），頁105。

〔註5〕朱漢民、陳松長主編：《嶽麓書院藏秦簡（叁）》，頁105。

〔註6〕陳松長：〈嶽麓書院藏秦簡中的郡名考略〉（湖南大學學報，2009年第2期），頁8。

縣州陵，「莽曰江夏」。從此簡文和戰國楚置州縣為漢州陵的前身看，秦時漢初州陵即已置縣。考古調查表明，湖北洪湖市的大城濠古城就是古城遺址，城址為長方形，東西 500 米，南北 280 米，面積 14 萬平方米，時代從戰國末至漢代州陵縣。〔註7〕

陳偉：州陵與南郡是讞與被讞的關係。從讞獄制度看，州陵應該是南郡屬縣。〔註8〕

王偉：「縣名＋守＋人名」，表示此人是縣令一職的臨時代理者。……嶽麓秦簡中「州陵守」的含義極可能是州陵縣的縣令代理者。〔註9〕

王彥輝：因為《癸、瑣相移謀購案》是州陵縣向南郡上讞的案件，故有「州陵守綰、丞越敢讞（讞）之」的開頭，在郡報中有「南郡叚（假）守賈報州陵守綰、丞越」的用法，南郡與州陵的隸屬關係非常明確。〔註10〕

張韶光：對「州陵」的認識可以歸納為兩種，一、州陵是秦郡；二、州陵是南郡屬縣。認同州陵是南郡屬縣。〔註11〕

按：州陵出現在《史記》、《漢書》，皆指出州陵為南郡屬縣，亦見於《嶽麓書院藏秦簡（壹）・二十七年質日》：「癸丑　壬子　辛亥　庚戌到州陵　己酉　戊申」〔註12〕，《嶽麓書院藏秦簡（叄）》出現九次，分別見於《癸瑣相移謀購案》和《尸等捕盜案》，州陵的地理位置在戰國時期應在秦楚交界處，故屬南郡。從本案的奏讞層級觀之，州陵和南郡是上下屬之關係，故州陵應為南郡之屬縣。

（3）守

整理小組：在秦代官制中有三種不同的用法：（一）「郡名＋守」，即郡長官，太守。《史記・秦始皇本紀》：「分天下以為三十六郡，郡置守、尉、監。」《漢書・百官公卿表》：「郡守，秦官，掌治其郡，秩二千石。」（二）

〔註7〕后曉榮：《秦代政區地理》（北京：社會科學文獻出版社，2009 年），頁 403～404。

〔註8〕陳偉：〈「江胡」與「州陵」──嶽麓書院藏秦簡中的兩個地名初考〉，《中國歷史地理論叢（第 25 卷第 1 輯）》，2010 年 1 月），頁 118。

〔註9〕王偉：〈嶽麓書院藏秦簡所見秦郡名稱補正〉《考古與文物》，2010 年第 5 期）。

〔註10〕王彥輝：〈秦簡《識劫娩案》發微〉，（古代文明，2015 年第 1 期）。

〔註11〕張韶光：《《嶽麓書院藏秦簡（叄）》集釋》（吉林大學古籍研究所碩士論文，2017 年 4 月），頁 20。

〔註12〕朱漢民、陳松長主編：《嶽麓書院藏秦簡（壹）》，頁 7。

「守＋官職」，如《里耶秦簡》J164「遷陵守丞敦狐」，代理或試職。《戰國策·秦策五》「文信侯出走，與司空馬之趙，趙以為守相」，高誘注：「守相，假也。」《後漢書·百官志》劉昭引蔡質《漢儀》：「初稱守，滿歲拜真。」《二年律令》簡105-106：「其守丞及令，長若真丞存者所斷治論有不當者，令真令，長，丞不存及病者皆共坐之，如身斷治論及存者之罪。」（三）官職／地名＋守，如本簡「州陵守緔」，《里耶秦簡》J1⑧0134正「司空守樛」等，疑為居守官府。《秦律十八種》簡161：「官嗇夫節（即）不存，令君子毋（無）害者若令史守官，毋令官佐，史守。」以往多被理解為「守令」或「守嗇夫」（即代理長官）之省，但里耶秦簡有「尉守備」又有「鄉嗇夫」與「鄉守」並使用的情況，似與省略說不合。〔註13〕

　　陳松長：秦簡中反復出現的「守」字，除「郡守」的守是固定的官名外，其它如「司空守」、「少內守」、「田官守」、「都鄉守」等中的「守」字均是一種表示掌管、主管的泛稱。〔註14〕「守」、「叚（假）守」都是郡守的專名。……「州陵守」也應該是郡守。〔註15〕

　　楊宗兵：秦時縣一級長官「守」、「丞」或「守丞」即行「縣令、長」之實，卻無「縣令、長」之名。〔註16〕

　　鄒水傑：秦代縣行政主管官稱謂有令、嗇夫和守。（省略）「守」應該不是「試守」或「代理」的意思，而是與嗇夫類似的官稱，同樣表示當時各官署的最高長官。〔註17〕

　　陳治國：「守」是「守嗇夫」，「丞」是縣丞、「守丞」是代理縣丞。……任命代理官員臨時負責工作的做法是秦漢時期「守官」制度的重要內容。……政府機構的主要領導不在時，應任命臨時代理的官員「守」主持工作，說明秦時的守官制度已經非常完備。〔註18〕

〔註13〕朱漢民、陳松長主編：《嶽麓書院藏秦簡（叁）》，頁105。

〔註14〕陳松長：〈《湘西里耶秦代簡牘選釋》八則〉，《簡牘學研究（第四輯）》（蘭州：甘肅人民出版社，2004年），頁21～26。

〔註15〕陳松長：〈嶽麓書院藏秦簡中的郡名考略〉，頁8～9。

〔註16〕楊宗兵：〈里耶秦簡縣「守」、「丞」、「守丞」同義說〉，（北方論叢，2004年第6期），頁11～14。

〔註17〕鄒水傑：〈秦代縣行政主官稱謂考〉（湖南師範大學社會科學學報，2006年第2期），頁104～108。

〔註18〕陳治國：〈里耶秦簡「守」和「守丞」釋義及其他〉（中國歷史文物，2006年第3期），頁55～60。

　　孫聞博：秦代正式縣令或無「守」這一稱謂。縣令、官嗇夫、鄉嗇夫所加「守」字為代理之義。秦及漢初，「守丞」是縣丞在職，故因不在署時的一種權宜設置，丞歸即罷，不具有試守性質。〔註19〕

　　王偉：郡級官吏的兼攝時用「叚」表示，縣及其以下級別官吏的兼攝用「守」表示。郡的長官是郡守，「叚守」就是正式人選未委派之前兼攝郡守職務者。〔註20〕

　　按：學界對「守」的解釋大多聚焦在兩點，一是郡守，如陳松長、鄒水傑等；二是指臨時代理官員，如陳治國、孫聞博等人。《嶽麓書院藏秦簡（叁）》中「守」出現十三次，分別在《癸瑣相移謀購案》、《尸等捕盜案》、《猩敞知盜分贓案》、《芮盜賣公列地案》、《同顯盜殺人案》、《盜殺安宜等案》和《學為偽書案》，除《學為偽書案》中「守」是當「繫守」外，大都是「地名加守加人名」，而《癸瑣相移謀購案》簡25、《尸等捕盜案》簡40都提及「南郡叚守賈報州陵守絪、丞越」，整理小組對叚註解為代理，由此觀之，「叚守」是代理官員，本處之「守」應是正式官員。

（4）敢瀗（讞）之

　　整理小組：審判定罪。《集韻・去聲・線韻》：「讞，議罪也。」如：「三審定讞」。《漢書・卷五・景帝紀》：「諸獄疑，若雖文致於法而於人心不厭者，輒讞之。」《禮記・文王世子》鄭玄註訓「白」，向上級機關請示。《秦律十八種》簡121-122：「縣毋敢擅壞更公舍官府及廷，其有欲壞更殹（也），必瀗（讞）之。」後來逐漸轉換為專指刑事案件中的請示。《漢書・刑法志》：「高皇帝七年，制詔御吏：…（中略）…自今以來，縣道官獄疑者，各讞所屬二千石官，二千石官以其罪名當報之。所不能決者，皆移廷尉，廷尉亦當報之。」《說文・水部》：「瀗，議辠也。」〔註21〕

　　閆曉君：秦漢公牘習語，常用於將疑案上報的司法文書中，意即「謹將疑案上報」。〔註22〕

〔註19〕孫聞博：〈里耶秦簡「守」、「守丞」新考——兼談秦漢的守官制度〉（《簡帛研究二〇一〇》桂林：廣西師範大學出版社，2012年），頁66。

〔註20〕王偉：《秦璽印封泥職官地理研究》（北京：中國社會科學出版社，2014年），頁291。

〔註21〕朱漢民、陳松長主編：《嶽麓書院藏秦簡（叁）》，頁105。

〔註22〕閆曉君：〈秦漢時期的訴訟審判制度〉（《秦文化論叢（第十輯）》西安：三秦出版社，2003年），頁74。

蔡萬進：「讞」是特定文書的專門術語，點明了這類文書的特定內容和特別用途，與「敢言之」一樣，文書首句與末句皆用，其作用在於標示文書主體的起訖，防止有人竄改。由此我們可以推斷，漢初由各縣道向上級機關奏讞的疑獄文書，最原始形式可能也只是由首句「敢讞之」與末句「敢讞之」間加上主體部分即告、劾、訊、詰、問、鞫等內容構成。〔註23〕

李明曉、趙久湘：這是秦行政文書中上行文書，即下級給上級呈報事項的慣用語。讞的意思是將案情上報、請示。《禮記‧文王世子》：「獄成，有司讞於公。其死罪，則曰『某之罪在大辟』；其刑罪，則曰『某之罪在小辟』。」鄭玄注：「讞之言白也。」孔穎達疏：「讞，言白也。謂獄斷既平定其罪狀，有司以此成辭言白於公。」《後漢書‧孔融傳》：「一門爭死，郡縣疑不能決，乃上讞之。」李賢注：「《前書音義》曰：『讞，請也』。」〔註24〕

勞武利：不同機關審理案件臻於規律化的，覆查程序，即「讞」。……在秦代以前就已經存在向上級機關上報案例的奏讞程序。這些案件之所以上報給上級機關，是因為縣級審理機關對案件的定罪、量刑存在疑問。……「疑罪」類案例的特點是，這些縣、道審理官員只能做出案件審理的總結（「鞫」），并提出他們對如何量刑存在疑問（「疑某人罪」），然後把案件上報給上級機關（「敢讞之」）。〔註25〕

按：《說文‧水部》：「灖，議辠也。議辠也。从水、獻，與灝同意。」古書也作「讞」或「獻」，灖、讞為古今字。《法律答問》53：「有投書，勿發，見輒燔之；能捕者購臣妾二人，毄（繫）投書者鞫審灖之。」《漢書‧刑法志》：「自今以來，縣道官獄疑者，各讞所屬二千石官，二千石官以其罪名當報之。所不能決者，皆移廷尉，廷尉亦當報之。廷尉所不能決，謹具為奏，傅所當比律令以聞。」王先謙《補注》：「讞者，平議其罪而上之。」〔註26〕「灖」、「讞」為司法審判用語，亦見於《睡虎地秦簡》、張家山漢簡《二年律令》、《奏讞書》、武威漢簡《王杖十簡》。

〔註23〕蔡萬進：《張家山漢簡奏讞書研究》（桂林：廣西師範大學出版社，2006年），頁141。

〔註24〕李明曉、趙久湘：《散見戰國秦漢簡帛法律文獻整理與研究》（重慶：西南師範大學出版社，2011年），頁102。

〔註25〕勞武利：〈張家山漢簡《奏讞書》與嶽麓書院秦簡《為獄等狀四種》的初步比較〉（湖南大學學報，2013年第3期）。

〔註26〕〔漢〕班固撰；〔唐〕顏師古注：《漢書》（臺北：鼎文書局，1986年），頁1106。

「讞」單獨出現在《嶽麓書院藏秦簡（叁）》中有九次，詳見下表：

表 1：讞

簡編	案　　例	釋　　文
25	癸、瑣相移謀購案	州陵守綰、丞越：子讞校長癸等
28	癸、瑣相移謀購案	讞固有審
40	尸等捕盜疑購案	州陵守綰、丞越：子讞求盜尸等
30	癸、瑣相移謀購案	坐臧為盜有律，不當讞
42	尸等捕盜疑購案	●讞固有審矣
46	猩、敞知盜分贓案	審讞
64	芮盜賣公列地案	勿庸報鞫審讞
95	暨過誤失坐官案	相逕贏論重謁讞
236	學為偽書案	讞報毋擇巳為卿

「讞」在上表中皆是將案情上報之意。

《嶽麓書院藏秦簡（叁）》出現十四次，詳見下表：

表 2：敢讞之

簡編	案　　例	釋　　文
1	癸、瑣相移謀購案	州陵守綰丞越敢讞之
23	癸、瑣相移謀購案	及它不穀敢讞之
31	尸等捕盜疑購案	州陵守綰丞越敢讞之
39	尸等捕盜疑購案	皆審疑尸等購它縣論敢讞之
44	猩、敞知盜分贓案	廿三年四月江陵丞文敢讞之
61	猩、敞知盜分贓案	達等令（？）別（？）論敢讞之
62	芮盜賣公列地案	●敢讞之江陵言公卒芮與夫=材共蓋受棺列
87	芮盜賣公列地案	黥芮為城旦未□□□□□[敢][讞][之]
88	多小未能與謀案	[敢]讞之十二月戊午軍巫閒
93	多小未能與謀案	它縣論敢讞之
106	暨過誤失坐官案	贏論它縣論敢讞之
135	識劫娩案	娩為夫=妻為庶人及識辠穀它縣論敢讞之
210	學為偽書案	胡陽丞唐敢讞之
235	學為偽書案	盜去邦亡未得=審穀敢讞之

從上述十四個簡文觀之，「敢讞之」在《嶽麓書院藏秦簡（叁）》中，有二種用法：一是用於文書的開端，意即「謹將疑案上報」，請求上級決斷，如簡1、31、44、62、88、210。二是用於司法文書的結尾，如簡23、39、61、87、93、135、235。「敢瀳之」為秦漢法律文書習語，義為冒昧的請示。見於《嶽麓書院藏秦簡（叁）》、《張家山漢簡‧奏讞書》。《後漢書‧襄楷列傳》：「頃數十歲以來，州郡翫習，又欲避請讞之煩，輒託疾病，多死牢獄。」注：「《廣雅》曰：『讞，疑也。』謂罪有疑者讞於廷尉也。」瀳為多義詞，「敢瀳之」即是將有疑問案件上報請示中央。

（5）校長

整理小組：縣屬吏，主亭部盜賊事。《封診式》簡25：「羣盜爰書：某亭校長甲、求盜才（在）某里曰乙、丙縛詣男子丁，斬首一，具弩二，矢廿（二十）」《二年律令》簡471-472：「倉、庫、少內、校長、髳長、發弩、衛將軍、衛尉士吏、都市亭廚有秩者及毋（無）乘車之鄉部，秩各百廿（二十）石。」」〔註27〕

于豪亮：校長，顯然是亭長的別稱。……亭長之被稱為校長，大約是亭長也可以算是一校之長的緣故。……《封泥匯編七》有「校長」半通印，校長的級別也低，同亭長一樣。〔註28〕

楊劍虹：校長池即亭校長，亭長手下有求盜，所以可以確定校長即亭校長。……秦代亭長也叫亭校長。〔註29〕

張金光：亭之長，秦簡《封診式》或稱校長，或稱亭長。校長、亭長二者同職而異名，「校長」可能為早期稱謂，「亭長」可能是後期職名。〔註30〕

廖伯源：校長、亭長皆率領求盜之亭吏，可能因時地不同而一官異名，則校長可能為亭長，此其一。……校長可能是亭長之別稱，此其二。……校長、亭長之職掌相同，亦皆亭吏；亭長、校長可能是一官而異名，此其三。〔註31〕

〔註27〕朱漢民、陳松長主編：《嶽麓書院藏秦簡（叁）》，頁105～106。

〔註28〕于豪亮：〈雲夢秦簡所見職官述略〉，于豪亮學術文存（北京：中華書局，1985年），頁110。

〔註29〕楊劍虹：〈漢簡《奏讞書》所反映的三個問題〉（江漢考古，1994第4期）。

〔註30〕張金光：〈秦鄉官制度及鄉、亭、里關係〉（歷史研究，1997年第6期），頁22～39。

〔註31〕廖伯源：〈漢初縣吏之秩階及其任命——張家山漢簡研究之一〉，社會科學戰

高榮：校長當亦為縣府派出的武職小吏。……戰國時稱亭尉，秦統一後戰事漸息，其職掌逐以維持社會治安為主，職名也由亭尉改稱校長（都亭則稱亭長）；入漢以後，都亭、鄉亭之長均稱亭長，校長則僅為陵園令、丞的屬吏而已，至於張家山漢簡所見的「校長」，不過是沿襲秦制罷了。此間，亭的長官由亭尉、嗇夫、校長演變為亭長，與其職掌的變化不無關係。〔註32〕

水間大輔：校長是戰國秦至漢初亭長的正式名稱，且不能認為除了亭長以外還設有校長。〔註33〕

朱德貴：「校長」同屬於「亭」之長官，負責緝拿盜賊等工作。……里耶秦簡中絲毫未見「亭嗇夫」和「亭長」之稱謂，這可能和「亭」設置的地點有關。如果「亭」設在邊鄙地區，那麼，緝拿盜賊和社會治安的任務較重，故而官府統一稱之為「校長」，而設在城市或人口稠密地區的「亭」，有可能多稱為「亭嗇夫」或「亭長」。〔註34〕

萬堯緒：衛尉屬下廣泛設置有校長，則其所屬校長就不能簡單等同於亭長。而縣下所屬的校長則可能如廖伯源所言——校長即為亭長。不過，無論是中央機構的校長還是縣下之校長，其職責應該基本相同，即均主兵戎盜賊事。〔註35〕

張韶光：對「校長」的研究可歸納為以下兩種：一、認為校長為一亭之長，與亭長是同職異名，這可能與亭設置的地點及職官稱謂的歷時性演變等問題有關；二、認為校長是亭長的下屬。但校長負責抓捕盜賊、維持亭的治安是沒有疑問的。〔註36〕

按：考之古籍，「校長」有二種用法，皆當職官名：（1）古時指一兵隊之首長。《史記・卷九〇・彭越傳》：「令校長斬之。」〔註37〕（2）漢代守衛

線，2003 年第 3 期，頁 100～107。

〔註32〕高榮：〈張家山漢簡所見的亭及其吏員——秦漢亭制研究之三〉（西北師大學報，2008 年第 5 期），頁 67～71。

〔註33〕水間大輔：〈秦漢時期的亭吏及其與他官的關係〉，周東平、朱騰主編：《法律史譯評》（北京：北京大學出版社，2013 年），頁 35。

〔註34〕朱德貴：〈嶽麓秦簡秦讞文書商業問題新證〉（社會科學，2014 年第 11 期）。

〔註35〕萬曉緒：〈漢初衛尉署官考〉，《簡帛研究二〇一五（春夏卷）》（桂林：廣西師範大學出版社，2015 年），頁 116。

〔註36〕張韶光：《嶽麓書院藏秦簡（叁）》集釋》，頁 26。

〔註37〕〔漢〕司馬遷撰；〔劉宋〕裴駰集解；〔唐〕司馬貞索隱；〔唐〕張守節正義：

帝王陵墓的官員。《後漢書‧百官志二》：「掌守陵園，案行掃除。丞及校長各一人。本注曰：校長，主兵戎盜賊事。」〔註38〕《里耶秦簡》中並無「亭長」，《睡虎地秦簡‧封診式》、《張家山漢簡‧二年律令》和《嶽麓書院藏秦簡》簡001「校長癸、求盜上造柳」，簡004「校長果部、州陵守縉令癸與令佐士五行將柳等追」，簡025「校長癸等詣男子治等」的內容來看，校長的職務應是古代士卒一隊之長，主管兵戎盜賊等事務。

（6）求盜

整理小組：亭卒，職掌逐捕盜賊。《史記‧高祖本紀》「高祖為亭長，乃以竹皮為冠，令求盜之薛治之」，裴駰《集解》引應劭曰：「求盜者，舊時亭有兩卒，其一為亭父，掌開閉掃除；一為求盜，掌逐捕盜賊。」《法律答問》簡066：「求盜追捕罪人，罪人捔格殺求盜。」〔註39〕

高敏：1975年雲夢秦簡出土後，由於簡文中幾次提到秦時在城市中設有「亭」，則「亭」顯然非十個「鄉里」組織之「里」設一個；且簡文中謂「亭」有「亭校長」、「求盜」等員吏的設置，其職責又同追捕盜賊和督查奸非、監視人民有密切關係；又以「求盜」為名，其「司奸盜」的性質昭然若揭。〔註40〕

張金光：求盜，為亭長下屬人員，受亭長支配。由秦簡《封診式》知，一亭至少有二求盜，此可補文獻之不足。又有「害盜」、「盡苑憲盜」等名，其職與「求盜」同，然非亭系統之屬吏，而是某種專業機構的負責治安之吏。〔註41〕

高榮：在那些比較危險或靠近邊境無法設郵的地方，則由捕盜（即求盜）等亭吏卒代替。〔註42〕

王偉：睡虎地秦簡中出現「求盜」的地方，大都與捕盜賊、追捕罪人有關，或者協助「令史」處理兇殺案件，可見「求盜」的日常職責就是維護亭轄區的治安，有時要配合縣上派來的「令史」處理比較重要的案件。……求盜

《史記》，（臺北：鼎文書局，1981年），頁2591。
〔註38〕〔劉宋〕范曄撰；〔唐〕李賢等注；〔晉〕司馬彪補志：《後漢書》（臺北：鼎文書局，1981年），頁3574。
〔註39〕朱漢民、陳松長主編：《嶽麓書院藏秦簡（叁）》，頁106。
〔註40〕高敏：〈秦漢都亭考略〉（學術研究，1985年第5期）。
〔註41〕張金光：〈秦鄉官制度及鄉亭里關係〉（歷史研究，1997年第6期）。
〔註42〕高榮：〈張家山漢簡所見的亭及其吏員——秦漢亭制研究之三〉。

隸屬於亭長，其與校長之間的隸屬關係不能確定，但二者都是亭級職官應無疑問。〔註43〕

　　朱德貴：「求盜」是秦「亭」在邊鄙和內陸地區普遍設立的一個具體負責緝拿罪犯的職能部門。……戍邊人員中還有專司「求盜」的，故里耶秦簡曰「求盜戍卒。」〔註44〕

　　張韶光：學界對「求盜」的理解主要有以下兩種觀點：一是求盜負責一亭之內抓捕盜賊，維持治安；二是內陸地區的求盜負責緝拿罪犯，邊境的求盜執行「郵」的工作。認同第二種說法。本案中求盜跟隨校長前去抓捕盜賊并將罪犯押解至官府。可見求盜負責抓捕盜賊，維持治安。張家山漢簡《二年律令》簡266：「畏害及近邊不可置郵者，令門亭卒、捕盜行之。」整理小組注：「門亭卒、捕盜，即亭之兩卒亭父、求盜。」可見在比較危險或靠近邊境無法設郵的地方，則由求盜代替執行「郵」的工作。

　　按：「求盜」一詞可見於《史記・田叔列傳》：「安以為武功小邑，無豪，易高也安留，代人為求盜亭父。後為亭長。」《集解》郭璞曰：「亭卒也。」《正義》：「安留武功，替人為求盜亭父也。」應劭云：「舊時亭有兩卒，其一為亭父，掌關閉掃除；一為求盜，掌逐捕盜賊也。」〔註45〕又《漢書・淮南厲王長傳》：「又欲令人衣求盜衣，持羽檄從南方來，呼言曰「南越兵入」，欲因以發兵。」，師古曰：「求盜，卒之掌逐捕賊盜者。」〔註46〕，佐以出土材料《睡虎地秦簡・秦律雜抄》簡38-39和《法律答問》簡3、里耶秦簡始皇廿七年J1（16）5背；張家山漢簡《二年律令》簡144，及《嶽麓書院藏秦簡（壹）・為吏治官及黔首》簡17「求盜備不具」〔註47〕《嶽麓書院藏秦簡叁》〈尸等捕盜案〉簡32「求盜尸等十六人追」，簡40「求盜尸等捕秦男子治等四人」的記載，可知「求盜」為亭長之卒，主要是追捕罪犯。

（7）士五（伍）

　　整理小組：秦漢無爵身份之一。《漢舊儀》：「無爵為士伍。」《二年律

〔註43〕王偉：《秦璽印封泥職官地理研究》，頁310。

〔註44〕朱德貴：〈嶽麓秦簡奏讞文書商業問題新證〉。

〔註45〕〔漢〕司馬遷撰；〔劉宋〕裴駰集解；〔唐〕司馬貞索隱；〔唐〕張守節正義：《史記》，（臺北：鼎文書局，1981年），頁2779。

〔註46〕〔漢〕班固撰；〔唐〕顏師古注：《漢書》，（臺北：鼎文書局，1986年），頁2150。

〔註47〕朱漢民、陳松長主編：《嶽麓書院藏秦簡（壹）》（上海：上海辭書出版社，2010年12月），頁29。

令》簡 364-365：「公士、公卒及士五（伍）、司寇、隱官子，皆為士五（伍）」
〔註48〕

劉海平：士伍到底是一種什麼身份？從歷史文獻和雲夢秦簡提供的材料綜合分析，有以下基本特徵，一、傅籍之後至六十歲免老前的男性丁；二、無爵或曾有爵而被奪爵者，三、非刑徒和奴隸。這種身份總括地說就是無爵或奪爵後的成丁……屬於庶民。〔註49〕

按：「士伍」一詞見於文獻，《史記‧秦本紀》：「（昭襄王）五十年十月，武安君白起有罪，為士伍，遷陰密。」《集解》如淳曰：「嘗有爵而以罪奪爵，皆稱士伍。」〔註50〕，《漢書‧淮南厲王長傳》：「士伍開章等七十人」如淳曰：「律，有罪失官爵，稱士伍也。」〔註51〕，傳世文獻中「士伍」有二解：一、因有罪為士伍，二、是遭奪爵為士伍。「士伍」多見於出土秦漢簡，《嶽麓書院藏秦簡》出現十五次，《里耶秦簡》第八層出現六十八次，亦見於《居延新簡》EPT40：41，《居延漢簡甲乙編157.9》、《中國簡牘集成九》，頁208，為秦漢時稱無爵者。漢稱無爵男子。（《集成》六，頁130）。這些簡文的內容都說明「士伍」正如整理小組和劉海平所言，是無爵之人，屬於庶民的一種。

（8）詣

整理小組：法律術語，將犯人等押送到官府。《說文‧言部》：「詣，候至也。」《封診式》簡37：「某里士五（伍）甲縛詣男子丙。」《居延新簡》E.P.T68：31＋E.P.168：32：「將良詣居延獄，以律令從事。」〔註52〕

閆曉君：「詣」與「告」連用，為秦漢時法律習語，意思是詣送某人至官府，並告以罪名，是秦漢時期提起訴訟的一種形式，雲夢秦簡也常見與此類似的「縛詣告」形式。〔註53〕

〔註48〕朱漢民、陳松長主編：《嶽麓書院藏秦簡（叁）》，頁106。

〔註49〕劉海年：《戰國秦代法制管窺》（北京：法律出版社，2006年3月），頁318。

〔註50〕〔漢〕司馬遷撰；〔劉宋〕裴駰集解；〔唐〕司馬貞索隱；〔唐〕張守節正義：《史記》，頁214。

〔註51〕〔漢〕班固撰；〔唐〕顏師古注：《漢書》，頁2141。

〔註52〕朱漢民、陳松長主編：《嶽麓書院藏秦簡（叁）》，頁106。

〔註53〕閆曉君：〈張家山漢簡奏讞書考釋（一）〉，張懋鎔、王震中、田旭東、宮長為編：《追尋中華古代文明的蹤跡——李學勤先生學術活動五十年紀念文集》（上海：復旦大學出版社，2002年），頁74～75。

　　張岩岩：詣，古代到朝廷或上級、尊長處去之稱。《說文・言部》：「詣，候至也。」段玉裁注：「凡謹畏精微深造以道而至曰詣。」〔註54〕

　　張韶光：對「詣」的理解可以分為廣義與狹義，廣義的「詣」是指到上級或尊長處去；狹義的「詣」，則是法律術語，指將有罪之人押解至官府，此處著重討論的是狹義的「詣」。〔註55〕

　　按：「詣」當動詞在傳世文獻中有二解：一是拜訪、進見上級或長輩。晉・陶淵明〈桃花源記〉：「及郡下，詣太守，說如此。」南朝宋・劉義慶《世說新語・文學》：「何平叔注《老子》，始成，詣王輔嗣。」，二是到、前往。《漢書・卷六七・楊王孫傳》：「王孫苦疾，僕迫從上祠雍，未得詣前。」唐・顏師古・注：「詣，至也。」〔註56〕唐・李賀〈感諷〉詩五首之一：「不因使君怒，焉得詣爾廬。」。「詣」在《嶽麓書院藏秦簡叁》出現二十四次，有三解：一、是指押送犯人到官府。如〈癸瑣相移謀購案〉簡2「沃詣男子治等八人女子二人」，簡6「弗能詣告」，簡7「行弗詣告皆謀分購」，簡9「沛令瑣等將詣沙羨」，簡11「弗詣相移受錢」，簡19「瑣等詣約分購未詣」，簡21「沛等弗詣約分購不智弗詣相移受錢」，簡25「校長癸等詣男子治等告羣（群）盜」，簡27「癸等詣」，簡28「行弗詣告皆謀分購」。〈尸等捕盜疑購〉案032「尸等產捕詣秦[男][子][治][等]」，〈猩敔知盜分案〉簡47「獄史窜詣士五去疾」，簡51「孱陵獄史民詣士五達與猩同獄將從猩」，〈譊、妘刑殺人等案〉簡141「九月丙辰隸臣哀詣隸臣喜，告盜殺人」，〈魏盜殺安、宜等〉案簡158「同言類不讎，且覆詣，詣官」；〈田與市和奸案〉簡193「[捕]詣田市服仁奸未論市」，簡200「以言不同詣訊言各如前」，簡207「為隸臣騰（？）一詣（？）重泉夏陽」。二、前往，到。如〈尸等捕盜疑購〉簡34「行到州陵界中未詣吏」，簡38「閭等荊人亡來入秦地欲歸羛悔不詣吏」。三、拜訪，進見。如〈學為偽書案〉簡210「君子＝癸詣私」，簡212「官有矯為私書，詣請□□」，簡227「胡陽少內，以私印封，起室把詣于矰」。由此觀之，「詣」在出土秦漢簡中如《睡虎地秦簡》、《居延漢簡》多是當法律用語，即是將犯人押解至官府。

〔註54〕張岩岩：《《嶽麓書院藏秦簡》（三）第一類簡集釋》（武漢：武漢大學碩士論文，2014年），頁37。

〔註55〕張韶光：《嶽麓書院藏秦簡（叁）》集釋》，頁28。

〔註56〕〔漢〕班固撰：〔唐〕顏師古注：《漢書》，頁2908。

（9）羣盜

　　整理小組：合夥行盜，又指合夥行盜的人，即團夥盜匪。《史記・秦始皇本紀》：「羣盜，郡守尉方逐捕，今盡得，不足憂。」《漢書・王子候表第三》：「四月（乙）〔己〕丑封，五年，元康元年，坐首匿羣盜棄市。」《封診式》簡28-29：「此首某里士五（伍）戊殹（也），與丁以某時與某里士五（伍）己、庚、辛強攻羣盜某里公士某室，盜錢萬，去亡。」《二年律令》簡062：「盜五人以上相與功（攻），為羣盜。」盜殺人，搶劫殺人。此兩種行為都處以磔刑，同上簡065-066：「羣盜及亡從羣盜，毆（毆）折人枳（肢），肤體及令彼（跛）蹇（蹇）若縛守將人而強盜之，及投書，縣（懸）人書恐猲（喝）人以求錢財，盜殺傷人，盜發冢，略賣人若已略未賣，橋（矯）相以為吏，自以為吏以盜，皆磔。」〔註57〕

　　堀毅：到秦代「羣」則指五人（以上）。因為當時實行由五名壯丁組成的「伍」鄰保制，以便相互戒備。〔註58〕

　　張伯元：《封診式》有一則「羣盜」文書程式。……其文書內容有對羣盜案件的查證、檢驗、審訊等方面的程序要求：要求記錄清楚人數，去向，作案工具；要求記錄案情經過；要求檢驗被斬殺者的尸體，即使無法把尸體運回，也要及時匯報并得到上司的認可；要求審訊清楚此前有無犯罪的記錄等等。可見秦漢之際對羣盜即民眾的武裝反抗給予了特別的關注。〔註59〕

　　朱紅林：「五人為盜」可能是秦漢時期量刑的一個重要尺度。共同盜竊者在五人以上者，法律往往從重處罰。……秦簡所提到的「羣盜」都是對待特定犯罪行為的稱謂，其人數都應在五人或者五人以上，可與漢律相互補充。〔註60〕

　　曹旅寧：羣盜是集團犯罪，是重罪，當處斬左止為城旦；羣盜即使被赦免，也不能獲得真正的自由，一旦再犯法，則以故罪論。少數民族上層為羣盜，享受優待，令贖鬼薪鋈足。羣盜的犯罪行為之一是入室搶劫，類似後世的「打家劫舍」。〔註61〕

〔註57〕朱漢民、陳松長主編：《嶽麓書院藏秦簡（叁）》，頁106。
〔註58〕堀毅：《秦漢法制史論考》（北京：法律出版社，1988年），頁236。
〔註59〕張伯元：〈《盜蹠》篇與盜、賊律〉，（《出土法律文獻研究》，北京：商務印書館，2005年），頁320。
〔註60〕朱紅林：《張家山漢簡《二年律令》集釋》（北京：社會科學文獻出版社，2005年），頁59～60。
〔註61〕曹旅寧：《張家山漢律研究》（北京：中華書局，2005年），頁56。

陳偉：秦對羣盜的認定，當與《二年律令》所見漢初的表述略同，即：「盜五人以上相與攻盜，為羣盜。」這些人必須全部是秦人。如果五人以上相與攻盜，但其中秦人不足五人，則不當以羣盜對待。〔註62〕

張韶光：秦漢之際羣盜的認定標準是盜竊者數量在五人及其以上。羣盜的處罰與五人盜竊的處罰一致，可知，秦代以五人為認定羣盜的標誌。〔註63〕

按：羣，《說文》：「羣，輩也。从羊，君聲。」《嶽麓書院秦簡（叁）》中釋文做「群」，「群」為「羣」之俗字，考之圖版 ，當作「羣」。故本釋文中皆按圖版書寫之。盜，《說文》：「盜，私利物也。从㳄，㳄欲皿者。」《嶽麓書院秦簡（叁）》中釋文做「盜」，「盜」為「盜」之異體字，考之圖版 ，當作「盜」。羣盜，見於《睡虎地秦簡‧法律答問》簡113-114：「可（何）謂『贖鬼薪鋈足』？可（何）謂『贖宮』？臣邦戎君長，爵當上造以上，有罪當贖者，其為群盜，令贖鬼薪鋈足；其有府（腐）罪，【贖】宮。其他罪比羣盜者亦如此。」羣盜，合夥行盜，《晉書‧刑法志》：「三人謂之羣，取非其物遇之盜。」〔註64〕《漢書‧袁盎傳》注：「羣盜者，羣眾相隨而為盜也。」〔註65〕羣盜，在《嶽麓書院藏秦簡（叁）》中出現十四次，皆分布在本案及〈尸等捕盜疑購案〉中，羣盜即是五人以上的集體犯罪。但依本案來看，需要五人皆為秦人，才能購成羣盜的條件。

（10）辟

整理小組：罪，引申為加之以罪，即治理。《書‧金縢》「我之弗辟，我無以告我先王」，陸德明《釋文》：「辟，治也。」《奏讞書》簡137：「好時辟晊有鞫」又參看《同、顯盜殺人案》簡144「恐吏毄（繫）辟同。」〔註66〕

陳偉：辟作為治獄的一個具體環節，恐當如《張家山漢簡》整理小組所云訓為「召」，是召喚證人、招引證據一類含義。〔註67〕

按：《說文‧辟部》：「辟，法也。从卩，从辛，節制其辠也；从口，用法者也。」段注：「……引伸之為罪也。見釋詁。謂犯法者，則執法以罪之

〔註62〕陳偉：〈嶽麓秦簡《奏讞書》校讀〉（李宗焜主編，《古文字與古代史（第四輯）》台北：中央研究院歷史語言研究所，2015年），頁500。
〔註63〕張韶光：《嶽麓書院藏秦簡（叁）》集釋》，頁30。
〔註64〕〔唐〕房玄齡撰：《晉書》（臺北市：鼎文書局，1980年），頁928。
〔註65〕〔漢〕班固撰：〔唐〕顏師古注：《漢書》，頁2267。
〔註66〕朱漢民、陳松長主編：《嶽麓書院藏秦簡（叁）》，頁106。
〔註67〕陳偉：〈也說《癸、瑣等相移謀購案》中的「辟」〉，《簡帛網》，2013年。

也。」《嶽麓書院藏秦簡（叁）》「辟」出現二次，一次在本案，一次在〈同、顯盜殺人案〉中，整理小組認為皆當治理。《里耶秦簡（壹）》出現六次，皆在第八層。除簡 0069「士五辟繕治謁令尉定」此處「辟」字當人名用外。其餘的「辟」，《里耶秦簡（壹）》整理小組從《二年律令·行書律》簡 276 提出，王煥林以為「審理」，籾山明以為「調查」。〔註68〕簡 0169「為獄行辟」，整理小組提出彭浩認為「辟書」是審理、調查犯罪的文書。疑難案件的奏讞文書，申請再審的乞鞠文書等也須由縣廷呈報郡守，其中有些文書還要呈送中央政府相關部門，上述文書都應入「諸獄辟書」之中。〔註69〕簡 0135「自以二月叚狼船何故弗□辟□今而」，簡 0657「令縣官有辟吏卒衣用及卒有物故當辟徵遝□」，簡 0680「它如辟書」，簡 2126「☑□辟□☑」。《居延漢簡》「辟」有「調查考實」義，或作「推辟」（《集成》五，頁 171），又作「辟問」，逐驗訊問（《集成》五，頁 174）。從本案觀之，「辟，未斷，未致購。」也就是說，案件尚未調查完畢，因此還沒發放獎賞。

（11）購

整理小組：懸賞，獎賞。《說文·貝部》：「以財有所求也。」《漢書·高帝紀下》顏師古註：「購，設賞募也。」《法律答問》簡 135：「捕亡完城旦，購幾可（何）？當購二兩。」〔註70〕

張忠煒：與「購賞」有關的法律答問，就其實質而言，大約包含以下四方面的內容。第一，告發奸惡或捕獲罪人可受賞，告發并捕之可受重賞。這是「購賞」律文最核心的內容。正因為有這些區別的存在，不同行為受賞亦不盡相同。第二，受賞基本上是以貨幣為主，特殊情況下「購吏妾二人」，大概是將官奴婢給予立功之人。雖然購賞中「二兩」等字眼動輒出現，然其所指究竟為何卻是不清楚的。不過，如參以年代稍後的龍崗秦簡，則秦律中「購賞」可確定為黃金。第三，告發不實或有欺詐行為時，如何決定購賞的問題。告發受賞的基本原則是：告發罪輕而實際罪重者，告發者仍可受賞；告發罪重而實際罪輕者，告發者不應購賞甚至是有罪。第四，是「公購」還是「私購」的問題。所謂公購，大概是說官府給予購賞；所謂私購，恐是說由當事人

〔註68〕陳偉主編，《里耶秦簡牘校釋（第一卷）》（湖北：武漢大學出版社，2012 年 1 月），頁 75。
〔註69〕陳偉主編，《里耶秦簡牘校釋（第一卷）》，頁 102。
〔註70〕朱漢民、陳松長主編：《嶽麓書院藏秦簡（叁）》，頁 106。

之一給予捕告者應得的購賞。〔註71〕

陳松長：首先，「購」在秦漢時期是一種很有針對性的獎賞，可以說是專門為捕捉逃亡犯罪者而特設的一種獎賞，它與一般的獎賞還是有一定的區別。賜爵與購錢是可以同時並用的兩種獎賞。秦漢法律文獻中的「購」也就是官府懸重金以獎賞捕捉盜賊人員的一種特殊規定。其次，購賞的範圍和具體的賞格都是有法律規定的。秦漢時期捕獲犯人所得購賞的賞格大致有兩種，一種是以錢為單位，一種是金為單位。……秦漢簡文中的購金數，最終都是要折算成錢來發放的。也許正因為如此，本案中還專門注明其所購錢數是：「死皋購四萬三百廿，羣盜盜殺人購八萬六百卌錢。」這種購賞的差距，大概是因購賞的對象不同而決定的。〔註72〕

張韶光：所謂「購」即是獎賞，陳松長認為購賞主要分為錢與黃金；張忠煒認為除了錢與黃金外，還可能購賞奴隸；認同第二種觀點。〔註73〕

按：《說文·貝部》：「購，以財有所求也。從貝，冓聲。」段玉裁注：「縣重價以求得其物也。」意即懸賞徵求，重金收買，獎賞。見於《睡虎地秦簡·法律答問》、《張家山漢簡·二年律令》、《居延漢簡甲篇》。死罪和羣盜的購賞是不同的，從本案及〈尸等捕盜疑購案〉中可知，羣盜的購賞是八萬六百四十錢，死罪購是四萬三百二十。產捕羣盜一人，購金十四兩，從兩案之購賞分析，筆者認同陳松長之觀點，購賞有「錢」和「金」二種，但都可以換成錢來獎賞。

（12）沙羨

整理小組：秦縣名，見龍崗六號秦墓木牘、《二年律令》簡456、荊州紀南城松柏漢墓M1竹簡《南郡免老簿》（簡35）：屬南郡，治今湖北武漢市江夏區西金口，《漢書·地理志》：「江夏郡，十四城，戶五萬八千四百三十四，口二十六萬五千四百六十四。」沙羨是十四城之一。〔註74〕

本段是揭發本案的內容：秦王政二十五年六月二十八日，州陵守綰和丞越上讞內容為：在四月初五時，校長癸、求盜上造柳、士伍轎、沃將男子治等

〔註71〕張忠煒：《秦漢律令法系研究初編》（社會科學文獻出版社，2012年5月），頁188～192。

〔註72〕陳松長：〈《嶽麓簡（三）》「癸、瑣相移謀購案」相關問題瑣議〉，（華東政法大學學報，2014年第2期）。

〔註73〕張韶光：《嶽麓書院藏秦簡（參）》集釋》，頁33。

〔註74〕同上註。

八人，女子二人，押送至官府。控告他們羣盜盜殺人。治等的說詞是：「羣盜盜殺人，有罪，但還未調查完畢，所以還沒領到獎賞。」四月初八，沙羨守驩說：「士伍瑣等逮捕治等，移交給癸等人。」

二、●癸曰：【□□】(1) 治等羣盜＝（盜）殺人校長果部 (2)。州陵守縚令癸與令佐 (3) 士五（伍）行將柳等追。【□】迹行 (4) 到沙羨界中，瑣等巳（已）捕。瑣等言治等四人邦亡 (5)，不智（知）它人何辠（罪）レ。癸等智（知），利得羣盜＝（盜）殺人購レ。癸行請告瑣等曰：瑣等弗能詣告 (6)，移鼠（予）(7) 癸等。癸等詣州陵，盡鼠（予）瑣等【死辠（罪）購。瑣等利得死辠（罪）購，聽請相移 (8)。癸等券付 (9) 死辠（罪）購，先以私錢二千】鼠（予）瑣等，以為購錢數レ。得公購，備鼠（予）瑣等レ。行弗詣告，皆謀 (10) 分購。未致購，得 (11)。它如沙羨書 (12)。

（1）【□□】

整理小組：從文意判斷，殘缺部分疑為「男子」二字。〔註75〕

鄔勖：這裏脫去約 3 字。〔註76〕

按：考之圖版，從旁簡的字數間隔計算，如鄔勖所言，約脫去三個字。

（2）部

整理小組：轄區。《奏讞書》簡 080-081：「蒼即與求盜大夫布，舍人簪褭共賊殺武于校長丙部中。」《守法守令等十三篇》簡 976：「後其將吏出於縣部界……」〔註77〕

于豪亮：在軍事區域裏劃分一定的區域為部，部下分為界，所以稱為「部界」。在軍事情況緊急的時候，這一部的人不能進入他部，這一界的人不能進入他界。〔註78〕

〔註75〕朱漢民、陳松長主編：《嶽麓書院藏秦簡（叁）》，頁 106。

〔註76〕鄔勖：〈《嶽麓簡（三）》「癸、瑣相移謀購案」中的法律適用〉（華東政法大學學報，2014 年第 2 期）。

〔註77〕朱漢民、陳松長主編：《嶽麓書院藏秦簡（叁）》，頁 106。

〔註78〕于豪亮：〈居延漢簡甲編補釋〉（于豪亮學術文存，北京：中華書局，1985年），頁 237。

張金光：鄉亭，以維持地方治安、徼循鄉里、抓差辦案為主。這種亭在秦漢時皆有一定部界轄域，故可稱為「亭部」，然不得主治部域內民事，這種「部界」僅是一種治安區，而絕非治民之行政區，這就決定了亭的非行政性質。秦簡又稱某亭校長率領求盜徼循到某山，亦可證其皆有循防區。〔註79〕

程政舉：漢代告發管轄採取屬地主義原則，即行為人向其住所地的鄉官或縣道官處所告發。……漢代關於追捕的管轄採取的是以屬地主義為原則，以屬人主義為例外的管轄原則。〔註80〕

王偉：據秦漢簡牘中有關「鄉部」的資料，可知秦封泥中的「某部」類封泥也應是鄉級職官和機構用印。〔註81〕

張韶光：對「部」的理解主要有以下三種觀點：一是指與軍事治安相關的轄區；二是指「亭部」，是亭所轄區域；三是「鄉部」。認同第二種觀點。本案中出現的「校長果部」，是指由校長果管轄的區域，且以校長的名字來稱呼所管轄的區域。校長是一亭之內負責治安的吏員，與「亭長」相似，故校長所管轄的部理解為亭部更為合適。〔註82〕

按：「部」原指軍隊的領導機構或其所在地。從張家山漢簡《奏讞書》和本案觀之，「部」應是指校長之轄區，意即校長果在自己的轄區慘遭羣盜殺害。

（3）令佐

整理小組：輔佐屬吏，如《秦律十八種》簡021「倉佐」。《秦律雜抄》簡13「司空佐」等，或總稱為官佐，如《秦律十八種》簡161等。令佐，僅見秦簡，可以參看《里耶秦簡》J1⑥5正等，具體職掌等未詳。〔註83〕

趙岩：「令佐」這一官職名稱首見於新出秦簡如湖南龍山《里耶秦簡》、《嶽麓書院藏秦簡》。其職能包括參與司法事務、處理文書事務、監督倉與少內等機構的財物進出、到上級機構處理事務等。令佐的身份比一般的佐史高，比校長等有秩吏低，大體與令史的地位相當。〔註84〕

〔註79〕張金光：〈秦鄉官制度及鄉、亭、里關係〉，頁29。
〔註80〕程政舉：《漢代訴訟制度研究》（北京：法律出版社，2010年），頁198。
〔註81〕王偉：《秦璽印封泥職官地理研究》，頁304。
〔註82〕張韶光：《嶽麓書院藏秦簡（叄）》集釋，頁33。
〔註83〕朱漢民、陳松長主編：《嶽麓書院藏秦簡（叄）》，頁106。
〔註84〕趙岩：《簡帛文獻詞語歷時演變專題研究》（北京：中國社會科學出版社，2013年），頁66。

王偉：「令佐」與「少內」的聯繫較為親近，可能是縣令屬吏中負責處理與中央派出機構「少內」的有關事務。〔註85〕

按：《嶽麓書院藏秦簡叁》中「令佐」只出現在本案。《里耶秦簡（壹）》中「令佐」出現三十次，散見於第六層及第八層，整理小組只註解為官名。並無詳述其職務為何。但從《里耶秦簡》簡文中對令佐的敘述可以得知，「令佐」可以「訊、視事、守田、掌管錢計……等」〔註86〕。且令佐後皆接人名。

（4）迹行

曹方向：在簡 4 的末端其實正好能容納兩個字。可以補的字，應該就是簡18「癸等追」的「癸等」二字。……「迹」是動詞，相當於現代漢語說的「追蹤」。……「行」也是動詞，意思是巡察。……整句話大意說，州陵守綰令癸、行、柳等人追蹤察訪群盜，癸、行、柳等人一路追蹤察訪來沙羨境內。〔註87〕

陳偉：擬補兩個字應是。我疑是「治等」，斷讀作「……將柳等追治等迹，行到沙羨界中」。〔註88〕

鄔勖：「追」字下脫去二字。案《二年律令》簡183：「追捕、徵者得隨迹出入。」簡494：「吏卒追逐者得隨出入服迹窮追捕。」今暫據之補「捕」、「隨」二字。〔註89〕

張韶光：對「迹」前所缺字，整理小組認為缺一個字，陳偉、曹方向等認為缺兩個字。……認同「迹」之前擬補「癸等」二字。〔註90〕

按：簡四、簡五連讀，文義大致通順，因簡 4 末端殘缺，整理者有補字。「治等羣盜＝（盜）殺人校長果部。州陵守綰令癸與令佐士五（伍）行將柳等追。【□】」曹方向認為整理者在迹字前只補一個字，大概不準確‧紅外照

〔註85〕王偉：《秦璽印封泥職官地理研究》，頁 278。

〔註86〕參見《里耶秦簡壹，第六層簡 0005，0014，0021：第八層簡 0149，0197，0331，0443，0460，0647，0669，0917，0919，0967，0988，1031，1223，1231，1267，1317，1517，1532，1549，1583，1745，1751，1793，1800，2001，2179，2204。

〔註87〕曹方向：〈嶽麓秦簡「癸瑣相移謀購案」補釋一則〉，《簡帛網》20130918 首發。

〔註88〕同上註。

〔註89〕鄔勖：〈《嶽麓簡（三）》「癸、瑣相移謀購案」中的法律適用〉。

〔註90〕張韶光：《嶽麓書院藏秦簡（叁）》集釋》，頁 36。

片圖版簡 4 擺放的位置實際偏高，其位置應該下移。在紅外全局圖中，編痕清晰可見，應補「癸等」二字，但陳偉、彭浩認為應補「治等」二字，曹方向不認同〔註91〕。迹、跡為異體字，筆者認為由文意判斷，迹當跡解，跡當動詞用，有二義，一是考察、考究，《楚辭·九章·惜誦》：「言與行其可跡兮，情與貌其不變。」《漢書·賈誼傳》：「臣竊跡前事，大抵彊者先反。」二是遵循、仿效。本案當解為第一義。是行走時留下的印痕，故應是「癸等」考察探訪到沙羨界中才發現治等已被瑣等捕抓住了。

（5）邦亡

整理小組：秦律罪名，逃出邦境，以「出徼」為構成要件，處以黥為城旦舂。《法律答問》簡 005：「人臣甲謀遣人妾乙盜主牛，買（賣），把錢偕邦亡，出徼得，論各可（何）殹（也）？當城旦黥之，各畀主。」同上簡 048：「告人曰邦亡，未出徼闌亡，告不審。論可（何）殹（也）？為告黥城旦不審。」據里耶木方 J1⑧0461 可知，「邦」的含義在統一六國前發生過變化，不能與後代的「國」字同等，但在此邦亡指非法越過秦國國境逃往楚國。〔註92〕

李明曉、趙久湘：邦亡：逃出秦國國境，突出「邦（秦國）」的地域特徵，以區別「闌亡」（擅自逃走）。〔註93〕

陳松長：「邦亡」是特指逃出秦國國境的逃亡。……在秦代，同樣是逃亡，但其違法的情節輕重是有差別的，最重的是「邦亡」，因為逃出國境，故其處罰也最重的。〔註94〕

周海鋒：「邦亡」乃秦特有的法律術語，一般指逃亡出秦國疆域。這一法律術語有其特殊性：一為地域性，只見於秦國；二是時段性，秦代以後，此法律術語湮沒無聞。……秦對「邦亡」者的處罰是黥為城旦。〔註95〕

張韶光：邦亡是指逃出秦國疆域，且僅見於秦國，即秦故地，秦統一之

〔註91〕曹方向：〈嶽麓秦簡癸瑣相移謀購案補釋一則〉。

〔註92〕朱漢民、陳松長主編：《嶽麓書院藏秦簡（叁）》，頁 107。

〔註93〕李明曉、趙久湘：《散見戰國秦漢簡帛法律文獻整理與研究》（重慶：西南師範大學出版社，2011 年），頁 404。

〔註94〕陳松長：〈睡虎地秦簡中的「將陽」小考〉，（湖南大學學報，2012 年第 5 期），頁 7。

〔註95〕周海鋒：〈為獄等狀四種中的「吏議」與「邦亡」〉，《湖南大學學報社會科學版》，第 26 卷第 4 期，2014 年 7 月，頁 11～13。

後便不再使用。〔註96〕

按：「邦亡」一詞不見於傳世文獻，亦不見於《里耶秦簡（壹）》和《張家山漢簡》，但出現在《睡虎地秦簡》及《嶽麓書院藏秦簡（叁）》，因此我們可以得知「邦亡」是戰國時期特有之用法，到了秦統一天下後，就再無「邦亡」一說。《嶽麓書院藏秦簡（叁）》邦亡出現在案例一《癸、瑣相移謀購案》，案例二〈尸等捕盜案〉，案例五《多小未能與謀案》和案例十四《學為偽書案》，除了本案未言明邦亡何處外，其他案例的罪犯都是想「邦亡荊」或已邦亡荊，原因不難理解，因為秦楚本就相連，楚對秦人而言是距離最近，應該也是最容易成功的。

（6）瑣等弗能詣告

整理小組：秦制頒發獎賞的條件較為嚴格，控告時如果揭發犯罪行為不準確，即不頒發獎賞或減少獎賞，弗能詣告指此。《法律答問》簡044：「甲告乙盜牛，今乙賊傷人，非盜牛殹（也）。問：甲當論不當？不當論，亦不當購。或曰：為告不審。」同上簡134：「甲告乙賊傷人，問，乙賊殺人，非傷殹（也）。甲當購，購幾可（何）：當購二兩。」〔註97〕

張韶光：秦漢時期要求控告屬實。《嶽麓書院藏秦簡（肆）》簡82：「耐皋以下罷（遷）之，其臣史殹（也），輸縣鹽，能捕若訽告犯令者，刑城旦皋以下到罷（遷）皋一人，購金二兩。」也就是說，能抓捕到罪犯并準確指控其罪行的，會根據被捕者的罪行，對抓捕者實施獎勵。……在本案中，雖然瑣等將羣盜治等抓捕，但審問後對治一夥人的罪行仍然不明確，所以只好交由癸等送官，從中分得獎賞。〔註98〕

按：從睡虎地秦簡《法律答問》簡44和《嶽麓書院藏秦簡（叁）》〈癸瑣相移謀購案〉和《嶽麓書院藏秦簡（肆）》中，可以探知秦國的律法要求控告須屬實，由於瑣等人並不知治等人真正的犯罪事實為羣盜盜殺人，以為是一般的死罪，而死罪的購賞，有秩吏是不能領取的，所以才會將治等人移交給癸等人去代領購賞。

（7）移鼠（予）

〔註96〕張韶光：《嶽麓書院藏秦簡（叁）》集釋》，頁37。
〔註97〕朱漢民、陳松長主編：《嶽麓書院藏秦簡（叁）》，頁107。
〔註98〕張韶光：《嶽麓書院藏秦簡（叁）》集釋》，頁38。

　　整理小組：移予，又稱相移，當嫌疑犯交給別人或相互交換。此種行為被秦漢律所禁止。《秦律雜抄》簡 38：「●捕盜律曰：捕人相移以受爵者，耐。」《二年律令》簡 155：「捕罪人弗當以得購賞，而移予它人及詐偽，皆以取購賞者坐臧為盜。」〔註 99〕

　　張伯元：《二年》的《捕律》中有兩條與之性質相近的律文。一條是：「數人共捕罪人而當購賞，欲相移者，許之。」（第 150、151 簡）……幾個捕盜的亭卒在追捕中各人的作用是不一樣的，在上司可能並不清楚，如果平均分配就可能造成矛盾。這條律條說「欲相移者」實際上也就是由他們自己去分配所得到的懸賞賞金。另一條是：「捕罪人弗當以得購賞而移於它人，及詐偽，皆以取購賞者坐臧為盜。」（第 155 簡）照此看來，把捕捉到的犯人轉交他人在漢律中也是不允許的，這裏強調的是「移於它人」，與上一條「相移」情況有所不同。明確以懸賞賞金的多少作「坐臧為盜」處理，而不論其是否獲爵，不施耐刑。〔註 100〕

　　陳松長：秦簡中的律文應是對「有秩吏」而言，睡虎地秦簡《法律答問》中記載：「有秩吏捕闌亡者，以畀乙，令詣，約分購，問吏及乙論可（何）殹（也）？當貲各二甲，毋購。」……秦律中既然規定「有秩吏」捕獲逃亡犯罪不得購賞，那本案中的癸是「校長」，柳是「求盜」，都是所謂的「有秩吏」，他們在移獲罪犯後，怎麼還去告賞呢？究其原因，是因為他們所捕獲的不是一般的逃犯，而是「羣盜」。……《二年律令・捕律》中就有一條律文加以明確規定：「吏主若備盜賊、亡人而捕罪人，及索捕罪人，若有告劾非亡也，或捕之而非羣盜也，皆勿購賞。」……因此，本案中的「校長癸、求盜上造柳」等在抓獲「羣盜盜殺人」後去詣告請賞，這是完全符合當時律令規定的合法行為，之所以被告，主要因為他們不是抓獲羣盜的當事人，而是從「瑣等」處移交過來謀求購賞的，其中有為謀求購賞的欺詐行為，故被立案查處。〔註 101〕

　　鄔勖：睡虎地秦簡《法律答問》中有一條類似的情形：《答問》139：有秩吏捕闌亡者，以畀乙，令詣，約分購，問吏及乙論可（何）殹？當貲各二

〔註 99〕朱漢民、陳松長主編：《嶽麓書院藏秦簡（叁）》，頁 107。
〔註 100〕張伯元：〈秦簡法律術語零拾四則〉，《出土法律文獻研究》（北京：商務印書館，2005 年），頁 227～228。
〔註 101〕陳松長：〈《嶽麓簡（三）》「癸、瑣相移謀購案」相關問題瑣議〉。

甲，勿購。捕得闌亡者的「有秩吏」並未實際去領賞，但因為已經和乙「約分購」，故而也被視作「取購賞者」，與實際領賞的乙同等論罪，這應是當時司法的固定做法。本案中「皆謀分購」的行和立下契券約死罪購的瑣等也是同樣的道理，因此縮等即按「盜未有取律令」將癸、瑣等八人全部論為贖黥之罪。〔註 102〕

　　張韶光：相移是指將抓獲的罪犯交於他人的行為，分為合法和非法兩種情況。張伯元認為為了使分獎勵合理，獎金的「相移」是合法的，將犯人轉交他人以騙取獎金的行為非法。陳松長認為一般情況下官吏抓捕犯人沒有獎賞，因此會將犯人「移予」普通民眾，由其告發將以得到獎賞，特殊情況下，官吏抓捕羣盜、逃亡者時，也可以得到獎賞。筆者認同張伯元的看法。張家山漢簡《二年律令》簡 150-151：「數人共捕罪人而當購賞，欲相移者，許之。」其中的「數人」當是指共同抓捕之人，派幾個代表押解犯人和領取獎賞乃情理之中，也是使得獎賞分配更加合理的一種方式。非法的「相移」是指親自抓捕罪犯者後，將罪犯交給沒有參與抓捕行動的人，以達到騙取獎金的目的。本案中參與抓捕的瑣等將犯人交給未曾參與抓捕的癸等，以騙取獎金，實屬非法。〔註 103〕

　　按：《說文·禾部》：「移，禾相倚移也。从禾多聲。」移，移送。平行機關間往來文書用語。《說文·鼠部》：「鼠，穴蟲之總名也。象形。凡鼠之屬皆从鼠。書呂切」予：《說文·予部》：「推予也。象相予之形。凡予之屬皆从予。余呂切。」，「鼠」字的上古音是透紐，「予」是喻紐、定紐。同為舌音端、透、定，上古聲近韻同。可知此二字有聲音上之假借關係。從《二年律令·捕律》簡 150-151：「數人共捕罪人而當購賞，欲相移者，許之。」張伯元和張韶光都認為「欲相移」是由他們自己去分配所得的懸賞賞金，而簡 155 規定「捕罪人弗當以得購賞而移於它人，及詐偽，皆以取購賞者坐贓為盜。」這兩條律條看似矛盾，其實不然，簡 150-151 是指共同捕盜之人可以自行分配獎賞，而簡 155 是說捕罪人不能將購賞分給未參與捕盜之人。捕律中並未說明「數人」是否有官職，若是指一般人協助逮捕人犯而得到購賞，那麼陳松長和鄔勖的論點亦是成立的。《法律問答》簡 139：「有秩吏捕闌亡者，以畀乙，令詣，約分購，問吏及乙論可（何）殹（也）？當貲各二

〔註 102〕鄔勖：〈《嶽麓簡（三）》「癸、瑣相移謀購案」中的法律適用〉，頁 22。
〔註 103〕張韶光：《嶽麓書院藏秦簡（叁）》集釋》，頁 40。

甲，毋購。」若以此律來看，應當是癸等捕到罪犯，移交給瑣等去領賞才有成立罪則，因為癸和柳都是有秩吏，無法領賞，但若是捉捕到的是「羣盜」則例外，《二年律令‧捕律》有一條「吏主若備盜賊、亡人而捕罪人，及索捕罪人，若有告劾非亡也，或捕之而非羣盜也，皆勿購賞。」本案中校長癸、求盜上造柳，等都是「有秩吏」。若非治等屬羣盜殺人，他們是無法領購賞的。而瑣等人之所以願意分配利益是因為只知道治等有犯罪，但不確定是什麼罪，而癸等人則知道，在秦代不知道確切的罪名是無法領購賞的。

（8）聽請相移

張伯元：聽，審也。《周禮‧地官‧遂師》「審其誓戒」鄭注：「審，亦聽也。」「聽請相移」就是「審請（情）相移」，明白相移的實情。……購，懸賞，出具賞格緝捕。如《史記‧季布傳》：「項籍使將兵，數窘漢王。及項羽滅，高祖購求布千金，敢有舍匿，罪及三族。」懸賞緝捕的命令是由官府發佈的，領取賞金是合法行為，正常情況下不能視為貪圖錢財。……而對瑣等來說，他們雖然是偶遇逃犯而實施抓捕，移送官府，獲取賞金，是正當的合法行為。……利得，有利可圖，可以得到好處。〔註104〕

張韶光：張家山漢簡《二年律令》簡154-155規定：「吏主若備盜賊、亡人而捕罪人，及索捕罪人，若有告劾非亡也，或捕之而非羣盜也，皆勿購賞。」也就是說，如果吏員抓捕到羣盜等能得到獎賞，但如果抓捕到罪犯而不能確定其是否為羣盜，則不能得到獎賞。……「瑣等利得死辠（罪）購」，則是瑣等貪圖本不應屬於自己的獎賞，整理小組的解釋更為合適。〔註105〕

按：「聽」，考之文獻有多種用法，其中一種可當「採信、取信。」如：「聽信」。《戰國策‧齊策一》：「士尉以證靖郭君，靖郭君不聽，士尉辭而去。」《宋史‧蘇舜欽傳》：「而大臣歸咎于刑獄之濫，陛下聽之，故肆赦天下以為禳救。」〔註106〕聽請相移，應是瑣等人在採信癸等人的言辭後，將治等移交給癸等。

（9）券付

整理小組：券，用於買賣，債務等的契據，書於簡牘，側面加刻齒，分

〔註104〕 張伯元：〈讀「癸、瑣相移謀購案」札記（三則）〉，《出土文獻與法律史研究（第三輯）》（上海：上海人民出版社，2014），頁164～165。
〔註105〕 張韶光：《嶽麓書院藏秦簡（叁）》集釋》，頁41。
〔註106〕 〔元〕脫脫等撰：《宋史》（臺北市：鼎文書局，1980年），頁13073。

為兩半（或三份），雙方（或三方）各執其一，以為憑證。《說文‧刀部》：「券，契也。…（中略）…券別之書，以刀判，契其旁，故曰契券。」在此券字用為動詞付的狀語，可以理解為「以契據的書面形式支付」或「寫立契據支付」，實際尚未支付死罪購的四萬三百二十錢。〔註107〕

程政舉：漢代以前就形成了形式多樣的書證，如《周禮》中記載的書證就有傅別、版圖、質、劑、書契等。《周禮‧天官‧小宰》曰：「以官府之八成經邦治。一曰聽政役以比居；二曰聽師田以簡稽；三曰聽閭里以版圖；四曰聽稱責以傅別；五曰聽祿位以禮命；六曰聽取予以書契；七曰聽買賣以質劑；八曰聽出入以會要。」其中版圖、傅別、書契、質劑是較為典型的書證形式。〔註108〕

陶安：《里耶秦簡》J1⑧1525 所謂「券付」一詞見於啟陵鄉守意的上行文書，啟陵鄉守意將粟六十二石交給倉佐贛，并寫立券書一份。券書證明此交付行為，因而稱為「付券」。……所謂「券」是用於出納、買賣、債務等的契據，寫在簡牘上，側面加刻齒，分為兩半（或三份），雙方（或三方）各執其一，以為憑證。里耶秦簡有「付券」、「出券」、「入券」等。……據張春龍先生說明，左側刻齒為「十二石二斗少半斗」。啟陵鄉守意將此類「付券」附在上行文書上，呈現給遷陵縣。上行文書與所附「券書」有別，不能因「為付券一」等字樣將「券」視為上行文書自稱。〔註109〕

張韶光：「券」是買賣、債務、婚姻的憑證，由二或三部分組成，由不同的人分。睡虎地秦簡《秦律十八種》簡80-81：「縣、都官坐效、計以負賞（償）者，已論，嗇夫即以其直（值）錢分負其官長及冗吏，而人與參辨券，以效少內，少內以收責之。」整理小組注：「參辨券，可以分成三份的木券，推測當由嗇夫、少內和賠償的人各執一份，作為繳納賠款的憑證。這種券在考古工作中尚未發現，但曾發現戰國時代可以分成三份的璽印。」在上述材料中，券就是債務憑證，分為三部分，由三方分別保管。〔註110〕

按：《說文‧刀部》「券，契也。从刀，𢍏聲。券別之書，以刀判契其旁，故曰契券。」契券即古代之一種契約。「券」在《嶽麓書院藏秦簡（叁）》中

〔註107〕 朱漢民、陳松長主編：《嶽麓書院藏秦簡（叁）》，頁107。

〔註108〕 程政舉：《漢代訴訟制度研究》，頁257。

〔註109〕 陶安：〈《為獄等狀四種》標題簡「奏」字字解訂正〉，《中國古代法律文獻研究（第八輯）》（北京：社會科學文獻出版社，2014年），頁24～25。

〔註110〕 張韶光：《嶽麓書院藏秦簡（叁）》集釋》，頁42。

除了本案外，尚可見於〈識劫娩案〉簡 109「遺錢六萬八千三百有券」，簡 111「券弗責先自告=識劫娩」，簡 124「遺六[千]券責建=等=未賞識欲告」，簡 125「娩=即折券不責建它如娩」皆是當「債權契約」使用。而本案簡 11「請券付死皋購」，20「聽請相移給券付死皋購」皆當「契約」，即瑣等將人犯移交給癸等，癸立契約先支付二千錢，以取信於瑣等人。

（10）謀

整理小組：謀：謀劃。法律術語中謀包含現代刑法四種犯罪類型：一、「共謀」。《二年律令》簡 026：「謀賊殺，傷人與賊同灋（法）。」二、「教唆」。《二年律令》簡 057：「謀遣人盜若教人可盜所，人即以其言□□□□□及智知人盜與分，皆與盜同灋（法）」。三、「預備」。如《二年律令》簡 208：「諸謀盜鑄錢，頗有其器具未鑄者，皆黥以為城旦舂」。四、「未遂」。《二年律令》簡 022：「謀賊殺，傷人未殺，黥為城旦舂」。「謀」字表示此四類犯罪行為針對犯罪意志的形成產生刑事責任。〔註111〕

按：「謀」字在《嶽麓書院秦簡（叁）》中出現十次，分別是本案簡 7 和簡 28 及〈尸等捕盜疑購案〉簡 34「行到州陵界中未詣吏悔謀。」此處「謀」當「謀劃」。〈猩、敞知盜分贓案〉簡 53「謀垺冢不告猩」，54「達等垺冢不與猩謀」，59「謀得衣器」，60「不與猩敞謀」。〈芮盜賣公列地案〉簡 69「賀即不鼠材=私與喜謀」，〈多小未能與謀案〉簡 89「時小未能與兒謀」92「多與兒邦亡荊年十二歲小未能謀」。「謀」動詞當「籌劃、計議、商議」。《左傳・隱公九年》：「冬，公會齊侯于防，謀伐宋也。」名詞當「計策、謀略」。《書經・大禹謨》：「無稽之言勿聽，弗詢之謀勿庸。」《論語・衛靈公》：「巧言亂德，小不忍則亂大謀。」《嶽麓書院秦簡（叁）》中「謀」之解，不外乎此二解。

（11）得

整理小組：法律術語，常與先自告和自出即自首相對而言，表示官方或第三者捕獲或察覺。《法律答問》簡 131：「把其叚（假）以亡，得及自出，常為盜不當，自出，以亡論，其得，坐臧（贓）為盜，盜罪輕於亡，以亡論。」〔註112〕

張韶光：由於秦代實行連坐制，吏民均有檢舉犯罪的責任。睡虎地秦簡

〔註111〕朱漢民、陳松長主編：《嶽麓書院藏秦簡（叁）》，頁 107。
〔註112〕朱漢民、陳松長主編：《嶽麓書院藏秦簡（叁）》，頁 107。

《語書》簡 8：「有（又）且課縣官，獨多犯令而令、丞弗得者，以令、丞聞。」整理小組注：「得，《呂氏春秋・君守》：『此則奸邪之情得。』注：『得猶知也。』」可見官吏如若不及時糾舉非法行為，將會受到處罰。民眾如若不能及時檢舉，超過一定期限後也會受到連坐。《嶽麓書院藏秦簡（肆）》簡75：「取罪人、群亡人以為庸，智（知）其請（情），為匿之；不智（知）其請（情），取過五日以上，以舍罪人律論之。」可見秦代對民眾察覺犯罪行為設定了期限，超過期限未「得」，也會受到懲罰。〔註 113〕

（12）它如沙羨書

整理小組：它如某某：文書習語，放在文書結尾或文書中引文的結尾處，以防有遺漏或表示周全。《居延新簡》E.P.T53：138：「甘露二年八月戊午朔丙戌，甲渠令史齊敢言之，第十九隧長敝自言：『當以令秋射，署功勞。即石力發弩矢□弩臂，皆應令，甲渠候漢彊，守令史齊署發中矢數子牒。』它如爰書。敢言之。」

沙羨書：沙羨守驪向州陵縣揭發犯罪事實的文書。與正式告發行為的「告」、「劾」有別，故前後僅稱曰、書與《奏讞書》案件十五之「江陵忠言」在被告供詞結尾被引為「它如書」相似。〔註 114〕

邢義田：（《奏讞書》）供詞末尾有「它如池」字。其餘視、軍二人的供詞也都以「它如武」、「它如池、武作結」作結。江陵縣在調查此案，詢問各當事人時，本應各有完整的供詞記錄。江陵縣因疑難決，要「讞之」廷尉，不可能將全案原件上呈，只可能節略要點。為免記述情節太過重覆，凡池已說過，武和池的說辭無不同，即不再照錄武的話，而以「它如池」一語帶過。接著摘錄視、軍二人供詞的要點，也以「它如武」、「它如池、武」一語帶過。軍的供詞和池或武的說辭不知為何有些重覆，或許這些是值得重覆的要點吧。不論如何，「它如」之意為「其它如」，無論就文法或語意都十分明確。〔註 115〕

陳偉：在《癸、瑣相移謀購案》中，當是在秦王政二十五年四月辛酉（初

〔註 113〕 張韶光：《嶽麓書院藏秦簡（叁）》集釋》，頁 43。

〔註 114〕 朱漢民、陳松長主編：《嶽麓書院藏秦簡（叁）》，頁 107。

〔註 115〕 邢義田：〈漢代書佐、文書用語「它如某某」及「建武三年十二月候粟君所責寇恩事」簡冊檔案的構成〉，《中央研究院歷史語言研究所集刊》（1999 年第 3 期），頁 572。

五）的初步審理中，州陵守縮等瞭解到案件涉及臨縣沙羨，遂「辟」即請求協助調查，故而「未斷，未致購」。三天之後的甲子（初八），收到「沙羨書」，癸主導的陰謀開始曝光。「沙羨書」或許即是「獄辟書」之類。〔註116〕

朱紅林：州陵縣向沙羨縣發去了調查文書，沙羨對此進行了回覆。因此回覆文書與一般的告劾文書有所區別，是理所當然的。〔註117〕

張韶光：秦漢時期，在對調查、庭審等材料進行整理形成奏讞文書時，官吏會對記錄中重復之處用「它如某某」表示，使得文書言簡意賅，有時也會出現不同人敘述相類似之處沒有用「它如某某」替代的情況，這可能是因為所重復內容對案件審理較為重要。〔註118〕

按：《嶽麓書院藏秦簡（叁）》中，「它如某某」出現四十一次，十五個案例中有十個案例中皆有出現，如本案簡7「它如沙羨書」、簡11「它如癸」、簡16「它如癸等及劾」、簡17「它如告」。〈尸等捕盜疑購案〉簡35「它如尸等」。〈猩、敝知盜分贓案〉中簡48「它如宰」、簡50「它如號等」、簡54「它如猩」、簡55「它如達及前」、簡59「它如達等」。〈芮盜賣公列地案〉簡67「它如劾」、簡72「它如更」、簡78「它如材」、簡84「它如前」、簡85「它如辟」。〈多小未能與謀案〉簡89「它如軍巫書」、簡91「它如辟」。〈暨過誤失坐官案〉簡99「它如暨」、簡103「它如前」。〈識劫婉案〉簡119「它如前」、簡123「它如婉」、簡125「它如婉」、簡130「它如前」、簡131「它如辟」。〈得之強與棄妻奸案〉簡174「它如𡟱」、簡175「它如故獄」、簡176「它如𡟱」、簡178「它如气鞫書」、簡179「它如故獄」、簡184「它如𡟱」、簡185「它如辟」。〈田與市和奸案〉簡191「它如气鞫書」、簡194「它如故獄」、簡195「它如毋智」、簡196「它如……」、簡199「它如驪」、簡200「它如爨等」、簡203「它如辟」。〈學為偽書案〉簡215「它如矰」、簡233「它如辟」。〈縮等畏耎還走案〉簡242「它如辟」。亦見於《嶽麓書院藏秦簡伍》第三組簡258「它如前令」〔註119〕。為當時的法律術語，置於文末或句末。說明某人之說詞與其他人無誤，是一種說辭互證，法律但書之意，

〔註116〕陳偉：〈《嶽麓秦簡奏讞書》校讀〉，頁494。

〔註117〕朱紅林：〈讀《嶽麓書院藏秦簡（叁）》札記〉，中國文化遺產研究院編，《出土文獻研究（第十四輯）》（上海：中西書局，2015年），頁41。

〔註118〕張韶光：《嶽麓書院藏秦簡（叁）》集釋》，頁44。

〔註119〕陳松長主編，《嶽麓書院藏秦簡伍》，頁183。上海辭書出版社，2017年12月初版。

有助於釐清案情的方式之一。

本段是偵查過程中，癸的供述，癸說：治等羣盜在校長果的轄區內合夥盜殺人，州陵守縮命令癸與令佐士伍行率領柳等追緝。追到沙羨界中時，瑣等已經抓到治等。瑣已知治等四人已準備逃亡到楚國，不知他們真正的犯行為何。癸等知道是羣盜盜殺人的罪，此罪購賞豐厚，於是貪圖這個購賞。於是癸和行就跟瑣等人說：你們無法正確地告發他們的罪狀，領不到賞金。不如將人移交給我們。我們把犯人帶去見州陵官府，官府會給了我們追捕到死刑犯的購賞。我們再把錢移交給你們。癸等人就先用券書的方式表示會支付抓到死刑犯的獎金給瑣等人，並先用自己的錢付了訂金二千錢給予瑣等人。等到得到官府發放的賞金後，再給予瑣等人其他賞金。瑣就將治等移交給癸去領賞。癸將治等送到沙羨官府中，行尚未將人犯移送至官府，一群人就開始謀劃分取獎賞，所以在還未得到賞金前就被發現有問題了，其它如沙羨守驪向州陵縣揭發的犯罪事實的文書內容一致。

三、●[行]、柳、轎、沃言如癸。●士五（伍）瑣、渠、樂曰：與士[五]（伍）得、潘、沛戍。之山材（1），見治等，共捕治等四人言秦人，邦亡，其它人不言所坐（2）。得、潘、沛令瑣等將詣沙羨。沛等居亭，約得購分購錢レ。未到沙羨，實不智（知）治等辠（罪），弗能告·有（又）不智（知）羣盜購多レ（3）。利癸等約死辠（罪）購，聽請，券付死辠購，先受錢二千。未受公購錢，得。沛如等不智（知）瑣等弗詢，相移受錢。它如癸等レ。沛、潘、得言如瑣等。

（1）之山材

整理小組：材，疑為動詞，表示伐木取材之義。〔註120〕

陳偉：「之山材」疑屬上讀。山材，地名。9-10號簡說：「得、潘、沛令瑣等將詣沙羨。沛等居亭，約得購分購錢。」「山材」或即沛等所居之亭名。〔註121〕

勞武利：沙羨縣的征兵（「戍卒」）在山區巡邏。〔註122〕

〔註120〕朱漢民、陳松長主編：《嶽麓書院藏秦簡（叁）》，頁108。

〔註121〕陳偉：〈《嶽麓書院藏秦簡（三）》識小〉，《簡帛網》，2013年9月10日首發。

〔註122〕勞武利：〈張家山漢簡《奏讞書》與嶽麓書院秦簡《為獄等狀四種》的初步

鄔勖：整理者注為「伐木取材之義」，當是。西北漢簡中多有邊塞戍卒伐取、儲存、出納「材」即竹木材的記錄，用途有作為建材（居延 46・29）、製箭（居延 95・5）、燃料（居延 136・38）等，伐取竹木材顯然是戍卒經常要執行的任務之一。〔註 123〕

劉國勝：日書的《伐木日》篇，最為明確的是孔家坡漢簡的日書，寫在簡 1-6 貳上，有「伐木日」篇名，簡文作：「伐木日：壬□□□□……甲子、乙丑伐榆，父死。庚辛伐桑，妻死。丙寅、丁卯、己巳伐棗，長女死。壬癸伐□□，少子死。」〔註 124〕

張韶光：整理者和鄔勖認為「山材」是指去山上伐木取材，陳偉認為「山材」是一個地點，勞武利認為當是指在山上巡邏。認同勞武利的觀點。亭中吏員在山上巡邏當屬常見之事。……校長、求盜等在山間巡邏，也是分內之事。且羣盜等逃亡者常常會隱匿在山間，去山間巡邏也是情有可原。去山中伐木取材因時間不合，故予以排除……陳偉認為「『山材』或即沛等所居之亭名」，認同這種思路，但在秦漢之際，尚未發現可以與之相對應的地名。〔註 125〕

按：之山材，張韶光認可勞武利之說法，是在山上巡邏。但筆者較則認同整理小組與鄔勖之說法。「之」當動詞，到、前往。「山材」即在山上砍材。依據劉國勝之說法，伐木是戍邊的工作之一，因此到山上伐木時，遇見治等人的可疑行蹤，即是欲邦亡荊。因此將他們捕獲。

（2）坐

整理小組：坐獄，引申為指責，受到指責，獲罪。《左傳・襄公十年》「王叔之宰與伯輿之大夫瑕禽坐獄於王庭，士匄聽之。」杜預註：「獄，訟也。《周禮》：命夫，命婦不躬坐獄訟，故使宰與屬大夫對爭曲直。」《韓非子・定法》：「公孫鞅之治秦也，設告相坐而責其實。」《法律答問》簡 146：「亡久書，符券，公璽，衡嬴（纍），已坐以論，後自得所亡。論當除不當？不當。」《二年律令》簡 158：「女子已坐亡贖耐，後復亡當贖耐者，耐以為

比較〉。

〔註 123〕鄔勖：《秦地方司法諸問題研究》（上海：華東政法大學法律史博士論文，2014年 5 月），頁 51。

〔註 124〕劉國勝：〈秦簡札記三題〉，《簡帛（第十輯）》（上海：上海古籍出版社，2015年），頁 95。

〔註 125〕張韶光：《嶽麓書院藏秦簡（叁）》集釋》，頁 47。

隸妾。」不言所坐，不說所犯。〔註126〕

按：說文土部：「坐，止也。从土，从留省，土，所止也。此與留同意。坐，古文坐。」段玉裁注：「《左傳》：『鍼莊子為坐。凡坐獄訟。必兩造也。』」，坐當處斷，定罪。《韓非子·定法》：「公孫鞅之治秦也，設告相坐而責其實。」《隋書·吐谷渾傳》：「殺人及盜馬者死，餘坐則徵物以贖罪。」「坐」在《嶽麓書院藏秦簡（叁）》出現八次，分別是本案簡9「其它人不言所坐」和簡30「坐臧為盜有律不當讞」；〈暨過誤失坐官案〉簡95「此過誤失及坐官殹」，簡99「迺十月己酉暨坐丹論一甲」，簡102「不幸過誤失坐官弗得」，簡105「坐官小誤五」；〈同顯盜殺人案〉簡145「言毋坐殹」；〈田與市和奸案〉簡199「詔曰論坐田」，上述簡文除簡9外，依上下文意觀之，應解為連坐較為適當。《史記·商君傳》：「令民為什伍，而相牧司連坐。」〔註127〕，「連坐」即一人犯罪而使其親屬、朋友、鄰居等遭牽連而受罰。連坐是戰國時期秦國特有的法律制度，不論百姓或官吏皆受制於連坐法。而簡9中之「坐」應與前一字「所」字連用，《說文·斤部》：「伐木聲也。从斤戶聲。」段玉裁注：「伐木聲，乃此字本義。用為處所者，叚借為处字也。若王所，行在所之類是也。……是真叚借矣。」「所坐」即「所犯何事」。

（3）有（又）不智（知）羣盜購多

張伯元：這個「利」字當續上，「又不知羣盜購多利」。利，好處，指賞金多，不能理解為「貪圖癸等所約定的死罪獎賞」，因為下句的主語已經轉換，是癸等。〔註128〕

按：考之圖版，「多」字與「利」字中間有墨勾，表示是句子的結束，因此張伯元所謂之「利字」續上，似不確。應以整理小組之釋為是。

本段是偵查過程中，瑣等人的供述，內容大致是行柳、轎、沃等人的言論和癸一樣。士伍瑣、渠、樂說：和士伍得、潘、沛戍守在邊境，到山中伐木材，見到治等人，一起將他們逮捕。人家說他們是秦人，準備逃亡，其他人沒有說他們違犯何事。得、潘、沛令瑣等人要將人押解到沙羨。沛等留在亭中，約好要一起分賞金，還沒到沙羨，實在不知道治等人真正犯了什麼罪，

〔註126〕朱漢民、陳松長主編：《嶽麓書院藏秦簡（叁）》，頁108。
〔註127〕〔漢〕司馬遷撰；〔劉宋〕裴駰集解；〔唐〕司馬貞索隱；〔唐〕張守節正義：《史記》，頁2230。
〔註128〕張伯元：〈讀「癸、瑣相移謀購案」札記（三則）〉，頁166。

無法舉告，又不知道羣盜的獎金比較多，貪圖癸等人和他們約定好的死罪的獎金，立下契約要分錢，先收取訂金二千錢。還沒拿到官府的賞金。就被發現了。沛等不知瑣等沒有把人押送至沙羨以及相移受錢的狀況。其他如癸所說。沛、潘、得所說的和瑣說的一樣。

四、五月甲辰，州陵守縮，丞越，史（1）獲論令癸，瑣等各購黥（2）（3）。癸，行戍衡山郡（4）各三歲，以當灋（法）（5）先備贖（6）。不論沛等レ（7）。監察史（8）康劾（9）：以為不當，錢不處（10），當更＝論＝。（更論）（11）及論失者（12）言夬（決）（13）。

（1）史

整理小組：從事文書事務的小吏。《周禮・天官・宰夫》：「六曰史，掌官書以贊治。」《二年律令》簡 475：「試史學童以十五篇，能風（諷）書五千字以上，乃得為史。」〔註 129〕

冨谷至：在漢代文書行政發展至鼎盛的時期，史和令史世襲制的存在已經很難得到確證。被稱為「某史」和「某令史」的下級文書官吏在各個機關部門中的人數已攀升至相當規模，在居延漢簡中有關令史的記載也頻頻出現。這些下級書記官不可能都是世襲就職的。我們可以推斷，一般的情況是：官府在大範圍內舉行文字考試，然後將成績合格者任用為史和令史。這也意味著，張家山漢簡中史律條文，不僅適用於世襲，也適用於普通人，或者已逐漸變得適用於普通人了。〔註 130〕

鄔勖：秦的史職採取的是世襲制，也就是先秦典籍中所說的世官制。……秦漢基層法吏隊伍的主要成分是縣廷中的「史」類職務，有「史」、「獄史」、「令史」等名目，他們在案件辦理中廣泛執行偵查、逮捕、搜查、查封、沒收、勘驗、鑒定、監獄管理等工作，並可參與審訊和判決工作。如果辦案表現突出，獄史還有機會受推舉并升任郡的「卒史」，也是一個以法律工作為主的職務。另外，最高審判機關廷尉設有「廷尉史」（或簡稱「廷史」），中央的御史和郡里的監御史也常常涉足案件審判和監察工作，可以說，「史」類職務在秦的司法官吏體系中居於至關重要的地位。〔註 131〕

〔註 129〕朱漢民、陳松長主編：《嶽麓書院藏秦簡（叁）》，頁 108。
〔註 130〕冨谷至：〈文書行政的漢帝國〉（南京：江蘇人民出版社，2013 年），頁 94。
〔註 131〕鄔勖：《秦地方司法諸問題研究》，頁 37～38。

朱紅林：在法庭決獄時，必須有史參與，否則有關判決將會受到質疑，主管官吏甚至會被追究責任。〔註132〕

張韶光：對「史」的理解有二：一是從事文書工作的的小吏，即書記官，二是史還從事司法審判工作，認同第二種觀點。在本案中就出現了史協同審理案件的情況：「州陵守綰、丞越、史獲論令癸、瑣等各贖黥。」睡虎地秦簡中還曾指史有與嗇夫等長官協同審理案件的職責。睡虎地秦簡《法律答問》簡94：「贖罪不直，史不與嗇夫和，問史可（何）論？當貲一盾。」也就是說如果史沒有與嗇夫協同審理而導致判罰不當，也會因此坐罪。〔註133〕

按：「史」是古代掌管文書和記事等的官吏。如《禮記・玉藻》：「動則左史書之，言則右史書之。」《嶽麓書院秦簡（叁）》中「史」出現二十三次，當「掌管文書或記事的官吏」的有本案的簡13「州陵守綰、丞越、史獲論令癸、瑣等各贖黥」，〈猩、敳知盜分贓案〉簡61「江陵守感、丞暨、史同論敉猩、敳為庶[人]」，〈譊、妘刑殺人等案〉簡140和簡141「丞相、史如。」從各案件的上下文意可以得知史做為掌管文書和記事的官吏外，當可以參與判刑的討論，也體現秦的判案過程其非一人獨大，而是經過多方討論的結果。

（2）贖黥

整理小組：贖，以財物或勞役來抵銷罪過或免除刑罰。《史記・卷一〇五・扁鵲倉公傳》：「妾願入身為官婢，以贖父刑罪。」。《玉篇・貝部》：「贖，以財拔罪也。」秦律中有兩種不同的贖刑：一、「閏刑」，代替其他正刑，僅適用於特權身份。《法律答問》簡177：「真臣邦君公有罪，致耐罪以上，令贖。」二、「正刑」。不限身份，直接適用於制定法中各種罪名。《法律答問》簡030：「抉籥（鑰），贖黥。」《秦律雜抄》簡32：「匿敖童，及占癃（癃）不審，典，老贖耐。」簡013所見「贖黥」應為正刑。《法律答問》簡139：「有秩吏捕闌亡者，以畀乙，令詣，約分購。問：吏及乙論可（何）殹（也）？當貲各二甲，勿購。」可知，謀求「黥城旦」的賞金的話，量刑為貲二甲，應比本案輕。〔註134〕

〔註132〕朱紅林：〈史與秦漢之際的決獄制度〉，《法律史學會2016年會論文集》（天津，2016年），頁408。

〔註133〕張韶光：《嶽麓書院藏秦簡（叁）》集釋》，頁49。

〔註134〕朱漢民、陳松長主編：《嶽麓書院藏秦簡（叁）》，頁108。

　　富谷至：黥，是指施以刺青的肉刑。與漢代一樣，秦也是在臉上刺青。
〔註 135〕

　　水間大輔：據《二年律令・具律》有「贖劓、黥，金一斤」（第 119 號
簡）的記載，是繳納黃金一斤的刑罰。（省略）里耶簡中有以「錢」作為贖
罪金單位的例子，如「卅三年三月辛未朔戊戌，司空騰敢言之，陽陵仁陽士
五（伍）殼有贖錢七千六百八十。」（J1⑨9）；睡虎地秦簡《秦律十八種・司
空律》亦云：「有罪以貲贖及有責（債）於公，以其令日問之。其弗能入及
賞（償），以令日居之，日居八錢。」……在秦國至少可用錢來支付贖罪金，
同時也允許以勞役代替；（省略）《金布律》云：「有罰、贖、責（債）當入
金，欲以平賈（價）入錢，及當受購、償而毋金，及當出金、錢縣官而欲以
除其罰、贖、責（債），及為人除者，皆許之。」因此，很可能秦國亦本來
以黃金為標準規定贖罪金，但允許以錢與勞役代替。〔註 136〕

　　張韶光：「贖耐」是以金錢來抵消黥刑。張家山漢簡《二年律令》簡 119：
「贖死，金二斤八兩。贖城旦舂、鬼薪白粲，金一斤八兩。贖斬、府（腐），
金一斤四兩。贖劓、黥，金一斤。贖耐，金十二兩。贖罬（遷），金八兩。有
罪當府（腐）者，移內官，內官府（腐）之。」可見在漢初，對不同的刑罰，
有對應的贖免金額，贖黥則需要金一斤。〔註 137〕

　　按：《說文・貝部》：「贖，貿也。堯典。金作贖刑。從貝。賣聲。」贖
刑的起源甚早，在《睡虎地秦簡》尚未出土前，學界對贖刑的探討較少，沈
家本的《歷代刑法志》也只羅列資料，未能說明詳細內容。贖即以財物或勞
役來抵銷罪過或免除刑罰。從秦漢簡來看，贖刑的種類非常地多，大約有八
種，贖遷、贖耐、贖黥、贖宮、贖死、贖鬼薪鋈足、贖斬、贖城旦舂〔註 138〕。
本案的「贖黥」不見於傳世文獻，且在《嶽麓書院秦簡（叄）》中只出現於
此，但在睡虎地秦簡《法律答問》出現二次「甲某遣乙盜，一日，乙且往盜，
未到，得，皆贖黥。」「抉鑰，贖黥。……抉之且欲有盜，弗能啟即去，若
未啟而得，當贖黥。」《張家山漢簡》出現三次，分別在《雜律》「越邑里、
官市院垣，若故壞決道出入，及盜啟門戶，皆贖黥。」、《具律》「女子當磔

〔註 135〕富谷至：《秦漢刑罰制度研究》（桂林：廣西師範大學出版社，2006 年），頁
　　　　　13。
〔註 136〕水間大輔：〈嶽麓三所見的共犯處罰〉，（華東政法大學學報，2014 年第 2 期）。
〔註 137〕張韶光：《嶽麓書院藏秦簡（叄）》集釋》，頁 50。
〔註 138〕孫孝勤：〈試論秦漢贖刑〉，《史海鈎沈》，2008 年 3 月，頁 6。

若腰斬者，棄市。當斬為城旦者黥為舂，當贖斬者贖黥，當耐者贖耐。」、《賊律》「毆兄、姊及親父母之同產，耐為隸臣妾，其言奚詬詈之，贖黥。」中皆有出現。由上述觀之，「贖黥」在秦是屬於較輕的刑罰，《睡虎地秦簡》中「欲盜，未得手。」本案之癸等人也未領購賞。《張家山漢簡》的例子，也可以看出贖黥是輕微的刑責。

（3）衡山郡

整理小組：衡山郡，秦郡名。本案記載可以證明秦王政二十五年已設置衡山郡。《里耶秦簡》J1⑧1234 有「衡山守章」與「衡山發弩丞」〔註139〕

陳松長：最遲在秦始皇二十五年，衡山郡就已經存在了。據此，我們可以確定，在《秦始皇本紀》「二十八年，西南渡淮水，之衡山、南郡」的記載中，衡山不是山嶽之名，而實屬與「南郡」一樣的郡名。〔註140〕

后曉榮：衡山郡原為楚地，分九江郡而置。譚其驤曰：「東界、北界、南界詳見九江，西界詳見南郡。」西漢六安國為泰衡山郡舊地。郡治邾，今湖北黃岡市。〔註141〕

陳偉：嶽麓書院秦簡 383 號簡記云：「河內署九江郡，南郡、上黨□邦道當戍東故徼者，署衡山郡。」州陵為南郡署縣。縮等的判決也當執行了這條律令。〔註142〕

鄔勖：在嶽麓簡律令中可以找到其依據：縮請許而令郡有罪罰戍者，泰原署四川郡；東郡、叄郡、潁川署江胡郡；南陽、河內署九江郡，南郡、上黨□邦道當戍東故徼者，署衡山郡。比照之下，本案所判的「戍衡山郡三歲」無疑便是上面所謂的「有罪罰戍」了。〔註143〕

支強：嶽麓簡整理者指出與簡 0194、簡 0383 是前後相聯的其內容為「……泰原署四川郡；東郡、叄川、潁川署江胡郡，南陽」，如果將此二簡內容與同時披露的簡 0706「縮請許而令郡有罪罰當戍者，泰原署四川郡；東郡、叄川、潁川署江胡郡；南陽、河內署九江郡」。對比，可見兩者在內容上高度一致，似可視為同一規定。……如果考慮到簡 0706 以及簡 0194、

〔註139〕朱漢民、陳松長主編：《嶽麓書院藏秦簡（叁）》，頁 108。
〔註140〕陳松長：〈嶽麓書院藏秦簡中的郡名考略〉，頁 7。
〔註141〕后曉榮：《秦代政區地理》，頁 411。
〔註142〕陳偉：〈盜未有取賫瀘戍律令試解〉，《簡帛網》，20130909 首發。
〔註143〕鄔勖：〈《嶽麓簡（三）》「癸、瑣相移謀購案」中的法律適用〉，頁 24。

簡 0383 中規定的出現年代至遲不會晚於秦王政二十五年，此時尚未「改令為詔」。……「州陵守綰」在最初的判決中將「癸」和「行」的戍邊地定在「衡山郡」也是執行了該「令」。（省略）對「癸」、「行」做出的「戍衡山郡各三歲」的處置，其法律依據包括了兩種淵源，即判定二人法律責任的「戍律」和影響「戍律」所規定的法律責任承擔的具體辦法的「戍令」。〔註144〕

按：先秦典籍中並無「衡山郡」出現，《史記・淮南衡山列傳》：「元朔六年，……諸與衡山王謀反者皆族。國除為衡山郡。」〔註145〕，時為漢代。而《嶽麓書院藏秦簡》證明最晚在秦王政二十五年時，衡山郡已設置。且有《里耶秦簡》可為佐證衡山郡的設置早在戰國時期，而非《史記》所言於漢代時除國為郡。

（4）當灋（法）

整理小組：當法，充當法定刑。按，贖罪的執行方法因罪行輕重，個人身份或財力等因素而變，未必僅以財物抵消罪過。在此，癸、行「戍衡山郡各三歲」，即以兵役抵消罪過，相似的情況也於《秦律十八種》簡151。〔註146〕

陳偉：贖罪的執行方法因罪行輕重、個人身份或財力等因素而變，未必僅以財物抵消罪過。在此，癸、行「戍衡山郡各三歲」，即以兵役抵消罪過。……綰等對嫌犯的初步裁決，是根據「盜未有取」律令判處「癸、瑣等各贖黥」；根據「吏貲廢戍」律令判處「癸、行戍衡山郡各三歲」。〔註147〕

鄔勖：秦漢律中的贖罪有明確的法定金額可供執行。即便財產不足以清償，法律還設置有「居贖」的抵償措施，而以戍邊來充當贖罪的執行方式的，迄今尚未見有明確的材料。因此，「當灋」還是理解為「將行為對應于法律規範」為好。〔註148〕

按：《說文・廌部》：「灋，刑也。平之如水，從水；廌，所以觸不直者，去之，從去。法，今文省。」法、灋二字為古今字，出土秦簡如《嶽麓書院藏

〔註144〕支強：〈「盜未有取吏貲灋戍律令」問題再識〉，王沛主編，《出土文獻與法律史研究（第三輯）》（上海：上海人民出版社，2014年），頁71～72。

〔註145〕〔漢〕司馬遷撰；〔劉宋〕裴駰集解；〔唐〕司馬貞索隱；〔唐〕張守節正義：《史記》，頁3097。

〔註146〕朱漢民、陳松長主編：《嶽麓書院藏秦簡（叁）》，頁108。

〔註147〕陳偉：〈盜未有取吏貲灋戍律令試解〉，《簡帛網》，20130909首發。

〔註148〕鄔勖：〈《嶽麓簡（三）》「癸、瑣相移謀購案」中的法律適用〉（華東政法大學學報，2014年第2期），頁23。

秦簡》、《里耶秦簡》、《睡虎地秦簡》中「法」皆以「灋」字呈現。

（5）先備贖

整理小組：據簡 013 記載，絹等以贖黥刑判處癸和瑣等，但有關執行方法的記載僅提癸等，瑣等的處理方案沒有落實。同時，有關癸等戍衡山郡來抵償贖罪的敘述應以「當法」結束，難以與續文「先備贖」連讀。因此疑「先備贖」前脫「瑣等」二字。「先備贖」表示在未派戍邊當法之前瑣等全已贖清。〔註 149〕

陳偉：在出戍之前提交贖金。〔註 150〕

鄔勖：本案在判決時特別要求在戍前繳清贖錢，這樣就完全避免了在戍後通過文書追索造成的麻煩和浪費，作出這一判決的官吏應有十分豐富的公務經驗。〔註 151〕

張伯元：陳偉則認為「先備贖」是指在判癸、行戍衡山郡時，要求他們在出戍之前提交贖金。……照此說法，所交的贖金是「贖黥」，如果不交清的話，還得「黥」以肉刑。由此看來，贖黥＋戍三歲，是「癸、行」二人所受到的刑處，而「瑣等」只是贖黥。如果說要「先備贖」的話，只是針對癸、行等人，對瑣等來說交清贖金不存在先後的問題。所以說疑其前脫「瑣等」二字，恐怕與州陵縣守、丞的處斷不符。……再說，秦律和漢初的法律中是否存在贖黥＋戍三歲這一刑種，或數罪並罰，也是值得做進一步探討的問題。〔註 152〕

張韶光：「先備贖」是指在癸、行戍衡山郡之前交清贖金。《嶽麓書院藏秦簡（肆）》簡 22-23：「レ臧不盈廿二錢，貲一甲，耐罪以下，令備前（繫）日。貲贖未入，去亡及不會貲贖而得，如居貲贖去亡之灋。」從這條材料可知，罰金或贖金沒有繳納而逃亡以及沒有按時繳納者，均會按照居作時逃亡所適用的法律論處。也就是說，秦代對繳納罰金或贖金有時間限制，在本案中，「先備贖」即在戍邊前交納完贖金，也當是對繳納贖金的時間限制的一種。〔註 153〕

〔註 149〕朱漢民、陳松長主編：《嶽麓書院藏秦簡（叁）》，頁 108。

〔註 150〕陳偉：〈盜未有取吏貲灋戍律令試解〉。

〔註 151〕鄔勖：《嶽麓簡（三）》「癸、瑣相移謀購案」中的法律適用〉，頁 23。

〔註 152〕張伯元：〈讀「癸、瑣相移謀購案」札記（三則）〉，《出土文獻與法律史研究（第三輯）》（上海：上海人民出版社，2014），頁 160～161。

〔註 153〕張韶光：《嶽麓書院藏秦簡（叁）》集釋》，頁 53。

按：「先備贖」，應是執行刑罰的順序，是先將贖刑需要的錢財繳交後再去衡山郡戍守。指的是癸，癸得先繳了贖黥的錢，再去服徒刑，因此整理小組疑先備贖前脫缺「瑣等」二字有誤。秦代的律法規定不管被判多少個刑責，都得一一執行，並非是從重執行。在此癸被判贖黥及戍衡山郡三歲，兩者皆需執行，因此先讓癸繳交贖金，再去戍邊。

（6）監御史

整理小組：監御史，秦官，執掌督察郡政。《漢書・百官公卿表》：「監御史，秦官，掌監郡。漢省，丞相遣史分刺州，不常置。武帝元封五年初置部刺史，掌奉詔條察州，秩六百石，員十三人。」〔註 154〕

陶安：（《奏讞書》）案例十八的司法程序由「御史書」即監御史的命令啟動。〔註 155〕

鄔勖：今由本案監御史康劾州陵縣「論失」，可知司法也是秦的監獄史的重要職責之一。……本案是監御史監察縣廷判決的第一例，也是迄今所見的唯一一例，這應當不是案件所必經的一般程序，它可能與《奏讞書》案例 16 的淮陽郡守「掾新郪獄」、案例 19 的攸縣守「視事掾獄」一樣，含有抽查的意味在內。〔註 156〕

王偉：「監御史」為中央御史的派出機構，監理諸郡，在郡治設有「監府」機構。按照我們對秦郡級職官和機構的界定，「監御史」和「監府」屬於秦郡官體系，前者為職官名稱，後者為曹署機構名稱。〔註 157〕

按：《史記・秦始皇本紀》：「二十六年，分天下以為三十六郡……郡置守、尉、監。《集解》漢書百官表曰：『秦郡守掌治其郡；有丞、尉，掌佐守典武職甲卒；監御史掌監郡。』」〔註 158〕監御史的工作是「掌監郡」。鄔勖認為是含有抽查意味在內。但筆者認為本案為奏讞文書，監御史的職責是監郡，因此由他劾查郡的判案缺失，即為其職責所在。

〔註154〕 朱漢民、陳松長主編：《嶽麓書院藏秦簡（叁）》，頁 108。
〔註155〕 陶安：〈張家山漢簡奏讞書史議札記〉，《出土文獻與法律史研究第二輯》，上海：上海人民出版社，2013 年，頁 85。
〔註156〕 鄔勖：〈《嶽麓簡（三）》「癸、瑣相移謀購案」中的法律適用〉，頁 25。
〔註157〕 王偉：《秦璽印封泥職官地理研究》（北京：中國社會科學出版社，2014 年），頁 258。
〔註158〕 〔漢〕司馬遷撰；〔劉宋〕裴駰集解；〔唐〕司馬貞索隱；〔唐〕張守節正義：《史記》，頁 240。

（7）劾

整理小組：劾，官員以職權告發或檢舉犯罪行為，與普通告發形式的「告」相對。《語書》簡07-08：「今且令人案行之，舉劾不從令者，致以律，論及令、丞。」《二年律令》簡113：「治獄者，各以其告、劾治之。敢放訊杜雅，求其他罪，及人毋（無）告、劾而擅覆治之，皆以鞫獄故不直論。」〔註159〕

閆曉君：告與劾不同，「告屬下，劾屬上。」告行為的發生者往往是民，而劾行為的發生者往往是官，也就是說，民對民，民對官或官對民提起訴訟都稱告，而官僚系統內部的起訴行為，往往是負有相應職責的官吏對有犯罪嫌疑的官吏提起訴訟，才能稱為劾。〔註160〕

程政舉：秦漢時期在刑事訴訟中告、劾均是指一種引起訴訟程序發生的行為，並無嚴格的公訴與自訴的區分。但是，儘管如此，「告」和「劾」在使用上還是有所區別的，「告」所適用的範圍較「劾」廣泛，「告」既包括民事告訴又包括刑事告訴；其中刑事告訴方面既包括官吏依職責告發犯罪，也包括民眾告發他人犯罪和自訴。「劾」，在秦漢時期與現代意義上的公訴並不等同，它具有代表國家糾舉犯罪并提起訴訟的特點，同時，被劾人的身份往往也是官吏等公職人員。〔註161〕

陶安：所有司法程序是由某種檢舉（或揭發）行為啟動的。普通的檢舉或揭發形式分為「劾」、「告」兩項。「劾」用於官吏以職權所進行的檢舉行為，而「告」用於一般人或不擁有相關職權官吏的檢舉行為。〔註162〕

勞武利：「告」表示的是老百姓對犯罪行為的舉報，而「劾」表示的是官吏對於官吏犯罪行為的彈劾，這兩者以及對犯罪嫌疑人的「求」、「捕」均是啟動案例訴訟程序的第一步。〔註163〕

鄔勖：治獄、覆獄必須以告、劾為依據，無告、劾不得擅自治獄、覆獄，

〔註159〕 朱漢民、陳松長主編：《嶽麓書院藏秦簡（叁）》，頁108～109。

〔註160〕 閆曉君：〈張家山漢簡奏讞書考釋（一）〉，張懋鎔、王震中、田旭東、宮長為編：《追尋中華古代文明的蹤跡——李學勤先生學術活動五十年紀念文集》（上海：復旦大學出版社，2002年），頁79。

〔註161〕 程政舉：《漢代的訴訟制度》，頁209～210。

〔註162〕 陶安：〈張家山漢簡奏讞書吏議〉，頁85。

〔註163〕 勞武利：〈張家山漢簡《奏讞書》與嶽麓書院秦簡《為獄等狀四種》的初步比較〉（湖南大學學報，2013年第3期）。

可見告、劾在律中是作為案件啟動的必要程序而存在的。二者的區別當包括：（1）劾的主體一定是吏，告可以是民，也可以是低級的吏；（2）劾須以文書進行，告則多以口頭的形式；（3）告必須對明確的對象控以明確的行為，劾則可以針對可能存在的違法行為，如《奏讞書》案例 16 的淮陽守劾新郪獄「疑有奸詐」即是。〔註 164〕

　　按：沈家本《漢律摭遺》卷一《目錄》：「囚律」條指出「告」與「劾」性質不同，即「告屬下，劾屬上」。徐世虹《漢劾制管窺》（一九九六《簡帛研究》第二輯，北京：法律出版社）認為民告發民，民告發官以及官告發民之行為，屬於「告」，而內部官告發官之行為稱「劾」，《史記・蒙恬列傳》：「太子立為二世皇帝，而趙高親近，日夜毀惡蒙氏，求其罪過，舉劾之。」〔註 165〕，戰國時期秦的劾，是官吏針對官吏的。此處的監御史康「劾」，即是糾舉州陵守縮、丞越、史獲的缺失。

（8）錢不處

　　鄔勖：沒有對癸、瑣等人私相授受「私錢兩千」的行為進行定罪，而不是指真的沒有進行任何處罰。〔註 166〕

　　水間大輔：應是指州陵縣的判決沒有「處」理校長癸交給戍卒瑣等二千錢一事，即沒有將此為處罰對象。〔註 167〕

　　按：「錢不處」是指州陵守判決時沒有處理癸等事先支付的二千錢，因為這筆錢算是私相授受的，屬非法交易，應該也要有所論處。

（9）更論

　　整理小組：更，更改。《二年律令》簡 110：「證不言請（情），以出入罪人者，死罪黥為城旦舂，它各以其所出入罪反罪之。獄未鞫而更言請（情）者，除。」更論，更改舊的判決並重新進行審判。〔註 168〕

　　歐揚：「論」在狹義上就是執行刑罰的意思，《嶽麓》（叁）執行刑罰的文書，吏的執行行為就稱為「論」。《法律答問》多見「某人何論？」，也就

〔註 164〕鄔勖：〈《嶽麓簡（三）》「癸、瑣相移謀購案」中的法律適用〉，頁 25。
〔註 165〕〔漢〕司馬遷撰；〔劉宋〕裴駰集解；〔唐〕司馬貞索隱；〔唐〕張守節正義：《史記》，頁 2568。
〔註 166〕鄔勖：〈《嶽麓簡（三）》「癸、瑣相移謀購案」中的法律適用〉，頁 25。
〔註 167〕水間大輔：〈嶽麓三所見的共犯處罰〉，《華東政法大學學報》（2014 年第 2 期）。
〔註 168〕朱漢民、陳松長主編：《嶽麓書院藏秦簡（叁）》，頁 109。

是某人處以什麼刑罰？這是追問對罪人最終的實體意義上的處罰。「論」句式是較為古老的，是傳統的指代整個定罪量刑程序的術語。〔註169〕

按：「更論」一詞在嶽《麓書院藏秦簡（叁）》中只出現在本案此處，並未見於《里耶秦簡》，但《張家山漢簡・二年律令》簡110，提出了很好的佐證，罪刑有出入時，應更改判決。本處的更論即是更改原判之意。

（10）論失者

整理小組：失，失事，在此指誤判。《法律答問》簡 033-034：「士五（伍）甲盜，以得時直臧（贓），臧（贓）直（值）過六百六十，吏弗直，其獄鞫乃直臧（贓），臧（贓）直（值）百一十，以論耐。問：甲及吏可（何）論？甲當黥為城旦；吏為失刑辠（罪），或端為，為不直。」《二年律令》簡107：「鞫之不直，故縱弗刑，若論而失之。」論失者，即論處誤判的官員。〔註170〕

鄔勖：「失」，整理者注釋引《二年律令》簡107「論而失之」等材料解為「誤判」，得之；但以「失者」為一詞，解為「論失者」為「論處誤判的官員」，則不確。睡虎地秦簡《語書》云：「舉劾不從令者，致以律，論及令、丞」，「及」字的用法與此處相同。「更論及」即《語書》的「論及」，「論失」即《二年》的「論而失之」。〔註171〕

按：「論失者」，整理小組認為是誤判，從案件發展內容觀之，綰等人並非誤判，而是沒有處理到私相授受的「二千錢」這個部分，應屬判案失誤，而非誤判，故筆者贊同鄔勖引《二年律令》的看法，「論失者」是指判案失誤之意。

（11）夬（決）

整理小組：決：決獄，斷案。《史記・酷吏列傳》：「湯決大獄，欲傅古義，乃請博士弟子治《尚書》、《春秋》補廷尉史，亭疑法。」《二年律令》簡178：「有罪當收，獄未決而以賞除罪者，收之。」言決，上報判決內容。里耶秦簡J1⑯5 正：「縣亟以律令具論當坐者，言名，夬（決）泰守府。（「決」字原釋為史，誤）又可以稱為言論。里耶秦簡J1⑨981 正：「亡，定言論及

〔註169〕歐揚：〈秦到漢初定罪程序稱謂的演變〉，《出土文獻與法律史研究第三輯》（上海：上海人民出版社，2014年），頁114。
〔註170〕朱漢民、陳松長主編：《嶽麓書院藏秦簡（叁）》，頁109。
〔註171〕鄔勖：〈《嶽麓簡（三）》「癸、瑣相移謀購案」中的法律適用〉，頁25。

諓問；不亡，定謾者訾（貲）。」〔註172〕

　　按：夬讀為決，聲符相同，音同。《睡虎地秦簡‧法律答問》:「妻悍，夫毆治之，夬其耳……。」夬讀為決，義為撕裂。《封診式‧賊死》:「其襦北（背）痏者，以刃夬二所，應痏。」《戰國縱橫家書‧朱己謂魏王章》:「與楚兵夬於陳郢，秦有不敢。」「夬」字《戰國策‧魏策三》作「決」。〔註173〕《說文‧水部》:「決，行流也。从水从夬。盧江有決水，出於大別山。古穴切。」《說文‧又部》:「夬，分決也。從又夬，象決形。」段注「古賣切。」故此二字有聲音上的關係，屬假借字。但在本案「夬」應是從「決」之意，即「判定」或「判斷」之意。

　　本段是原審的判決後，由御史康舉劾。即在五月甲辰日時，州陵守綰、丞越、史獲論令癸、瑣等各以贖黥刑判處，但有關執行方法的記載僅提癸等，瑣等的處理方案沒有落實。同時有關癸等戍衡山郡來抵償贖罪的敘述應以當法結束。先準備好贖金，沒有論處沛等人的罪。再由監御史康舉劾，認為這個處置不當，錢的部分沒有處理好，應當重新論處。不只重新論處癸、瑣等人，也要論處判案失誤的官員。

　　五、●綰等曰：治等發興吏徒追レ（1）。癸等弗身捕，瑣等捕，弗能告。請相移（2），紿（3）以求購＝（購）未致，得。綰等以盜未有取吏貲濾戍律令（4）論癸，瑣等口（？）（5）令瑣等環（還）癸等錢‧它如癸等及劾。●診（6）、問（7）：死辠（罪）購四萬三百廿；羣盜＝（盜）人購八【萬六百四十錢……】口。它如告。辤（辭）（8）。治等別【論……】

　　（1）興吏徒追

　　整理小組：興，徵發，發動。《左傳‧哀公二十六年》「大尹興空澤之士千甲」，陸德明《釋文》:「興，發也。」在此指組織吏徒追捕盜匪。相關法令可以參看《二年律令》簡140-141:「羣盜殺傷人，賊殺傷人，強盜即發縣道，縣道亟為發吏徒足以追捕之。尉分將，令兼將，亟詣盜賊發及之所，以窮追捕之。毋敢□界而環（還）。吏將徒，追求盜賊，必伍之。盜賊以短兵

〔註172〕 朱漢民、陳松長主編：《嶽麓書院藏秦簡（叁）》，頁109。
〔註173〕 王輝：《古文字通假字典》，頁617。

殺傷其將及伍人，而弗能捕得，皆戍邊二歲。卅（三十）日中能得其半以上，盡除其罪。」〔註174〕

張韶光：認同《二年律令・封診式》簡48對「吏徒」的註解。認為當有盜賊出現，吏員會率領徒隸實施抓捕。縣道派遣吏徒除了實施抓捕之外，有時候還會進行犯罪現場的勘驗等工作。睡虎地秦簡《封診式》簡63-64：「令史某爰書：與牢隸臣某即甲、丙妻、女診丙。」這則材料是說令史率領隸臣進行現場勘查。此外，《嶽麓書院藏秦簡（叁）》中還出現了吏員派遣徒隸進行抓捕的情況。《嶽麓書院藏秦簡（叁）》簡194：「●相曰：主治瓣（辨）市。聞田數從市奸轂所，令毋智捕。」這則材料中相的身份是「獄史」，毋智的身份是徒隸，相派遣毋智去抓捕田和數。可見吏員和徒隸除了被上級派遣同時去抓捕罪犯之外，吏員也可以直接派遣徒隸，由徒隸自行前往。〔註175〕

按：「吏徒」一詞在《嶽麓書院藏秦簡（叁）》中只出現在此，但《里耶秦簡（壹）》則出現三次，分別出現在第八層的簡0167「令吏徒往取之及以書告酉陽令」，簡0769「山今盧魚獻之問津吏徒莫智」，簡1517「卅五年三月庚寅朔辛亥，倉衛敢言之，疏書吏徒上事尉府レ」。前二簡皆未對「吏徒」做註解，但在簡1517註解為「吏徒，史卒」。《封診式・遷子》云：「今鋈丙足，令吏徒將傳及恒書一封詣令史。」整理小組注釋云：「吏徒，押解犯人的吏和徒隸。」不確。從《二年律令・捕律》簡140-143號中觀之，可見吏徒之「徒」為兵卒。這裏所謂「疏書吏、徒上事尉府者牘北（背）」，即簡背所書。其中「令左溫」為吏，「更戍士五城父陽翟執」與「更戍士五城父西中痤」為徒。〔註176〕筆者贊同《里耶秦簡（壹）》的註解，此觀點正好呼應前者的「有秩吏」一說。從本案的敘述觀之，癸等人是被絔派去抓捕治等人的兵卒，是有職責在身的，有薪水的。結果犯人被瑣等人抓到了。因此癸等人要求相移犯人，除了貪圖豐厚的購賞外，也有可能是怕未盡職責會被懲處，所以才會願意先花二千錢取得瑣等人的信任答應將犯人相移。

（2）弗能告，請相移

張伯元：「弗能告，請相移」可連讀為「弗能告請（情）相移」，意思是

〔註174〕朱漢民、陳松長主編：《嶽麓書院藏秦簡（叁）》，頁109
〔註175〕張韶光：《嶽麓書院藏秦簡（叁）集釋》，頁61。
〔註176〕陳偉：《里耶秦簡牘校釋（第一卷）》，頁345。

無法把「相移」的實情相告。告請（情）相移，也就是告情以相移，告知相移的情況。從語法上看，「告情」是它後面的「相移」動作行為的方式或狀態。〔註177〕

　　張韶光：認同整理小組斷讀為「弗能告。請相移」，但「請相移」的主語仍應當是瑣等。由於瑣等對治一夥人究竟犯有何罪沒有調查清楚，所以不能親自告發，否則不但不能得到獎賞，還會受到懲罰。睡虎地秦簡《法律答問》簡43：「甲告乙盜牛若賊傷人，今乙不盜牛、不傷人，問甲可（何）論？端為，為誣人；不端，為告不審。」可見發生錯告的行為，如果無心所為就定罪為「告不審」；如果故意所為，就定罪為「誣告」，被處以「反坐」，即告發之人會受到自己所告發罪名的懲罰。因此，為了得到獎賞，便將羣盜交由癸送官。

　　按：筆者亦贊同整理小組之斷句，從近出的秦簡有關律法觀之，秦代的律法規定相當嚴格，瑣等人想得到抓捕犯人的購賞，但因不知這些犯人所犯何罪，若罪名不確實會被處以誣告，因此願意將人犯相移。

（3）紿

　　整理小組：紿，詐騙，欺騙。《玉篇‧系部》：「紿，欺也。」段玉裁《說文解字注‧系部》：「紿，古多叚為詒字。」《說文‧言部》：「詒，相欺詒也。」《二年律令》簡261-262：「諸詐（詐）紿人以有取，及有販賣貿買而詐（詐）紿人，皆坐臧（贓）與盜同灋（法）。」〔註178〕

　　按：「紿」在《嶽麓書院秦簡（叁）》中出現六次，分別在本案的簡15「紿以求購」，簡19「紿瑣等約死羣購」，簡20「紿券付死羣購」，〈芮盜賣公列地案〉簡81「紿方曰已受」，簡82「紿人買公列地」，簡83「芮即紿買方巳用錢」，皆有欺騙之意。

（4）盜未有取吏貲灋戍律令

　　整理小組：戍，防守邊境。法，刑法，引申為依法懲處。《說文‧廌部》：「灋，刑也。…（中略）…法，今文省。」《史記‧商君列傳》：「衛鞅曰：『法之不行，自上犯之。』將法太子。」法戍，依法處戍、抵法守邊。「法」字修飾動詞「戍」，語法結構與「法耐、遷其後」等相同。《秦律十八種》簡

〔註177〕張伯元：〈讀「癸、瑣相移謀購案」札記（三則）〉，頁164。
〔註178〕朱漢民、陳松長主編：《嶽麓書院藏秦簡（叁）》，頁109。

153-154：「從軍當以勞論及賜，未拜而死，有辠（罪）灋（法）耐、罪（遷）其後，及灋（法）耐、罪（遷）者，皆不得受其爵及賜。」〔註179〕

貲，秦律特有的法律制裁，用於輕罪，大致相當於罰款等行政處罰。細分為財產罰與勞役罰。《秦律十八種》簡 115：「御中發微，乏弗行，貲二甲。失期三日到五日，誶；六日到旬，貲一盾；過旬，貲一甲。」《數》簡 082：「貲一甲值錢千三百四十四，值金二兩一垂；一盾值金二垂。」《法律答問》簡 007：「或盜采人桑葉，臧（贓）不盈一錢。可（何）論？貲徭三旬。」《秦律雜抄》簡 12-13：「軍人買（賣）稟稟所及過縣，貲戍二歲。」〔註180〕

陳偉：根據「盜未有取」律令判處「癸、璚等各贖黥」；根據「吏貲廢戍」律令判處「癸、行戍衡山郡各三歲」，並且要求「先備贖」，即在出戍之前提交贖金。〔註181〕

水間大輔：「盜未有取」可認為是指雖然企圖盜竊別人財物，但終不至於獲得財物的情況，即盜竊排除既遂，結束於未遂、預備階段。……「貲」亦應解釋為貲及其以上。……「廢」是取消吏的職責、身份，不再敍用為吏……「吏貲灋（廢）戍」可認為是「吏犯貲」（及其以上的）罪則要處以廢、戍之意。校長癸與令佐行所犯之罪本來相當於贖黥，贖黥是在秦國刑罰制度上重於貲刑的刑罰，故「吏貲灋（廢）戍」的「貲」亦應解釋為貲及其以上。但是，「吏貲灋（廢）戍」可認為不是條文本身，是省略條文的表達。〔註182〕

支強：此句似只能解析為「盜未有取吏貲法」和「戍律令」兩個部分。……此處的「法」並非是之後「戍」的修飾成分，而是與之後的「律令」一樣，具有法律淵源上的意義。「盜未有取吏貲法」即指有關「盜未有取吏貲」這一行為的法律規定。「贖黥」的判決依據並非具體的規定了「盜未有取」的「律令」，而是依據已有法律中對「盜未有取」一類行為有關的處置方式，形成的適用於處置本案中「盜未有取吏貲」行為的處罰法律原則，這種法律原則或可稱為「法」。「州陵守綰」等根據前者判處參與策劃騙取購賞的「癸、璚」等人「贖黥」，并根據後者判處「癸、行」「戍衡山郡三歲」。從這一語

〔註179〕朱漢民、陳松長主編：《嶽麓書院藏秦簡（叁）》，頁 109。
〔註180〕朱漢民、陳松長主編：《嶽麓書院藏秦簡（叁）》，頁 109。
〔註181〕陳偉：〈盜未有取吏貲灋戍律令試解〉，《簡帛網》，2013 年 9 月 9 日。
〔註182〕水間大輔：〈嶽麓三所見的共犯處罰〉。

句中可見秦代法律形式至少包括「法」、「律」、「令」三種形態，其中「法」或是一種非成文的法律形式。〔註183〕

　　鄔勖：（陳偉先生的說法）無疑是正確的。睡虎地秦簡《法律答問》中記載了一條類似的情形：「有秩吏捕闌亡者，以界乙，令詣，約分購，問吏及乙論可（何）殹？當貲各二甲，勿購。」……本案中「皆謀分購」的行和認為自己將得到全部死罪購的瑣等也是同樣的道理，因此綰即以「盜未有取律令」將八人全部論為贖黥之罪。〔註184〕

　　張韶光：認同「盜未有取，吏貲澺戍」，也就是說盜竊未成，官吏犯貲罪以上，罷免并戍邊。〔註185〕

　　按：貲，罰繳財物。古代刑法強制犯人服徭役或繳納一定的財物，如秦律中有「貲盾」、「貲布」、「貲徭」。漢代則指對未成年者征收稅賦。《說文解字·貝部》：「貲，……也。從貝此聲。漢律：民不繇，貲錢二十三。」《嶽麓書院藏秦簡（叁）》出現七次，除本案簡15「盜未有取吏貲澺（法）戍律」，簡22「盜未有取吏貲澺（法）[戍]律」30「貲以上受者……獲手其貲，縮、越、獲各一盾，它有律令。」外，還可見於〈暨過誤失坐官案〉簡107「吏議：貲暨二甲勿贏」，〈識劫婉案〉簡136「貲識二甲」，〈學為偽書案〉簡225「學父秦居貲」，簡236「毋擇巳為卿貲某=各一盾。」，可見在戰國秦貲是一種很常見的罰繳財物的制度。整理小組對此句話在斷句上是連讀的。對整句的解釋為「按照盜賊未能拿到官方財物，抵法守邊的律令論處癸和瑣等。」〔註186〕是錯誤的，本句應斷讀如「盜未有取，吏貲澺戍律令」，「盜未有取」是指癸、瑣等人的犯行並未得到購賞，於是判罰「癸、瑣等各贖黥」，根據「吏貲澺戍」，癸行身為吏卻知法犯法，因此被罰贖黥外，免官還要守邊三歲。

（5）□（？）

　　鄔勖：或存在以下幾種可能：（1）一種類似墨釘「●」的分隔符。（2）「只」之壞字，可讀為音近的「止」，此句斷作「止令瑣等環癸等錢」。（3）又

〔註183〕支強：〈「盜未有取吏貲澺戍律令」問題再識〉，《出土文獻與法律史研究（第三輯）》（上海：上海人民出版社，2014年），頁67～72。

〔註184〕鄔勖：《秦地方司法諸問題研究》，頁54。

〔註185〕張韶光：《嶽麓書院藏秦簡（叁）》集釋》，頁64。

〔註186〕朱漢民、陳松長主編：《嶽麓書院藏秦簡（叁）》，頁284

可讀如字，屬上讀，楊樹達《詞詮・卷五・只》云:「語末助詞，表限止，義同『耳』，字又作㞎。」其語例為:「諸侯歸晉之德只，非歸其尸盟也。(《左傳・襄公二十七年》)」如此則斷作「以盜未有取、吏貲灋（廢）戍律令論癸、瑣等只。令瑣等環癸等錢。」〔註 187〕

勞武利:未刊行的嶽麓秦簡中也有若未製作券書，口約同樣有效的令文。〔註 188〕

張韶光：認同整理小組之解為「口」字。〔註 189〕

按：整理小組在「口」字下加了個問號，可見整理小組對此解釋亦是有疑慮的，其解釋為口頭命令，即口頭命令瑣等還癸等錢。但這不合乎律法，以秦國嚴明的律法綱紀觀之，判案應不會是以口頭告知。勞武利所言口約有同樣有效的令文，因未公布，無法得知是否真有此令文，故無法參考此意見，考之紅外線圖版，口字形十分明確。極有可能如鄔勖所言「口」是「只」之誤，即是只令瑣等還癸等錢。沒有對瑣等人有另外的處罰。

（6）診

整理小組：診：實地調查，勘驗。《急就篇》「亭長游徼共雜診。」顏師古註:「診，驗視也。」《封診式》簡 55-58:「即令令史某往診。令史某爰書：與牢隸臣某即甲診，男子死（屍）在某室南首，正偃。某頭左角刃痏一所，北（背）二所，皆從（縱）頭北（背）袤各四寸，相耎，廣各一寸，皆臽中類斧、腦、角、出（⿰出頁）皆血出，柀（頗）污頭北（背）及地，皆不可為廣袤；它完。」〔註 190〕

劉海年:「診」有四種，其一、勘驗是由縣司法機構指派令史帶領牢隸臣進行的。秦縣司法機構的令史是基層司法機構的最低官職。在辦理具體案件時，他協助縣丞或治獄吏做事務性的工作。……其二、在對現場勘驗時，一般有當事人的家屬、鄰伍的成員和基層組織的負責人在場。……其三、對現場的方位、死者的形狀、衣著以及各種痕跡記載詳細。……其四、注意痕跡檢查和記錄。〔註 191〕

〔註 187〕鄔勖：《秦地方司法諸問題研究》，頁 50。
〔註 188〕勞武利：〈秦代的司法裁判若干問題研究〉，頁 144。
〔註 189〕張韶光：《嶽麓書院藏秦簡（叁）》集釋》，頁 64。
〔註 190〕朱漢民、陳松長主編：《嶽麓書院藏秦簡（叁）》，頁 109～110。
〔註 191〕劉海年：《戰國秦代法制管窺》(北京：法律出版社，2006 年 3 月)，頁 188。

　　歐揚：為《獄等狀四種》所見「診問」內容，相關的購金規定，並不是抄錄在定罪量刑文書中，如案例一將捕獲死罪罪人的購賞規定抄錄於診問文書，此一現象不見於《奏讞書》。……很有可能是秦代的相關司法文書，還沒有完全成為固定模式，因此死罪購金數字等規定可以抄錄在診問文書中，作為查詢到的相關事實。〔註 192〕

　　按：「診」當動詞用，為「察看、徵驗。」之意。「診、問」一詞在《嶽麓書院藏秦簡（叁）》中出現三次，分別是〈癸瑣相移謀購案〉簡 16：「●診、問：死辠購四萬三百廿レ」〈尸等捕盜疑購案〉簡 35：「●診、問如告、辤。京州後降為秦」譊、妠刑殺人等案簡 140：「不（？）得。診、問。鞫：譊刑審，妠殺疑。」在此三案例中，「診、問」一詞如同歐揚所說與「覆問」相關，診問文書的來源之一就是相關官署對覆獄官署徵詢的回覆〔註 193〕。「診」單獨出現在〈魏盜殺安、宜等案〉簡 151：「衷往診：安、宜及不智（知）可（何）一女子死皆在內中。」診和問是分開的，不一定要連用。但診和問是辦案過程中不可或缺的步驟之一。

（7）問

　　整理小組：問：詢問，查詢，文書中多指函詢。函詢文書的範本見於《封診式》多次，如簡 39-41：「●丞某告某鄉主：男子丙有鞫，辤曰：某里士五（伍）甲臣。其定名事里，所坐論云可（何），可（何）辠（罪）赦，或覆問毋無有，甲賞（嘗）身免丙復臣之不殹（也）。以律封守之。到以書言。」在「問」字下既可以接詢問之辤，如里耶秦簡 J1⑧0644：「敬問之：吏令徒守器而亡之，徒當獨負。日足以責，吏弗責，負者死亡，吏代負償。徒守者往戍何？敬訊而負之，可不可？其律令云何？謁報。」又可以直接寫出查詢結果，如里耶秦簡 J1⑧0062：「卅（三十）二年三月丁丑朔朔日，遷陵丞昌敢言之：令曰：上葆繕牛車薄，恆會四月朔泰守府。問之：遷陵毋（無）當令者。敢言之。」奏讞文書中位於診和鞫之間的「問」字屬於後一類，表示查詢的結果。〔註 194〕

　　閆曉軍：覆。即對犯罪的口供或犯罪事實進行調查核實，對審訊的結果

〔註 192〕歐揚：《嶽麓秦簡和張家山漢簡的奏讞文書比較研究》，湖南大學博士後出站報告，2016 年 6 月，頁 23。

〔註 193〕歐揚：《嶽麓秦簡和張家山漢簡的奏讞文書比較研究》，頁 18。

〔註 194〕朱漢民、陳松長主編：《嶽麓書院藏秦簡（叁）》，頁 110。

進行最後一次調查檢驗，一般通過公文向罪犯戶籍所在地的官府或基層政權調查取證，問其年齡，有無前科等。……《急救篇》：「辭窮情得具獄堅，籍受證驗記問年」，師古曰：「籍簿所受，計其遺存價值，并顯證以定罪也。記問年者，具為書記，抵其本屬，問年齒也。」這一程序在《奏讞書》中稱為「驗問」。〔註195〕

朱瀟：「診問」庭審過程中不可缺少的重要環節，若查驗結果與供述無誤，通常以「問如辭」或「診、問如告、辭」表示；若需補充相關細節信息，則用「問：……。它如辭」加以說明。……診、問的主要目的是證實案件嫌疑人的供述，同時補充供述中欠缺的重要信息。一般需要診、問確定的內容：一是嫌疑人的個人信息，如年齡、身份、經歷；二是影響定罪量刑的案件細節。……由於嫌疑人在供述中多敘述與案件相關的細節，有時忽略提供個人信息，因此在診問環節加以查明，充實「鞫」的內容；又因為贓款數額、有無事前預謀等犯罪情節可能直接影響量刑輕重，故須對證言中的相關內容加以核實。〔註196〕

蘇俊林：「診」、「問」作為司法用語，在睡虎地秦簡、張家山漢簡中經常見到，二者有時可換用。如張家山《奏讞書》中有「診如辤（辭）」（簡45），也有「問如辤（辭）」（簡120），還有如「診問倉、信、丙、贅」（簡88）。「診」、「問」或為簡稱，完整形式為「診問」。〔註197〕

張韶光：對「問」字的理解，分為廣義和狹義兩種，廣義的理解是指對罪犯身份等信息的詢問；狹義的理解是指在鞫的前一階段，將罪犯的口供或犯罪事實進行調查核實，對案情進行最後一次調查確認，可以採取向罪犯戶籍所在地發放文書的形式進行。在此處，當是狹義的問。〔註198〕

按：《說文‧口部》：「問，訊也。从口門聲。亡運切。」問有「審訊、判決」之意。如：「訊問」、「審問」、「問案」。問出現在《嶽麓書院藏秦簡（叁）》中共十八次，其中有單獨出現的十五次。大多是當「審訊或判決」之意。只有

〔註195〕 閻曉軍〈秦漢時期的訴訟審判制度〉，《秦文化論叢（第十輯）》（西安：三秦出版社，2003年），頁51。
〔註196〕 朱瀟：《嶽麓書院藏秦簡《為獄等狀四種》與秦代法制研究》（北京：中國政法大學出版社，2016年），頁41。
〔註197〕 蘇俊林：〈秦漢時期的「狀」類司法文書〉，《簡帛（第九輯）》（上海：上海古籍出版社，2014年），頁306。
〔註198〕 張韶光：《嶽麓書院藏秦簡（叁）》集釋》，頁66。

少數當「詢問」。

（8）辭

　　整理小組：辭：解說，陳述。《廣韻・之韻》：引《說文》：「辭，說也。」徐灝《說文解字注箋・辛部》：「辭，凡有說以告於人者，謂之辭。」《秦律雜抄》簡35：「冗募歸，辭曰日已備，致未來，不如辭，貲日四月居邊。」司法程序中「辭」多指被告供詞或證言。《封診式》簡02-03：「凡訊獄，必先盡聽其言而書之，各展其辭，難智（其），勿庸輒詰。其辭已盡書而毋（解）乃以詰者詰之，詰之有又聽書其解辭。」居延新簡EPT59：68：「第十四燧卒氾賽不在署。謹驗問第十守候長士吏襃，辭曰：十二月五日遣賽□。」又引申為申訴，控訴。今本《說文・辛部》：「辭，訟也。」《法律答問》簡095：「辭者辭廷。●今郡守為廷不為？為殴（也）。」《奏讞書》案件二簡008-009：「大夫祿弈（辭）曰：六年二月中買婢媚士五（伍）點所，賈（價）錢萬六千，迺三月丁巳亡。求得媚，媚曰：不當為婢。」（原釋文「祿」作「祿」，參看《猩敞知盜分贓案》註十九）「它如辭」之「辭」字指被告供詞，後文簡068「辭守感」，與簡070「辭爭」等「辭」字為申訴。〔註199〕

　　閆曉君：犯人供辭。〔註200〕

　　李遠明：因為「辭」字有陳述理由的意思，故而在訴訟過程中的陳述理由或辯解亦稱為「辭」。……除此之外，還有書面形式的「辭」……如果需要對某人定罪，也需要有正當的理由，這也稱為「辭」，如果定罪的理由不充分，則稱為「無辭」。〔註201〕

　　勞武利：「辭」不僅可以用作名詞，表示「罪犯或者證人的陳述」，也可以用作動詞，表示「聲明、要求自己的權利」。用作動詞的「辭」見於《狀四種》簡1337中「府罷，欲復受，弗得。迺往九月弈（辭）守感。」，以及簡1489中「不共，且弈（辭）爭」。按照「辭」用作動詞的這種解釋，《奏讞書》簡8中「大夫祿弈曰」的「辭」也許亦可用作動詞，意思為「聲明、要求自己的權利」。〔註202〕

〔註199〕朱漢民、陳松長主編：《嶽麓書院藏秦簡（叁）》，頁110。
〔註200〕閆曉君：〈張家山漢簡《奏讞書》考釋（一）〉，頁76。
〔註201〕李遠明，《春秋時期司法研究—從糾紛解決的視角切入》（上海：華東政法大學，法律史專業，博士論文，2012年5月），頁206～208。
〔註202〕勞武利：〈張家山漢簡《奏讞書》與嶽麓書院藏秦簡《為獄等狀四種》的初步比較〉，湖南大學學報，2013年第3期，頁6。

　　按：「辤」可分為供述以及要求、申訴二種情況來解釋。這二種論點皆見於《嶽麓書院藏秦簡（叁）》中，出現十九次，如下表：

表 3：辤

NO.	簡編	案　　例	釋　　文
1	17	癸瑣相移謀購案	它如告、辤
2	35	尸等捕盜疑購案	診、問如告、辤
3	60	猩、敞知盜分臧案	如辤
4	68	芮盜賣公列地案	酒往九月辤守感
5	70	芮盜賣公列地案	不共，且辤爭
6	71	芮盜賣公列地案	辤賀，賀不鼠材。
7	85	芮盜賣公列地案	它如辤
8	91	多小未能與謀案	它如辤
9	104	暨過誤失坐官案	問如辤
10	131	識劫𡢃案	它如辤
11	141	譊、妘刑殺人等案	問喜，辤如告
12	166	𧼈盜殺安、宜等案	問如辤
13	185	得之強與棄妻奸案	它如辤
14	187	得之強與棄妻奸案	气鞫不如辤不如辤
15	191	田與市和奸案	辤丞招謁更治
16	203	田與市和奸案	它如辤
17	231	學為偽書案	辤曰吏節不智學為偽
18	233	學為偽書案	它如辤
19	242	綰等畏奠還走案	它如辤

　　由上表可知，《嶽麓書院藏秦簡（叁）》中，有十三個案例中均出現「它如辤」或「問如辤」的用法，可見「辤」為當時司法用語之一。

　　本段為偵查過程中，綰等人的供述和診問後的結果，綰等說：治等羣盜事件發生後，派吏徒癸等人去追捕，癸等沒有捕獲，而由瑣等捕獲，但不能告官，癸等請求瑣等人移交罪犯，希望可以騙取購賞。獎賞尚未拿到，綰等以「盜未有取吏貲法戍律令」來治癸、瑣等人的罪，只令瑣等還癸等錢，沒有再附加其他罰責，其它如癸等及舉劾文書所述。勘驗和詢問之後，結果如下：

死罪獎金四萬三百二十，羣盜八萬六百四十錢，其它如告，辭。治等人的罪另外再論處。

六、●鞫(1)之：癸レ，行レ，柳レ，轎レ，沃レ，羣盜治等盜殺人レ，癸等追レ，瑣レ，渠レ，樂レ，得レ，潘レ，沛巳（已）共捕レ。沛等令瑣等詣，約分購，未詣。癸等智知治等羣盜盜殺人，利得其購，紿瑣等約死皋（罪）購。瑣等弗能告，利得死皋（罪）購，聽請相移，紿券付死皋（罪）購。先受私錢二千以為購，得公購備。行弗詣告，約分購。沛等弗詣，約分購，不智（知）弗詣，相移受錢。獄未斷，未致購，得。死皋（罪）購四萬三百廿（二十）；羣盜盜殺人購八萬六百卅（四十）錢。絹等以盜未有取吏貲瀘（法）戍律令論癸，瑣等；不論【沛等……審(2)。疑癸、瑣、絹等皋（罪）。癸、瑣、絹】及它不毄（繫）(3)。敢瀛（讞）之。

（1）鞫

整理小組：鞫，審問，窮問。《說文・㚔部》：「鞫（鞫），窮理罪人也。」《爾雅・釋言》：「鞫（鞫），窮也。」一般的訊問是由獄吏進行的，是一種預審，與現代警察、檢察所進行的審問相似，而鞫則由有權作出判決的縣令、丞等長官（參看《二年律令》簡102）主宰，是司法程序中最核心的審理程序。《二年律令》簡093：「鞫獄故縱，不直，及診，報辟故弗窮審者，死罪，斬左止（趾）為城旦，它各以其罪論之。」〔註203〕

程維榮：漢代官府對犯人進行宣判時，須由「一吏為讀狀，論其報行也」（《史記・張湯傳》注），就是向犯人及其家屬宣讀判決書，使他們知道所犯罪名和將要受到的制裁，這叫做「讀鞫」。《周禮・秋官・小司寇》注曰：「讀鞫已，乃論之」，宣讀完判決書後才能執行刑罰，這是宣判的法定程序。〔註204〕

閆曉君：也作「鞫」。在審訊結束後對案情的總結。〔註205〕

〔註203〕朱漢民、陳松長主編：《嶽麓書院藏秦簡（叁）》，頁110。
〔註204〕程維榮：《中國審判制度史》（上海：上海教育出版社，2001年），頁53。
〔註205〕閆曉君：〈張家山漢簡《奏讞書》考釋一〉，頁77。

程政舉：鞫（或鞫）的內容相當於現代法院判決書中的「經法院審理查明」或「法院認為」部分，是司法審判官吏對案件事實的最終認定部分。該部分往往以「審」、「皆審」結束；其意思相當於現代法院判決書中的「以上事實清楚、證據確實充分」之意。鞫（或鞫）的部分不包括判決的主文的內容，也不包括訴訟當事人行為的定性、法律條文的適用等內容。〔註206〕

張琮軍：質證結束之後，法官就需要對案件事實作出歸納總結，這一環節在漢代被稱為鞫。〔註207〕

按：《說文·㚔部》：「鞫，窮理罪人也。從㚔，從人，從言，竹聲。𦥓，或省言。」審訊問罪，窮治罪人。《尚書·呂刑》正義：「漢世問罪謂之鞫。」又指對已經判決之案件作重啟調查。漢有「乞鞫制度」，初審判決後犯人可稱冤申訴，要求重審，見於《龍崗秦簡》、《里耶秦簡》、《張家山漢簡》「鞫」、「鞫之」。《史記·酷吏列傳》：「張湯掘窟得盜鼠及餘肉，劾鼠掠治，傳爰書，訊鞫論報，並取鼠與肉，具獄磔堂下。」「鞫」相當「訊」，與「論」之間之階段。「鞫」字在《嶽麓書院藏秦簡（叁）》中出現二十七次，分布如下：

表4：鞫

NO	簡編	案 例	釋 文
1	18	癸瑣相移謀購案	鞫之
2	37	尸等捕盜疑購案	鞫之
3	45-46	猩、敞知盜分贓案	鞫審瀗
4	60	猩、敞知盜分贓案	鞫之
5	64	芮盜賣公列地案	鞫審瀗
6	85	芮盜賣公列地案	鞫之
7	92	多小未能與謀案	鞫之
8	缺08	暨過誤失坐官案	鞫？
9	105	暨過誤失坐官案	鞫之
10	131	識劫娩案	鞫之
11	139背	譊、妘刑殺人等案	气（乞）鞫
12	140	譊、妘刑殺人等案	鞫

〔註206〕程政舉：《漢代訴訟制度研究》（北京：法律出版社，2010年），頁220。
〔註207〕張琮軍：《秦漢刑事證據研究制度》（北京：中國政法大學出版社，2013年），頁136。

13	141	譊、妘刑殺人等案	鞫審
14	175	得之強與棄妻奸案	气（乞）鞫
15	176	得之強與棄妻奸案	其鞫曰
16	178	得之強與棄妻奸案	气（乞）鞫
17	184	得之強與棄妻奸案	气（乞）鞫
18	185	得之強與棄妻奸案	气（乞）鞫
19	186	得之強與棄妻奸案	气（乞）鞫
20	187	得之強與棄妻奸案	气（乞）鞫
21	189	田與市和奸案	气（乞）鞫
22	191	田與市和奸案	气（乞）鞫
23	204	田與市和奸案	气（乞）鞫
24	205	田與市和奸案	气（乞）鞫
25	206	田與市和奸案	鞫不審
26	234	學為偽書案	鞫之
27	242	絔等畏㮑還走案	鞫之

從表格內容觀之，《嶽麓書院藏秦簡（叄）》中「鞫」有幾種：「鞫」、「鞫之」後是對案情做出描述。「鞫審灂」則是對案情事實的最終認定。「气（乞）鞫」是判決後要求重審，是罪囚或其家屬乞求司法機關對案件再一次進行鞫獄的意思〔註208〕。對案例作出判決之意或是乞求再次審判或上讞。

（2）審

整理小組：審，詳知，明白無誤，係鞫文結尾的習慣用語，表示審理結果是經過仔細考察而得的，內容確鑿可靠。《說文·釆部》：「寀，悉也。知悉諦也。从宀从釆。審，篆文寀从番。」《墨子·尚同》中：「故古者聖王之為刑政賞譽也，甚明察以審信。」《法律答問》簡068：·「甲殺人，不覺，今甲病死已葬，人乃後告甲，甲殺人審。問：甲當論及收不當？告不聽。」《為吏治官及黔首》簡86：「審用律令。」〔註209〕

閆曉君：法律術語，指以上案情屬實，經調查無誤。〔註210〕

籾山明：所謂「審」……是「正確、確實」的意思。因此，所謂「不審」，

〔註208〕歐揚：《嶽麓秦簡和張家山漢簡的奏讞文書比較研究》，頁60。
〔註209〕朱漢民、陳松長主編：《嶽麓書院藏秦簡（叄）》，頁110。
〔註210〕閆曉君：〈張家山漢簡《奏讞書》考釋一〉，頁77。

就成為「不正確、不確實」的意思。〔註211〕

按：「審」在奏讞文書中即是「鞫」的結尾，表示案情屬實。「審」在《嶽麓書院藏秦簡（叁）》中出現二十次。分布如下表：

表5：審

NO	簡編	案　　例	釋　　文
1	28-29	癸瑣相移謀購案	瀺固有審矣。癸等，請審請瑣等；
2	39	尸等捕盜疑購案	皆審。
3	42	尸等捕盜疑購案	瀺固有審矣。
4	45-46	猩、敞知盜分贓案	鞫。審。瀺。
5	61	猩、敞知盜分贓案	逤戊午赦。審。
6	64	芮盜賣公列地案	鞫審瀺
7	92	多小未能與謀案	得。審。疑多皋。
8	105	暨過誤失坐官案	皆相逤。審。
9	134	識劫娛案	得皆審
10	140	譊、妘刑殺人等案	診問鞫
11	141	譊、妘刑殺人等案	鞫，審。
12	172	得之強與棄妻奸案	以得之不審。
13	174	得之強與棄妻奸案	得之強與人奸，未餰。審。
14	176	得之強與棄妻奸案	气鞫不審
15	185	得之強與棄妻奸案	气鞫為不審，皋殹。
16	186	得之強與棄妻奸案	气鞫不審
17	204	田與市和奸案	气鞫不審
18	205	田與市和奸案	皆審
19	206	田與市和奸案	气鞫不審
20	235	學為偽書案	未得。得。審。

由上表可知，《嶽麓書院藏秦簡（叁）》中「審」大部分都是句子的結尾，也就是整個敘述的結束，跟鞫是緊密相連。

（3）不穀（繫）

整理小組：繫，拘禁。《史記·越王勾踐世家》：「湯繫夏臺，文王囚羑

〔註211〕籾山明：《中國古代訴訟制度研究》（上海：上海古籍出版社，2009年），頁52。

里。」《法律答問》簡 006：「甲盜牛，盜牛時高六尺，繫一歲，復丈，高六尺七寸。」〔註212〕

　　高恆：審判未結案之前，司法、審判機關對訴訟當事人（主要是被告人）實行羈押，秦漢時稱作「繫」，或「鞠繫」、「繫獄」，等等。這時關於羈押制定有種種制度。秦時關於訴訟當事人的羈押，尚未見有因當事人身份、地位不同區別對待的規定。〔註213〕

　　張韶光：對於「繫」的理解，整理小組將其理解為拘禁，如「繫一歲」中的「繫」；而栗勁、彭浩、陳偉、高恆等將「繫」理解為結案前對當事人的羈押。認為兩種說法均有道理，「繫」可以寬泛地指拘禁，但是在此處的「繫」應解釋為結案之前對當事人的羈押。〔註214〕

　　按：繫，《說文·糸部》：「繫，繫緧也。一曰惡絮。从糸，毄聲。」《廣韻》：「匣紐，古詣切。」毄，《說文·殳部》：「相擊中也，如車相擊，故从殳从軎，古歷切。」同為工紐雙聲，為音近假借。繫乃逮捕、監禁之意。見於《禮記·月令》：「（孟夏之月）斷薄刑，決小罪，出輕繫。」《漢書·王章傳》：「書遂上，果下廷尉獄，妻子皆收繫。」《嶽麓書院藏秦簡（叁）》中「毄」字凡十六見。詳見下表：

表6：毄

NO	簡編	案　　例	釋　　文
1	023	癸、瑣相移謀購案	及它不毄。敢讞之。
2	092	多小未能與謀案	疑多皋。毄。
3	098	暨過誤失坐官案	劾非毄
4	135	識劫婉案	及識皋。毄。它縣論。
5	144	同、顯盜殺人案	恐吏毄辟同
6	172	得之強與棄妻奸案	毄得之[城][旦]
7	177	得之強與棄妻奸案	廷報之毄得之城旦六歲
8	187	得之強與棄妻奸案	廷有論毄城旦，皆不當。●覆之：得之去毄亡，已論毄十二歲，而來气＝鞠＝不如辤。以毄子縣，其毄得之城

〔註212〕朱漢民、陳松長主編：《嶽麓書院藏秦簡（叁）》，頁110
〔註213〕高恒：《秦漢簡牘中法制文書輯考》（北京：社會科學文獻出版社，2008年），頁417
〔註214〕張韶光：《嶽麓書院藏秦簡（叁）》集釋》，頁73。

9	188	得之強與棄妻奸案	旦六歲，備前十二歲毄日。
10	194	田與市和奸案	從市奸毄所，令毋智捕。
11	206	田與市和奸案	田毄子縣
12	207	田與市和奸案	當[毄]城旦十二歲
13	212	學為偽書案	書類偽。毄官，
14	228	學為偽書案	令人毄守學
15	235	學為偽書案	審。毄。敢讞之。
16	245	綰等畏耎還走案	□□毄。它縣論。

由上表可知，在《嶽麓書院藏秦簡（叁）》中的毄有二義，一是當拘禁，另一為拘捕。而本案中的「不毄」指的是沒有拘禁癸等人。

本段是鞫的內容，審理結果如下：癸、行、柳、轎、沃，羣盜治等盜殺人，癸等追，瑣、渠、樂、得、潘、沛已一起抓捕到犯人。沛等令瑣將犯人帶去領賞，約好要分獎金，但沒有將犯人帶去官府。癸等知道治等人犯的是羣盜盜殺人的罪，想要得到那一大筆賞金，只想給瑣等人死罪的賞金。瑣等人因為不能告發，但又想得到賞金，所以把犯人移交給癸等人，簽訂契約後，癸先給二千錢做為訂金，約定好等到拿到官府的賞金，再分剩下的錢。沛等不知道這件事，因為還沒領到錢就被發現，所以沒有領到獎金。死罪的獎金是四萬三百二十錢，羣盜盜殺人的賞金是八萬六百四十錢。綰等以盜未有取吏貲法戍律令來懲處癸，瑣等；沒有論處沛等……審。懷疑癸、瑣、綰等人的罪責，癸、瑣、綰及其他人皆不拘禁，敢讞之。

七、●吏議（1）曰：癸，瑣等論當毄（也）；沛，綰等不論。或曰：癸，瑣等當耐為侯（候）（2），令瑣等環（還）癸等錢；綰等廿（二十）五年七月丙戌朔乙未，南郡段（假）守賈報（3）州陵守綰，丞越：子瀗（讞）：校長癸等詣男子治等，告羣盜盜【殺人。沙羡曰：士五（伍）瑣捕治等】，移鼠（予）癸等。癸（？）曰：治等殺人，癸與佐行將徒追。瑣等巳（已）捕治等四人曰邦亡，不智（知）它人皋（罪）。癸等利得羣盜購，請瑣等鼠（予）癸等，癸等詣，盡鼠（予）瑣等死皋（罪）購。瑣等鼠（予）。癸先以私錢二千鼠（予）以鼠（予）為購數。行弗詣告，皆謀分購。未致購，得。疑癸，瑣，綰等皋（罪）。瀗（讞）固

有審矣。癸等，其審請瑣等，所出購，以死辠（罪）購備鼠（予）瑣等，有券。受人貨材（財）以枉律令（4），其所枉當貲以上，受者，貨者皆坐臧（贓）為盜（5），有律，不當瀗（讞）。獲手（6），其貲縜，越各一盾。它有律令（7）。

（1）吏議

整理小組：吏議：附加在奏讞文書的判決意見，是在奏讞機關內經過議論所產生的，與奏讞文書一同上報，本案由州陵縣奏讞，「吏」字指縣吏。續文稱「或曰」，則是在奏讞機關所產生的另一種判決意見。晉朝三公尚書劉頌在上疏中引晉律佚文：「律法斷罪，皆當以法律令正文。若無正文，依附名例斷之；其正文名例所不及，皆勿論，法吏以上。所執不同。得為異議。」《唐律·斷獄律》設「疑罪」條，其中仍稱「法官執見不同者，得為異議。」秦漢奏讞文書之吏議，可以說是開了「異議」的先河。〔註215〕

勞武利：案例一的抄本中記錄了兩種不同的重審判決意見。一種判決意見是「吏議」，代表的應該是大多數人的意見，認為州陵縣的判決是合法的，州陵縣負責初審的官吏免罪。另一種是「或曰」，應該是少數人的意見，認為州陵縣違法的低級官吏和沙羨縣的征兵應判處更重的刑罰。案例一也并沒有明確說明兩種不同判決意見究竟是哪個級別的審理機關做出的。……由於高一級的南郡官吏不僅復查過該案件，而且對上報的有分歧的重審意見做出了裁決，所以陶安先生認為，可能是州陵縣官吏做出了兩種不同的判決意見。〔註216〕

陶安：「吏當」、「吏議」是形成過程中的判決意見，與下達上級機關指令的批覆文書性質不同。……位於「謁報」字樣後邊的「吏當」指郡級官吏的判決意見，而位於「敢言之」後邊的「吏議」是縣級官吏的判決意見。……不難想象，廷尉會對失當的奏讞行為追求責任，用貲罪等制裁方式進行行政處分。這時候，如果縣吏或郡吏中有人在奏讞文書後邊添加了一個與廷報等相一致的少數意見，這個人就會免除連帶責任。〔註217〕

〔註215〕朱漢民、陳松長主編：《嶽麓書院藏秦簡（叁）》，頁110～111。
〔註216〕勞武利：〈張家山漢簡《奏讞書》與嶽麓書院秦簡《為獄等狀四種》的初步比較〉《湖南大學學報（社會科學版）》（2014年第4期），頁5～9。
〔註217〕陶安：〈張家山漢簡《奏讞書》吏議札記〉《出土文獻與法律史研究（第二輯）》

周海鋒：整理者認為「吏」指縣吏，認為「吏議」之「吏」為都吏。「都吏」是有權審理案件的。……都吏是直接聽命於二千石官，能夠去縣級衙署「案效」物資，代表郡守對獄訟進行判決。很顯然，都吏之地位要比縣令長高。……又，漢初的「縣道官守丞」尚無權斷獄和讞獄，縣中的小吏恐無權參與案件的審判。……再則，漢初法律規定位卑職小的「縣吏」似乎不能直接向中央機構發送文書。〔註218〕

按：「吏議」見於古籍《史記・李斯列傳》：「李斯議亦在逐中，斯乃上書曰：臣聞吏議逐客，竊以為過矣。」〔註219〕從李斯亦在逐中，可看出，吏議是已經判決之事，李斯確定在驅逐之列中，才會上書諫逐客之非。在《嶽麓書院藏秦簡（叁）》凡六見，分別散見於下表：

表7：吏議

NO	簡編	案　例	釋　　文
1	024	癸、瑣相移謀購案	●吏議曰：癸瑣等論當殹沛絹等不當論レ或曰癸瑣等當耐為侯令瑣等環癸等錢絹等
2	039	尸等捕盜疑購案	吏議：以捕羣（群）盜律購尸等レ或曰以捕它邦人
3	094	多小未能與謀案	●吏議曰除多或曰黥為城旦
4	107	暨過誤失坐官案	吏議：貲暨二甲勿贏
5	136	識劫𡝫案	●吏議：𡝫為夫=□妻貲識二甲或曰𡝫為庶人完識為城旦絫足輸蜀
6	235	學為偽書案	●吏議：耐學隸臣或令贖耐

由上表觀之，除簡107外，「吏議」後往往伴隨著「或曰」，即是吏提出其對案件判決的看法，還提供了另一種審判結果建議，應是奏讞書中的上讞後，上級機關的回覆建議。

（2）耐為侯

整理小組：耐為侯：秦及漢初律特有的複合刑之一。「耐」字表示針對罪

（上海：上海人民出版社，2013年），頁96～99。

〔註218〕周海鋒：〈為獄等狀四種中的吏議與邦亡〉《湖南大學學報社會科學版》，第26卷第4期，2014年7月，頁11～13。

〔註219〕〔漢〕司馬遷撰；〔劉宋〕裴駰集解；〔唐〕司馬貞索隱；〔唐〕張守節正義：《史記》，頁2541。

囚軀體的某種制裁措施，為字表示身份變更，「候」字表示處罰後的身份。語法結構如同「封為侯」、「拜為卿」等。至於「耐」字本義和候的服役條件，尚未得到定論。

張金光：秦的刑徒等級序列應是城旦、舂→鬼薪、白粲→隸臣、妾→司寇→候。〔註220〕

富谷至：「耐」也是非刑罰的具體稱謂，而是一類刑罰即不施肉刑、較附加肉刑的勞役刑輕的勞動處罰的總稱。……秦簡中的「耐」實際上也是剃去顏毛。之所以是一類刑罰的總稱，是因為它與「刑」配套使用。〔註221〕

趙久湘：「耐為侯（候）」是先處耐刑，再去服候的徒刑。〔註222〕

勞武利：最輕的勞役刑「耐為侯」只見於《狀四種》以及睡虎地的法律抄本中，可見這一刑罰在漢初已經被廢止。〔註223〕

鄔勖：候作為一種處罰應等於或略輕於司寇。……候這種身份或者說勞役在《二年律令》的時代可能已經被廢除了。〔註224〕

按：「耐為侯」應是秦時定為較輕的一種徒刑，如《睡虎地秦簡·法律答問》：「當耐為侯（候）罪誣人，可（何）論？當耐為司寇。」「侯」的具體內容為何不知。

（3）報

整理小組：報：答復。《文選》卷四十一司馬遷〈報任少卿書〉：「闕然久不報，幸勿為過。」里耶秦簡 J1⑨1 正：「四月己酉，陽陵守丞廚敢言之：寫上。謁報，報署金布發。敢言之。」〔註225〕

卜憲群：報書是上級對下級上移文書的回復，（省略）常用於對疑獄的裁決或判決，（省略）也常用於一般行政事務的批覆。（省略）「待報」、「謁報」、「署報」等本身不是報書，而是請求上級機構以報書批覆的公文。〔註226〕

〔註220〕張金光：《秦制研究》，頁 533～534。

〔註221〕富谷至：《秦漢刑罰制度研究》（桂林：廣西師範大學出版社，2006 年），頁 13。

〔註222〕趙久湘：《秦漢簡牘法律用語研究》（重慶：西南大學漢語言文字學博士論文，2011 年），頁 78。

〔註223〕勞武利：〈張家山漢簡《奏讞書》與嶽麓書院秦簡《為獄等狀四種》的初步比較〉。

〔註224〕鄔勖：〈《嶽麓簡（三）》「癸、瑣相移謀購案」中的法律適用〉（華東政法大學學報，2014 年第 2 期）

〔註225〕朱漢民、陳松長主編：《嶽麓書院藏秦簡（叁）》，頁 111。

〔註226〕卜憲群：〈秦漢公文文書與官僚行政管理〉《歷史研究》，1997 年第 2 期。

　　張建國：「報」通常是指奏報上級機關。……法律規定需要上報的案件，得到上級批准後才能使判決發生效力，也就是說，被告被判決的刑罰是否能執行，取決於上報是否被批准。〔註227〕

　　李均明、劉軍：「報書」是對來文予以答復的文書稱謂。……簡牘所見報書，正文皆須寫出來函詢問的內容，……然後再作答復。復文之前往往用「●」做標誌，以區別於來函內容。……復文亦多用「謹」字起始做謙語。復文內容或詳或略，視具體情況而定。……簡牘所見報書多為官府上行文書。實際應用中，下行、平行、上行之復文皆可稱為報書。皇帝的復文稱「詔報」。〔註228〕

　　朱紅林：「報」在此為專門的法律術語，意為判決。〔註229〕

　　程政舉：「報」是上級機關的判決，包括定罪和量刑。〔註230〕

　　陶安：上級機關收到下級機關的請示，將明確的判決意見下達給下級機關，指示其按照判決意見論處該案。這種判決意見因為是針對請示的答復，即是「報」的一種，所以可以將其稱為「廷報」等，也可以連稱「當報」，但是這些都僅僅是描寫術語，不會出現在文書／中。文書本身只要以「謂／告某……它如律令」的形式表示下達的意思，并表明「某當如何如何」的主要內容就可以了。〔註231〕

　　歐揚：縣將疑案上讞郡，郡對案件的定罪量刑形成結論以後，製作文書回覆縣，因為這是回覆性質的文書，所以稱為「報」，而該類文書的核心內容是「當」，也就是定罪量刑，所以漢代文獻中「當報」常見。〔註232〕

　　萬榮：郡對縣疑獄的判決以「報」形式進行答覆，廷尉對疑獄的判決則以「謂」形式進行批覆，在奏讞案例編纂過程中，則以「讞報」、「廷報」概括了郡、廷尉的判決內容，正因為「讞報」、「廷報」的內容簡略到只有判決結

〔註227〕張建國：《帝制時代的中國法》（北京：法律出版社。1999年），頁312。
〔註228〕李均明、劉軍：《簡牘文書學》（南寧：廣西教育出版社，1999年），頁230～232。
〔註229〕朱紅林：《張家山漢簡《二年律令》集釋》（北京：社會科學文獻出版社，2005年），頁84。
〔註230〕程政舉：《漢代訴訟制度研究》，頁222。
〔註231〕陶安：〈張家山漢簡《奏讞書》吏議札記〉，頁95。
〔註232〕歐揚：〈秦到漢初定罪程序稱謂的演變——取「當」為視角比較嶽麓書院藏秦簡叁與奏讞書〉，頁111。

果，使得司法審判文書中的「報」在批覆之外引申出了判決的意義。〔註233〕

按：《嶽麓書院藏秦簡（叁）》中「報」出現六次，分別見於下表：

表8：報

NO	簡編	案　例	釋　文
1	025	癸、瑣相移謀購案	南郡叚守賈報州陵守綰、丞越
2	040	尸等捕盜疑購案	南郡叚守賈報州陵守綰、丞越
3	064	芮盜賣公列地案	以論狀何如？勿庸報
4	177	得之強與棄妻奸案	廷報之黥得之城旦六歲
5	218	學為偽書案	陽公共复冊擇為報
6	236	學為偽書案	灙報

由上表觀之，《嶽麓書院藏秦簡（叁）》中「報」，除簡064「勿庸報」的「報」當「回報」外，其他皆是「上級對下級的回覆或指示」。本案的「報」是南郡對州陵的答復，包括來函詢問的內容以及做出的答覆。

（4）枉律令

整理小組：枉律令：歪曲或破壞法律，漢律稱枉法。《漢書・刑法志》：「吏坐受賕枉法」，顏師古註「吏受賕枉法，謂曲公法而受賂者也。」《二年律令》簡060：「受賕以枉法及行賕者，皆坐其臧（贓）為盜。罪重於盜者，以重者論之。」《奏讞書》簡051-052：「北地守讞：女子甑奴、順等亡，自處彭陽，甑告丞相，自行書。順等自贖甑所，臧（贓）過六百六十，不發告書，順等以其故不論。疑罪。廷報：甑、順等受，行賕枉法也。」

勞武利：「貨受人材（財）以枉律令」與漢初的罪行「行受賕枉法」實際上是相同的。這種罪行的特點是，該罪行會根據「贓值」的多少來量刑，這一量刑原則也普遍地運用於「盜」類犯罪。……這種罪名適用的案件為「盜」類案件，採用「盜」類犯罪的量刑原則。顯然，終審判決是根據罪犯所支付的定金二千錢，而不是根據官吏未獲取獎金的事實做出的，這二千錢被認為是以枉法為目的的行賄金。因此犯罪官吏和征兵不能按照「盜未有取」來量刑并獲得減刑，他們最終被判處較重的「黥為城旦舂」的刑罰。〔註234〕

〔註233〕萬榮：〈秦與漢初刑事訴訟程序中的判決「論」、「當」、「報」〉（《簡帛》第十一輯，上海：上海古籍出版社，2015年），頁151。
〔註234〕勞武利：〈張家山漢簡《奏讞書》與嶽麓書院秦簡《為獄等狀四種》的初步

　　鄔勖：「枉法」一般也多理解為官吏在審判中故意出入人罪，現代刑法裏的「徇私枉法」、「枉法裁判」等就是這樣使用「枉法」一詞的。現在由本案中癸、瑣等被認定為「枉律令」，可知當時的「枉法」、「枉律令」的涵義遠較出入罪為寬。〔註235〕

　　按：本案中的「枉律令」是指漢時的「行受賕枉法」，即破壞律法之意，屬知法犯法。賕，「以財物枉法相謝也。」用來買通別人的財物。行賄或受賄。本案案情中癸和瑣相移罪犯，並私相授受二千錢，在戰國時期的秦國相移是有罪的，身為求盜的癸等人因貪購賞和瑣等不只相移罪犯還有金錢上的私下交易，因此用「枉律令」裁決。

（5）坐贓為盜

　　整理小組：坐臧（贓）為盜，按照臧（贓）額判為盜罪。《二年律令》簡014：「諸詐增減券書及為書故詐弗副，其以避負償若受賞賜財物，皆坐臧（贓）為盜。」〔註236〕

　　籾山明：所謂「坐贓為盜」，就意味著「按照非法接受或者買賣財物的定價額適用盜竊罪」。〔註237〕

　　勞武利：終審判決是根據罪犯所支付的定金二千錢，而不是根據官吏未獲取獎金的事實做出的，這二千錢被認為是以枉法為目的的行賄金。〔註238〕

　　孫向陽：以「坐贓為盜」進行表述的行為都是可以確定犯罪數額的，並且側重強調認定贓額的規則和根據，對此立法特別提示「坐贓為盜」，以表示與單個人實施盜竊既遂這種簡單犯罪構成贓額計算的不同之處。其定罪處罰一同盜罪之法，與盜本身同罪但未必同贓，是計贓論罪規則前提之下的「與盜同法」。……計贓數額是假借部分而不包括所管財物的未假借部分，以此認定所坐之贓，然後依據坐贓數額「與盜同法」，從而完成「坐贓為盜」的法律適用。〔註239〕

　　　　　比較〉（湖南大學學報，2013年第3期）
〔註235〕鄔勖：〈張家山漢簡《奏讞書》與嶽麓書院秦簡《為獄等狀四種》的初步比較〉（湖南大學學報，2013年第3期）
〔註236〕朱漢民、陳松長主編：《嶽麓書院藏秦簡（叁）》，頁111。
〔註237〕籾山明：《中國古代訴訟制度研究》，頁119。
〔註238〕勞武利：〈張家山漢簡《奏讞書》與嶽麓書院秦簡《為獄等狀四種》的初步比較〉。
〔註239〕孫向陽：《中國古代盜罪研究》（北京：中國政法大學出版社，2013年），頁

朱瀟：「贓罪」的概念出現時間較晚，目前所見最早的記載出自《晉書·刑法志》引《魏律序》：「盜律有還贓界主，金布律有罰贓入責，以呈黃金為價，科有平庸坐贓事，以為償贓律。」唐律《名例律》正式對「六贓」加以規定後，「贓罪」的內涵才逐漸深入人心。〔註240〕

按：臧，《說文·臣部》：「臧，善也。从臣，戕聲。匨，籀文。」段玉裁注：「……凡物善者必隱於內也。以从艸之藏為臧匿字始於漢末。改易經典。不可從也。又臧直私字。古亦用臧。从臣。戕聲。則郎切。十部。」「贓」，《說文》不錄。是指以非法手段取得的財物。「坐臧為盜」是按贓額做為盜罪的金額，「臧」字在《嶽麓書院藏秦簡（叁）》中出現八次，詳見下表：

表9：臧

NO	簡編	案　例	釋　文
1	030	癸、瑣相移謀購案	坐臧為盜有律
2	045	猩、敳知盜分贓案	盜埱冢分臧
3	059	猩、敳知盜分贓案	猩、敳受分臧過六百六十錢
4	060	猩、敳知盜分贓案	敳受分臧過六百六十錢
5	086	芮盜賣公列地案	地臧直千
6	130	識劫婉案	臧直各過六百六十錢
7	146	同、顯盜殺人案	臧直【……】
8	166	魏盜殺安、宜等案	臧四百一十六錢，已論磔

上述簡例，可見「臧」同「盜」，判決結果是根據贓值來決定的。只要贓值超過六百六十錢就要判最重的罪。

（6）手

整理小組：手：經手，似以寫立文書為主。《里耶秦簡》J1⑧0756：「有書，書壬手。」〔註241〕

鄔勖：南郡在報讞中專門記下「獲手」一項，就是為了明確史獲作為判決負責人的地位。「某手」常見於里耶秦簡的公文書中，其涵義尚存爭議，有撰寫者、抄手、校對者、經手人、各官府負責者、官府中的低級辦事員等

　　　　81～82。

〔註240〕朱瀟：《嶽麓書院藏秦簡《為獄等狀四種》與秦代法制研究》（北京：中國政法大學出版社，2016年），頁96。

〔註241〕朱漢民、陳松長主編：《嶽麓書院藏秦簡（叁）》，頁111。

說。本案中的「州陵守綰、丞越、史獲論令癸、瑣各等贖黥」，是令長、丞、史在判決文書上聯合署名之例。……可見史雖非如令長、丞那樣擁有「獨斷治論」的資格，甚至依法不具有斷獄的權限（斷獄權限最低到縣丞為止），但也是論獄的參與者之一。這樣看來，「某手」還是理解為某一事務的經手人、承辦者為好，「獲手」指史參與了癸、瑣一案的判決工作，因此他也須對該判決負責。〔註 242〕

　　按：手通常指抄手，從事文書工作，整理者和鄔勖認為此處的手應是經手即經辦之意，筆者認為除了當經手之外，應當還有記錄的工作，《周禮・地官・司徒下》：「玉藻云：動則左史書之，言則右史書之。」〔註 243〕史是古代掌管文書和記事等的官吏。如：「太史」。

（7）它有律令

　　整理小組：它有律令：疑與它如律令相同，文書習語，用於下行文結尾處。《里耶秦簡》J1⑧0770 正：「卅五年五用己丑朔庚子，遷陵守丞律告啓陵鄉嗇夫：鄉守恬有論事，以旦食遣自致。它有律令。」同上 J1⑧0155：「四月丙午朔癸丑，遷陵守丞色下少內：謹案致之。書到，言。署金部發它如律令。」〔註 244〕

　　邢義田：「如律令」變成無非就是「依相關律令規定辦理」的意思。在個別的事件中，如果有不依程序，須要特別處理，或有調整改變的部分，就會特別具體說明作了那些調整，而其它仍照慣常辦法處理的部分，則在文書末加上一句「它如律令」等等，表示「其它依相關的律令規定」。〔註 245〕

　　張伯元：「它如 X」已成為一種表述的慣用形式，用它能起到避免重復的作用。「它如 X」中的「X」，無論是劾、辭、書、獄、前等都能在文書中找到它的具體指向及其內容，而不是一種單純的與實際內容無關的形式。（277 頁）在「如律令」前加了個「它」字，排除了某些特殊情況。（278 頁）「如律令」、「它如律令」中的律和令以及「它」，都有確實的內容指向，而

〔註 242〕鄔勖：〈《嶽麓簡（三）》「癸、瑣相移謀購案」中的法律適用〉（華東政法大學學報，2014 年第 2 期）。

〔註 243〕〔清〕阮元審定，盧宣旬校：《重刊宋本十三經注疏附校勘記》《周禮》（台北：藝文印書館，1965 年），頁 212。

〔註 244〕朱漢民、陳松長主編：《嶽麓書院藏秦簡（叁）》，頁 111。

〔註 245〕邢義田：〈漢代書佐、文書用語「它如某某」及「建武三年十二月候粟君所責寇恩事」簡冊檔案的構成〉，《中央研究院歷史語言所集刊》，1993 年，頁 567。

不是單純的形式。（279頁）「它如律令」已在秦國和秦皇時期郡縣檔案的下行文書中經常出現，……應該說跟「以律令從事」一樣具有實際內容，並不是文書格式；當然，這種形式在文書檔案中的經常出現和應用，又為文書定式的形成起了鋪墊。〔註246〕

按：關於它有律令的解釋，筆者認同「表示其它按照相關律令從事」之意。它有律令出現在上級機關對下級機關回復的報書末尾，表示案件中適用律令明確，無需再議。

本段是吏議有兩項判決意見，一是癸、瑣等人的罪刑判決正確，沛、縮等人的判決不應論處。另一項判決意見是癸、瑣等人應當耐為侯，並且要命令瑣人等還癸等人錢，【……】

郡報表示：秦王政廿十五年七月十日，南郡假守賈報州陵守縮、丞越：請示如下：校長癸等詣男子治等，告羣盜盜殺人。沙羨曰：士伍瑣捕治等，移予癸等，癸？曰：治等殺人，癸與佐行將徒追。瑣等已逮捕治等人，但只知他們要逃亡到楚國，不知他們犯了什麼罪。癸等想得到羣盜獎賞，就請瑣等把人犯交予癸等，癸等將人犯交出，願意給予瑣等所有死罪的獎賞。瑣等就把人犯移交。癸先以自己的錢二千錢給予以為獎賞的一部分，行沒有參與此事，但都謀劃著分賞金。沒有得到獎金。懷疑癸、瑣、縮等有罪。審判的結果是：此案在相關的律法都很清楚，本來沒有必要向上級請示。癸等將死罪的賞錢，交給瑣等，有契約簽訂，想謀取財物以歪曲或破壞法律，他們所歪曲的法律懲處是貲這類的輕刑，但接受的和提議的人都屬於坐贓為盜，法律本就有明文規定，所以不需要再往上報讞。得到經手後，處罰縮和越各一盾。它有律令。

肆、相關問題研究

一、編聯問題研究

本案有些編聯和斷句問題待釐清，將羅列各家說法，再提出個人淺見。

（一）簡002

整理小組：簡002（原始編號1003-1）粘上不相關殘片，覆蓋「柳士五轎沃詣男子治」九字的部分筆畫，殘片編號為1003-2。紅外綫簡單圖版將簡

〔註246〕張伯元：〈「如律令」的再認識〉《出土法律文獻研究》（北京：商務印書館，2005年），頁277～282。

1003-2 切去，以便辨別殘筆。〔註 247〕

陶安：簡 002（原始編號 1002-1）粘上簡 021 的殘片（原始編號 1002-2），覆蓋「柳士五轎沃詣男子治」九字的部分筆畫。紅外綫簡單圖版將簡 1002-2 切去，以便辨別殘筆。〔註 248〕

按：此簡乃是原始編號的問題，非整理者無法進行討論，陶安為《嶽麓秦簡（叁）》的主要整理者，在出版後，書中內容多被學界探討，尤其是編聯方面，因此陶安在二○一六年，又出版了《嶽麓秦簡復原研究》一書，對前書有所修正或補充說明。故此簡的問題應屬整理者的修正。

（二）缺簡 01

死辠（罪）購。瑣等利得死辠（罪）購，聽請相移。癸等券付死辠（罪）購，先以私錢二千

整理小組：缺簡簡文據後文擬補。「死辠購」、「先以私錢二千」可以參看簡 027 與 028 的郡報，「等利得死辠（罪）購，聽請相移。癸等券付死辠（罪）購瑣」參看簡 020 的鞫文。個別字詞會有出入，字數也會有增減，擬補釋文僅供參考，以下均同。〔註 249〕

鄔勖：簡 6、簡 7 之間的脫簡或即殘 453，今存「四萬三百廿錢」七字，「四」字上似可補「死罪購」三字，與簡 6 連讀為「盡鼠（予）瑣等死罪購四萬三百廿錢。」〔註 250〕

按：此缺簡，整理小組以整個案件的來龍去脈，前後文意，逐行補上整簡之文字。而鄔勖認為應是在待考殘簡中編號為殘 453 號簡，但此簡甚殘破，僅剩「【……】購四萬三百廿錢，癸□【……】」從癸字我們可以猜測，應屬本案之殘簡無誤，以整理小組之釋文來看，並無看到購四萬三百廿錢的購賞是屬於抓捕到何類罪犯的購賞，捕獲羣盜的購賞是八萬六百冊錢，此殘 453 號簡的金額只有一半。且本案脫簡有三，整理小組應是無法釐清應置放何處，才納入待考殘簡中，故鄔勖之猜測仍有待商榷。

〔註 247〕朱漢民、陳松長主編：《嶽麓書院藏秦簡（叁）》，頁 105。

〔註 248〕陶安：《嶽麓秦簡復原研究》，（上海：上海古籍出版社，2016 年），頁 332。

〔註 249〕朱漢民、陳松長主編：《嶽麓書院藏秦簡（叁）》，頁 107。

〔註 250〕鄔勖，〈《嶽麓簡（三）》「癸、瑣相移謀購案」中的法律適用問題〉，頁 19。

（三）簡 014

「監御史康劾：以為不當，錢不處，當更論。」

整理小組：斷讀為：「監御史康劾以為：不當，錢不處，當更論。」〔註251〕

黃傑：斷作「監御史康劾，以為不當」較好。〔註252〕

陳偉：應斷讀如次：（省略）「監御史康劾以為不當，錢不處，當更論。更論及論失者言夬（決）。」〔註253〕

按：筆者認同陳偉的斷讀方法，因為「以為不當，錢不處，當更論」均是監御史康舉劾的內容，即：以為審理不當，不當的原因在於錢沒有處理，因此，康要求重新審理。所以陳偉之說較合理。

（四）簡 029

整理小組：癸等，其審請瑣等，所出購，以死（皋）罪購，備鼠（予）瑣等，有券。〔註254〕

陳偉：認為此處原整理者斷句不好，應釋斷為「癸等其審請瑣等所，出購，以死皋（罪）購備鼠（予）瑣等，有券。」所，場所。屬上讀。27 號簡說「盡鼠（予）瑣等死皋（罪）購」，與「以死皋（罪）購備鼠（予）瑣等」近似，可證連讀為是。〔註255〕

按：筆者認為從上下文意觀之，應斷讀為「癸等，其審請瑣等，所出購，以死（皋）罪購備鼠（予）瑣等，有券。」，癸等人因為要求瑣等相移犯人，所以先拿出錢，用死罪的賞金給瑣，並簽下合同以茲證明。

二、相關法律問題研究

（一）相移

有關相移的法律條文，《睡虎地秦簡・秦律雜抄》：「捕盜律曰：捕人相移以受爵者，耐。」原整理者注釋為：「捕盜騙取爵位的，處以耐刑。」可知，秦捕抓犯人是禁止將人犯移交給別人的。但在《張家山漢簡・二年律令・捕律》：「數人共捕人而當購賞，欲相移者，許之。」可看出在漢初「相移」是

〔註251〕朱漢民、陳松長主編：《嶽麓書院藏秦簡（叄）》，頁 99。
〔註252〕黃傑：〈《嶽麓書院藏秦簡（叄）》釋文注釋商補〉，（簡帛網 http://www.bsm.org.cn/，2013 年 9 月 13 日）。
〔註253〕陳偉：〈盜未有取吏貲瀘戌律令試解〉，《簡帛網》，2013 年 9 月 9 日首發。
〔註254〕朱漢民、陳松長主編：《嶽麓書院藏秦簡（叄）》，頁 104。
〔註255〕陳偉，《嶽麓書院藏秦簡（三）》識小，簡帛網 2013 年 9 月 10 日首發。

被允許的。陳松長認為這並不相矛盾，而是對象不同所致〔註256〕。秦簡中的律文是對「有秩吏」而言，《睡虎地秦簡·法律答問》中記載：「有秩吏捕闌亡者，以畀乙，令詷，約分購，問吏及乙論可（何）殹（也）？當貲各二甲，毋購。」這條答問剛好可以對《睡虎地秦簡·秦律雜抄》中律文提供具體的解釋。「有秩吏」捕獲逃亡者後，為什麼要移交給乙去詣送官府呢？整理小組解釋：「本條不給予獎賞，是由於有秩吏本有緝拿闌亡者的義務，卻弄虛作假，所以不得獎賞，反而應加懲罰。」「有秩」，見《史記·范睢蔡澤列傳》：「今自有秩以上至諸大吏，下及王左右，無非相國之人者。」〔註257〕指秩祿在百石以上的低級官吏。王國維《流沙墜簡》考釋：「漢制計秩自百石始，百石以下謂之斗食，至百石則稱有秩矣。」可見「有秩」指的是百石以上的官吏，如亭長、求盜、校長……等，都是負責抓捕盜賊的基層低級官吏，由於這些抓捕盜賊即是他們份內之事，所以抓捕犯人不能領購賞。

《張家山漢簡·二年律令》中的「數人」或就是指「非有秩者」。本案中癸是校長，柳是求盜，都是有秩者，而瑣等人的身份是「士伍」，也就是沒有秩祿的人。按秦的律法由有秩者癸等人將人犯交到官衙，應該是領不到購賞的，但為何癸等還自動要相移罪人呢？其問題的癥結就在於購賞。

（二）邦亡問題

傳世文獻中並無「邦亡」一詞，義相近的詞語只有「出亡」，如《史記·秦本紀》：「十三年，向壽伐韓，取武始。左更白起攻新城，五大夫禮出亡奔魏」〔註258〕《穀梁傳·莊公九年》：「齊小白入于齊，大夫出奔反，以好曰歸。以惡曰入，齊公孫無知弒襄公。公子糾、公子小白。不能存，出亡。」〔註259〕《穀梁傳·宣公二年》：「趙盾入諫，不聽，出亡。至於郊，趙穿弒公。」〔註260〕但都指向社會階層較高的王公貴族或官吏們，《嶽麓秦簡（叁）》由

〔註256〕陳松長，〈《嶽麓簡（三）》「癸、瑣相移謀購案」相關問題瑣議〉，《華東政法大學學報》，2014年第2期，頁12～18。

〔註257〕〔漢〕司馬遷撰；〔劉宋〕裴駰集解；〔唐〕司馬貞索隱；〔唐〕張守節正義：《史記》，頁2412。

〔註258〕〔漢〕司馬遷撰；〔劉宋〕裴駰集解；〔唐〕司馬貞索隱；〔唐〕張守節正義：《史記》，頁212。

〔註259〕〔清〕阮元審定，盧宣旬校：《重刊宋本十三經注疏附校勘》，《穀梁傳》，頁50-2。

〔註260〕〔清〕阮元審定，盧宣旬校：《重刊宋本十三經注疏附校勘》，《穀梁傳》，頁116-2。

於是貼近秦代平民階層的各類判例，所以更貼近秦人的日常生活。

「邦亡」是秦特有的法律術語，一般指逃亡出秦國疆域。此一法律術語具有特殊性：一是地域性，只見於秦律。二是時段性，秦以後，此律法消逝大。本文將針對以上二特性論述之。

1. 出土秦律中的邦亡

《嶽麓秦簡（叁）》第一例（癸、瑣相移謀購案）中多次出現邦亡一詞，從簡文內容可知謀購案的原因是不知治等所犯何罪，只知曉其中四人邦亡秦。在（多小未能與謀案）中，多在十二歲時跟隨母親兒邦亡至楚地，二十二歲時，事跡敗露，被舉發。都吏們有兩種看法，一是認為多邦亡時是小孩，無罪。另一將多黥為城旦。《睡虎地秦簡法律問答》：「告人曰邦亡，告不審，未出徼闌亡，告不審，論可（何）也？為告黥城旦不審。」控告他人說逃出國境，實際沒有私出邊界，所控告不實，應如何論處？作為控告應判為城旦的罪而不實。〔註261〕據此可知邦亡應處以黥城旦的刑罰。與〈多小未能與謀案〉中對多邦亡的判決一致。

2. 邦亡的界定問題

從字面上，「邦亡」二字很容易被誤認為是逃出國境。但是實際狀況可能要複雜些，周海鋒先生曾針對此作詳細的分析〔註262〕，他認為秦將白起早在公元前二七八年攻佔郢都，設置南郡。到秦王政二十五年時，秦已統治此區域達半世紀。從秦地到秦地，何以會被判為邦亡呢？如何看待秦人逃亡至秦統治之下的故楚之地，依舊以邦亡判處的歷史事實呢？

這恐怕還要從大的歷史背景來考慮，秦人雖然很早就控制了楚品郢都及周圍的大片區域；但是楚國郢都被攻陷後楚國並未立即被滅亡，只是將其都城遷至陳，再遷至壽春。而且最重要的是楚國還保有一定的實力，睡虎地秦墓竹簡語書中可見一斑，從秦王政二十年南郡守騰給各個縣道下發的這封文書可見，南郡的統治根基並不穩固，秦國的那些律令在楚地推行時遇到了不小的阻力。就算是秦滅楚之後，楚地也是東方六國中最不安分的，所以秦始皇對此巡行楚地。後來揭開反秦序幕也是在楚地，最終摧毀秦朝的也是楚人，可見，要恢復新占領的地區的秩序是要相當長的一段時間的。也可以說，有

〔註261〕《睡虎地秦墓竹簡》（文物出版社，1990年），頁104。
〔註262〕周海鋒：〈為獄等狀四種中的吏議與邦亡〉（《湖南大學學報社會科學版》，第26卷第4期，2014年7月），頁11～13。

秦一代，在東方六國之區域也沒有出現像秦之故地關中和蜀地那樣并然有序社會安定的景象。

　　邦亡者不是在本國犯罪逃往他國，就是被雇用為間諜，所以秦將逃出故秦之地的人統統定為邦亡是有道理的。新入秦國版圖的地區，根基不穩且為多事之地，採取一些措施，防止本國罪犯或懷不良企圖者進入，以免與敵人狼狽為奸，也是情理之中。可能亦是出於維護統治的緣故，在《里耶秦簡》和《嶽麓秦簡》都出現了新黔首新地吏新地守等詞。以新命名以區別舊，以理揆之，在新占領地區所採取的政策也是與秦故地所不同。

　　綜上所述，邦亡指逃出秦故地，而非秦地。

　　邦亡一詞還有其時段性，是特定歷史時期中秦國產物。秦真正統一六國後，邦亡一詞不見於文獻中，這可能並非文獻亡佚所致，而是歷史發展之必然。漢初的二年律令中亦未見邦亡一詞，與秦代相始終的《里耶秦簡》也未見到。最能說明問題的是出自《里耶秦簡》：「卅五年遷陵貳春鄉積戶二萬一千三▢毋將陽闌亡乏戶」（8-1716），在《睡虎地秦簡》中，將陽、闌亡、邦亡為最主要的三種逃亡罪名，程度依次加深〔註263〕。而在卅五年遷陵貳春鄉統計戶口時，特意提及了沒有將陽和闌亡的情況，卻沒有提起邦亡。這只能說明自秦代以來，已無邦亡這一用詞。

第二節　尸等捕盜疑購案

壹、前　言

　　本案共十三簡，簡編號為 031-043，殘簡只有一支，無編聯問題。內容描述秦王政二十五年五月十六日，州陵守綰、丞越上讞奏報在二月十七日時，走馬達告曰：盜盜殺傷走馬好，命求盜尸等十六人追。尸等活捉秦國男子治等四人，楚國男子闖等十人，告發他們結夥殺害好等人。

　　治等人的說辭是他們是秦國人，逃亡到荊地；闖等人說他們是楚國人，原本都住在京州。一起逃亡，逃到秦地後，本來想要歸順。後來到州陵界中，還沒去見官吏，心生後悔。於是策劃著說：治等人在秦已犯罪，無法到秦歸順。便住在山中以攻剽竊盜為生。所以才會合夥殺害好等人。其它如尸等人所說。

〔註263〕陳松長：〈睡虎地秦簡中的」將陽」小考〉，《湖南大學學報〈社科版〉》，2012年第 5 期。

　　秦的律法是：「產捕群盜一人，賞金十四兩。又說：外國人□□□盜，抓捕的人並不是由官方以追捕為目的所組織的。沒有什伍將長者捉捕，賞金二兩。」

　　第一次判決因為國土變更的問題，而對賞金產生疑義，因此上向奏讞。最後的判決是：「治等人，用審秦人的律法來判決，尸等人可以得到賞金七兩；闆等人，是用審楚人的律法來判決，尸等可以得到賞金三兩。」

圖版 2 〈尸等捕盜疑購案〉

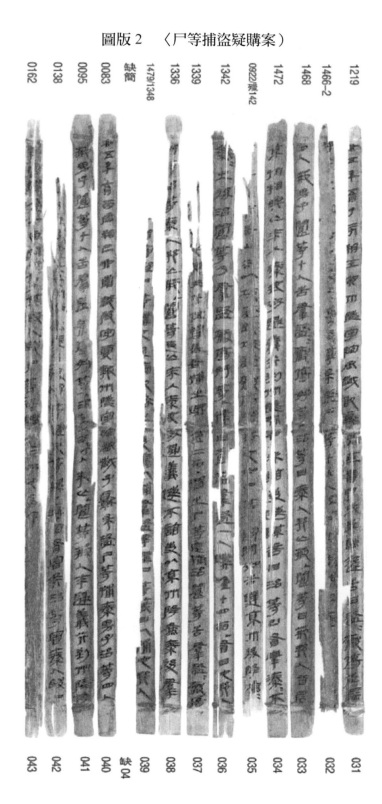

貳、釋　文

廿（二十）五年五月丁亥朔壬寅，州陵守絽、丞越濰（讞）之：迺二月甲戌，走馬達告曰：盜=（盜）殺傷走馬（031）

好□□□部（？）中（？）即（？）令（？）獄（？）史（？）驪（？）求盜，尸等十六人追。尸等產捕詣秦 男 子 治 等 （032）

四人，荊男子閬等十人，告羣盜=（盜）殺傷好等。●治等曰：秦人，邦亡荊レ；閬等曰：荊邦人，皆居（033）

京州。相與亡，來入秦地，欲歸薾（義）。行到州陵界中，未詣吏，悔。謀言曰：治等巳（已）有辠（罪）秦，秦不（034）

□歸薾（義）。來居山谷以攻盜。即攻盜=（盜）殺好等，它如尸等。●診，問如告，辤（辭）。京州後降為=（035）

秦=。（為秦）之後，治、閬等乃羣盜【盜】殺傷好等レ。律曰：產捕羣盜一人，購金十四兩レ。有（又）曰：它邦人（036）

□□□盜，非吏所興，毋（無）什伍將長者捕之，購金二兩。●鞫之：尸等產捕治、閬等，告羣盜=（盜）殺傷（037）

好等。治等秦人，邦亡荊レ；閬等荊人。亡，來入秦地，欲歸薾（義），悔，不詣吏。以京州降為秦後，羣（038）

【盜=（盜）殺傷好】 等 。皆審。疑尸等購。它縣論。敢濰（讞）之。●吏議：以捕羣盜律購尸等レ。或曰：以捕它邦人（039）

【……】（缺04）

廿（二十）五年六月丙辰朔己卯，南郡叚（假）守賈報州陵守絽、丞越：子濰（讞）：求盜尸等捕秦男子治等四人、（040）

荊男子閬等十人，告羣盜 盜 殺傷好。治等秦人，邦亡レ；閬等荊人。來歸薾（義），行到州陵，悔（041）

□□□□□□攻（？）盜（？）京州降為秦，乃殺好等。疑尺（尸）等購。●濰（讞）固有審矣。治等，審秦殹（也），尸（042）

等當購金七兩；閬等，其荊人殹（也），尸等當購金三兩。它有令。（043）

參、彙　釋

一、廿（二十）五年五月丁亥朔壬寅，州陵守絽、丞越濰（讞）之：迺二月甲戌，走馬⑴達告曰：盜=（盜）殺傷⑵走馬好□□□部（？）

中（？）即（？）令（？）獄（？）史（？）驪（？）求盜，尸等十六人追。尸等產捕(3) 詣秦 男 子 治 等四人，荊(4) 男子閬等十人，告羣盜=（盜）殺傷好等。

（1）走馬

整理小組：秦爵名，下數第三級，與簪裊相當。《數》簡 122-123：「大夫、不更、走馬、上造、公士，共除米一石，今以爵衰分之，各得幾可（何）？」能確定年代的史料中，本簡所見走馬屬秦王政二十五年，為走馬最晚的辭例，里耶秦簡 J⑯5 背所見簪裊屬秦始皇二十七年，為簪裊最早辭例，似在二十六年前後走馬被簪裊所取代。〔註 264〕

李學勤：即《周禮》趣馬，是管馬的職官，曾見于甲骨金文。〔註 265〕

曹旅寧：1219 簡中的「走馬塞」，張家山漢簡《奏讞書》案例二十一有「走馬仆」，善走的好馬，《漢書·燕刺王劉旦傳》：「多賚金寶走馬。」師古注曰：「走馬，馬之善走者。」走馬塞，趕馬或養馬的人名叫塞的。〔註 266〕

王勇、唐俐：走馬在秦代為爵稱，而非官稱，且秦爵走馬相當於漢二十等爵中的簪裊。簪裊、走馬在字面上都可理解為驅馬疾馳。秦漢爵稱由職名演變而來，簪裊與周官走馬的地位也是相適應的。走馬、簪裊二名在秦代可能通用，漢初整理爵位時對同爵異稱的情況進行了規範，從而廢止了爵稱走馬的使用。〔註 267〕

張韶光：認為「走馬」兼具職官名與爵位名。……《嶽麓書院藏秦簡（肆）》簡 213：「其有除以為冗佐、佐吏、縣匠、牢監、牡馬、簪裊者，毋許，及不得為租。」整理小組注：「此處不是名，似為與馬政有關的職事。「冗佐」到「簪裊」，是底層吏的數類職事，此律規定不得以免贖罪者為之。」此處的「簪裊」是一職官。因此，「走馬」可能兼具職官名與爵位名。〔註 268〕

汪中文師：「走馬」蓋即文獻上之「趣馬」，孫詒讓《古籀餘論》鼎跋云：

〔註 264〕 朱漢民、陳松長主編：《嶽麓書院藏秦簡（叄）》，頁 117。
〔註 265〕 李學勤：〈奏讞書解說下〉，《文物》（1995 年第 3 期），頁 39。
〔註 266〕 曹旅寧：〈嶽麓書院新藏秦簡叢考〉，《華東政法大學學報》（2009 年第 6 期），頁 95。
〔註 267〕 王勇、唐俐：〈走馬為秦爵小考〉，《湖南大學學報》（2010 年第 4 期），頁 15。
〔註 268〕 張韶光：《〈嶽麓書院藏秦簡（叄）〉集釋》（吉林大學古籍研究所碩士論文，2017 年 4 月，頁 86。

走馬當為趣馬之假，〈效尊〉「夙夜奔走」可證。又〈大鼎〉「王召走馬」應以
「走馬」為「趣馬」，故此又作走馬矣。郭沫若、斯維至等學者多同之，其職
司，按之銘文與文獻，蓋主掌馬政。〔註269〕

　　陳松長：認為走馬與簪裊相當。他從 2010 年《里耶秦秦簡〈壹〉》的出
版中，找到 8-461 號的木牘的圖版，認為此一更名木方中「□□如故更□□」。
其中的□□和□□應為走馬和簪裊。於是考證出走馬和簪裊的關係，又從張
家山漢簡《二年律令・置後律》中印證「走馬」不只是爵位也是官稱，而《里
耶秦簡》中只有「簪裊」並無「走馬」，因此認為「走馬」是在秦統一天下後
才被「簪裊」取代。〔註270〕

　　按：走馬一詞不見於傳世文獻，但多見於出土材料。走馬一詞《嶽麓書
院藏秦簡〈叁〉》中出現五次，本案簡 31「走馬好」，〈芮盜賣公列地案〉簡 68
「走馬喜」；〈多小未能與謀案〉簡 89「多曰：小走馬」；〈識劫㛰案〉簡 108
「小走馬羛」、簡 113「走馬拳」；〈田與市和奸案〉簡 198「走馬路」。皆是走
馬後接人名。《里耶秦簡》中已不見「走馬」，而是以「簪裊」代之。從西周金
文中的「走馬」發展到先秦典籍中的「趣馬」再到《里耶秦簡》的「簪裊」，
可以看出「走馬」這個官職的沿革，在西周時主掌馬政，雖是下士，但仍有佐
理之官。隨著歷史的演進發展到戰國，「走馬」成為士階層的最下層。到了秦
始皇統一天下後，被「簪裊」取代。

（2）盜殺傷

　　閆曉君：漢律有「盜殺傷人」，大概就是唐律所謂的「共行盜竊，不謀強
盜，臨時乃有殺傷人者。」漢律規定「盜殺傷人」與盜羣強盜一體治罪，處以
磔刑。而唐律的規定相比較平允和細緻一些：「諸因盜而過失殺傷人者，以鬥
殺傷論」。〔註271〕

　　張韶光：「盜殺傷」還出現在張家山漢簡《二年律令・盜律》簡 65-66：
「羣盜及亡從羣盜，毆折人胑，及令㱟（跛）蹇（蹇），若縛守、將人而強盜
之，及投書、縣（懸）人書，恐猲人以求錢財，盜殺傷人，盜發冢（塚），略

〔註269〕汪中文：《西周冊命金文所見官制研究》（臺北：國立編譯館，1999 年 4 月
　　　　初版），頁 167。
〔註270〕陳松長、賀曉朦：〈秦漢簡牘所見「走馬」、「簪裊」關係考論〉《中國史研究》
　　　　（2015 年第 4 期），頁 57～66。
〔註271〕閆曉君：〈秦漢盜罪及其立法沿革〉《法學研究》（2004 年第 6 期）。

賣人若已略未賣，橋（矯）相以為吏，自以為吏以盜，皆磔。」在漢律中，盜殺傷人者會被判處磔刑。〔註272〕

　　按：本案上讞是因為購賞問題，而「盜殺傷人」在本案中並無說明治等人最後被判何刑？在《嶽麓書院藏秦簡（叁）》中其他案例未見有相類似的判決結果，但漢初沿用秦法，故漢律中的盜殺傷人的律法，在秦應亦是如《張家山漢簡・二年律令》所示，「皆磔」。

（3）產捕

　　整理小組：生捕，活捉。《二年律令》簡148：「能產捕羣盜一人若斬二人，拜爵一級。」〔註273〕

　　趙久湘：產捕：即生捕。產，生。〔註274〕

　　按：「產捕」一詞不見於先秦的傳世文獻，目前的出土材料出現在《張家山漢簡・二年律令》及《嶽麓書院藏秦簡（叁）》中的本案。按上下文意來看，整理小組註解為「生捕、活捉」是可信的。

（4）荊

　　整理小組：秦國稱楚國為荊。《史記・秦始皇本紀》：「二十三年，秦王復召王翦，彊起之，使將擊荊。」張守節《正義》：「秦號楚為荊者，以莊襄王名子楚，諱之，故言荊也。」《呂氏春秋・音律》：「周昭王親將征荊。」高誘注：「荊，楚也。秦莊王諱楚，避之曰荊。」《里耶秦簡》J1⑧0461：「曰酐曰荊。」〔註275〕

　　按：《嶽麓書院藏秦簡（叁）》十五個案例中，分別在〈尸等捕盜案〉、〈多小未能與謀案〉、〈學為偽書案〉中，不是「邦亡荊」就是「欲邦亡荊」。戰國時期秦、楚二國長期對立又國土相連，因此楚成為秦人邦亡的最佳首選是有其道理的。

　　從「廿五年五月」到「告羣盜盜殺傷好等」是州陵守綰、丞在秦王政二十五年五月的上讞，說明在二月時，走馬達告曰：有羣盜盜殺傷走馬好等人，命令求盜尸等十六人去追捕，尸等活捉了秦男子治等四人，荊男子閻等十人。

〔註272〕張韶光：《《嶽麓書院藏秦簡（叁）》集釋》，頁87。
〔註273〕朱漢民、陳松長主編：《嶽麓書院藏簡（叁）》，頁117。
〔註274〕趙久湘：《秦漢簡牘法律用語研究》（重慶：西南大學漢語言文字學博士論文，2011年），頁116。
〔註275〕朱漢民、陳松長主編：《嶽麓書院藏秦簡（叁）》，頁117。

二、●治等曰：秦人，邦亡荊レ；闓等曰：荊邦人，皆居京州（1）。相與亡，來入秦地，欲歸義（義）（2）。行到州陵界中，未詣吏，悔。謀言曰：治等巳（已）有辠（罪）秦，秦不□歸義（義）。來居山谷以攻盜（3）。即攻盜＝（盜）殺好等，它如屍等。

（1）京州

整理小組：疑為楚國地名，未詳。

田炳炳：京州地望當在今天的湖北省南漳縣。……其性質可能是楚惠王時期荊君的食邑州，後被秦佔領，在昌平君反秦的的戰爭中，居住在「京州」的楚人很可能回應了反秦之聲，並以「京州」稱呼他們所居住的地方。……在昌平君反秦及陳勝吳廣反秦之役時，在楚地還有可能存在更多的類似「京州」的稱呼。〔註276〕

周波：今嘉魚、蒲圻、咸寧附近地區既多州渚，又處鄂東南山地丘陵地帶，或即「京州」地望所在。楚之京邑不見於傳世文獻，或秦統一後有省併，也有更名這一可能。〔註277〕

按：「京州」不見於傳世文獻，從本案中對治等人的描述「荊邦人，居京州。」來看，治等人是居住在楚國京州，疑京州應是楚地。

（2）歸義

整理小組：《說文・我部》，義字異體。歸義，歸附正義，即歸附秦國之謂。《史記・滑稽列傳》：「遠方當來歸義，而驪牙先見。」〔註278〕

于洪濤：「歸義」指的就是歸附秦國之意。從《商君書・徠民》中可以發現，秦是鼓勵他國徠民的，即「今王發明惠，諸侯之士來歸義者，今使復之，三世無知軍事。」也就是說國家對這些歸附者，三世不會征發參軍。並且，依照秦國法律規定分與田宅，以鼓勵其進行生產，在政策上也會有相應優待。〔註279〕

〔註276〕 田炳炳：〈讀嶽麓書院藏秦簡三札記一則——京州地望試探〉,《簡帛網》,2014年5月19日。

〔註277〕 周波：〈說楚地出土文獻中的京州與京君〉,《出土文獻研究（第十四輯）》（上海：中西書局，2015年），頁157。

〔註278〕 朱漢民、陳松長主編：《嶽麓書院藏秦簡（叁）》，頁117。

〔註279〕 于洪濤：〈嶽麓秦簡《為獄等狀四種》所見逃亡犯罪研究〉,《出土文獻與法律史研究（第三輯）》（上海：上海人民出版社，2014年），頁201～202。

鄔勖：意思是「歸附秦國」。從使用的規範性來看，它應是一個法律術語，與「邦亡」即亡至它邦具有一定的相對性。……主張以田宅和復免三世兵役來誘惑諸侯特別是三晉的人民，使其前來「歸義」，一方面可以削弱諸侯，一方面可以「以故秦事故，而使新民事本」，迅速恢復實力。這清楚地表明了秦國優待「歸義」的態度，與對待「寇降以為隸臣」（《雜抄》簡 38）的戰俘不啻天壤之別。〔註 280〕

張韶光：所謂「歸義」，是指歸附秦國。歸義人口需重新登記戶籍，所採用的登記方法因歸義人口規模的不同，分為歸義者主動去官府登記和官府派遣官吏普查式登記兩種，被登記者還需提供能證明其原有身份的憑證。此外，秦代對秦人與歸義者實行不同的統治政策以加強對人口的控制，戶籍的不同就是一個顯著的表現。歸義者若想在戶籍上被同等看待，需要與秦人通婚，且從第二代開始才能被算作秦人。〔註 281〕

按：歸義即歸附秦國，本案發生在秦王政二十五年，此時秦尚未統一六國，故會有其他六國的百姓前來歸附，歸附要有所憑證，即我們現在所謂的國籍歸化，需要戶籍登記，秦已用通婚來歸化國籍，與現代人會利用通婚來做依親歸化有異曲同工之妙。

（3）攻盜

整理小組：攻剽盜劫，即武裝起來公然行劫。劉向《說苑·指武》：「所謂誅之者，非為其晝則攻盜，暮則穿窬也，皆傾覆之徒也。」又參看《二年律令》簡 062「盜五人以上相與功（攻）盜，為羣盜。」〔註 282〕

水間大輔：「攻盜」是比「強盜」更惡劣的兇狠盜賊，很可能是指以掠奪財物為生業，不惜殺害生命的武裝犯罪集團；作為法律用語的「攻盜」，亦當指這種集團性犯罪行為。〔註 283〕

閆曉君：「攻盜」是明火執仗地打家劫舍，如果成群結夥勢必對封建秩序構成嚴重威脅，所謂「夫穿窬不禁，則致強盜；強盜不斷，則為攻盜；攻盜成

〔註 280〕 鄔勖：《秦地方司法諸問題研究》（上海：華東政法大學法律史博士論文，2014年 5 月），頁 67～68。
〔註 281〕 張韶光：《《嶽麓書院藏秦簡（叁）》集釋》，頁 89。
〔註 282〕 朱漢民、陳松長主編：《嶽麓書院藏秦簡（叁）》，頁 118。
〔註 283〕 彭浩、陳偉、工藤元男：《二年律令與奏讞書》（上海：上海古籍出版社，2007年），頁 89。

羣，必生大奸」。〔註284〕

許道勝：攻盜，攻擊、搶奪。《漢書・匈奴傳上》：「人民死者什三，畜產什五，匈奴大虛弱，諸國羈屬者皆瓦解，攻盜不能理。」《後漢書・陳寵傳附子忠傳》：「強盜不斷，則為攻盜。攻盜成群，必生大奸。」〔註285〕

張韶光：「攻盜」還見於張家山漢簡《二年律令》簡1：「諸侯人來攻盜。」亦見於簡62：「盜五人以上相與功（攻）盜，為羣盜。」整理小組注：「功，讀如攻。」《漢書・郭解傳》「臧命作姦剽攻」注：「攻謂穿窬而盜也。」可見攻盜相對於盜，強調的是武裝暴力。〔註286〕

按：攻盜即攻擊搶奪之盜，不論是《漢書》、《後漢書》、《說苑》或《張家山漢簡》對「攻盜」的記載皆指向，攻盜即集體犯罪行為，手段凶殘，且武器精良，攻盜成羣，即成羣盜。因此較難抓捕，所以抓捕到羣盜的購賞比較豐厚的原因也在於此。

從「治等曰」到「它如尸等」。是治等和闓等人的供詞，治等是秦國人邦亡至荊，闓等人是荊邦人，都住在京州。大家約要一起邦亡想歸附秦國，走到州陵界中，沒有去詣見官吏，就後悔了。互相討論說治等在秦本來就有罪，無法歸義，於是居住在山谷當起攻盜。即攻盜盜殺傷好等人。

三、●診，問如告，辟（辭）。京州後降為＝秦＝(1)。（為秦）之後，治、闓等乃羣盜【盜】殺傷好等レ。律曰：產捕羣盜一人，購金十四兩レ。有（又）曰：它邦人(2)□□□盜，非吏所興(3)，毋（無）什伍(4)將長(5)者捕之，購金二兩。

（1）降為秦

整理小組：投降為秦地或秦人。《戰國策・秦策》：「代，上黨不戰而已為秦矣。高誘註：為，猶屬也。」《張家山漢簡・曆譜》簡02：「新降為漢。」《秦讞書》簡009：「楚時去亡，降為漢。」〔註287〕

（2）它邦人

〔註284〕閆曉君：〈秦漢盜罪及其立法沿革〉，《法學研究》2004年第6期。
〔註285〕許道勝：〈張家山漢簡《二年律令・賊律》補釋〉《江漢考古》（2004年第4期），頁86～87。
〔註286〕張韶光：《《嶽麓書院藏秦簡（叁）》集釋》，頁90～91。
〔註287〕朱漢民、陳松長主編：《嶽麓書院藏秦簡（叁）》，頁118。

整理小組：其他邦國的人，似可包含屬邦人。《奏讞書》簡021：「律所以禁從諸侯來誘者，令它國毋得取（娶）它國人也。」〔註288〕

沈剛：秦代國家從法律角度把人的身份區分為「秦人」與「它邦人」兩種，「它邦人」就是不在秦國戶籍上的他國人。即使它邦人成為秦國編戶，但其身份標識還不能完全等同於秦人。秦實施這一制度是試圖通過秦本位政策取向來保證對新佔領區的改造和對秦人的控制，以此達到有效實施統治的目的。但受制於客觀條件，這一政策亦打了折扣。〔註289〕

張韶光：整理小組僅僅將「它邦人」解釋為其他邦國的人，而沈剛則進一步指出它邦人歸義需要在秦國登記戶籍。……《嶽麓書院藏秦簡（叁）》中有簡33-34：「治等曰：秦人，邦亡荊；閬等曰：荊邦人，皆居京州。相與亡，來入秦地，欲歸薎（義）。行到州陵界中，未詣吏，悔。」雖然閬等荊人來到秦地歸義，但因為沒有去官府登記，歸義不成，仍被視為它邦人，所以是否為秦國戶籍是辨別是否為它邦人的關鍵。〔註290〕

按：「它邦人」是指站在秦國的角度而言，是指東周時期秦以外的其他六國的人民，東周諸侯並起，邦國即是諸侯國，同為周人，長相不易判別是屬於哪一諸侯國人，故在身份識別上就需要身份證明文件，即戶籍，來證明其為何國人民，因此到其他國家歸義是需要戶籍登記才算歸義完成。就如同現代人的從自己的出生國歸化到他國的情形，也是要取得身分證明才算歸化完成。

（3）非吏所興

整理小組：與「非吏徒追」相對而言，表示抓捕盜匪的人並不是由官方以追捕為目的所組織的。可參看《二年律令》簡061：「徼外人來入為盜者，要（腰）斬。吏所興能捕若斬一人，拜爵一級及非吏所興，購如律。」〔註291〕

于洪濤：獄史驒、求盜尸等十六人是由政府派出的，有目的、有組織的行為，即「吏所興」。……簡文中「購金二兩」所指就是，普通百姓抓捕外邦人為盜的獎賞金額。〔註292〕

〔註288〕朱漢民、陳松長主編：《嶽麓書院藏秦簡（叁）》，頁118。

〔註289〕沈剛：〈秦人與它邦人——新出秦簡所見秦代人口身份管理制度一個方面〉，《中國古代法律文獻研究（第九輯）》（北京：社會科學文獻出版社，2015年），頁143。

〔註290〕張韶光：《《嶽麓書院藏秦簡（叁）》集釋》，頁91～92。

〔註291〕朱漢民、陳松長主編：《嶽麓書院藏秦簡（叁）》，頁118頁118。

〔註292〕于洪濤：〈嶽麓秦簡《為獄等狀四種》所見逃亡犯罪研究〉，頁198。

按：「非吏所興」即非官府派出的人所抓捕。此部分在相關問題研究會進行更深入的探討，在此只簡筆帶過。

（4）什伍

整理小組：軍隊或吏徒編制，五五為伍，十人為什，稱什伍。《二年律簡》141：「吏將徒，追求盜賊，必伍之。」〔註293〕

按：《尉繚子‧伍制令》：「五人為伍，伍相保也；十人為什，什相保也；五十人為屬，屬相保也；百人為閭，閭相保也。」《睡虎地秦簡‧律說》：「何謂四鄰？四鄰即伍人謂也。」杜正勝認為先秦文獻凡論及地方行政系統者，多與軍隊組織配合。〔註294〕什和伍原是軍隊的組織，西周時一車十徒謂之什，至春秋以下二十五徒供一車，分成五個單位即是伍。〔註295〕什伍一開始從軍隊衍生而出，在戰國時期演變成鄰組織甚至是連坐的基本編制。《管子‧立政，首憲》：「凡過，黨其在家屬，及于長家；其在長家，及于什伍之長；其在什伍之長，及于游宗。」可知小自個人和家長，大及什伍、游宗都要負連坐責任。

（5）將長

整理小組：將長，疑為分將、兼將等將領和伍長、什長或屯長等小隊長。又，《法律答問》簡208：「可（何）如為「大痍」者，支（肢）或未斷，及將長令二人扶出之，為大痍。」整理小組引《商君書‧境內》：「五人一屯長，百人一將。」〔註296〕

按：「將長」一詞不見於傳世文獻，亦不見於《里耶秦簡》，但見於《睡虎地秦簡‧法律答問》及《嶽麓書院藏秦簡（叄）》的本處，從上下文觀之應是指將領、伍長之類的領導人物。

本段是診問的內容：京州後來降為秦地，治閱等乃是羣盜盜殺好等人。律法規定：活捉羣盜一人，賞金十四兩。又規定它邦人犯罪，不是由官府以追捕為目的組織的人捕捉的，購金二兩。

四、●鞫之：尸等產捕治、閱等，告羣盜=（盜）殺傷好等。治等

〔註293〕朱漢民、陳松長主編：《嶽麓書院藏秦簡（叄）》，頁118。
〔註294〕杜正勝：《編戶齊民》（臺北：聯經出版事業公司，1990年3月），頁126。
〔註295〕杜正勝：《編戶齊民》，頁64。
〔註296〕朱漢民、陳松長主編：《嶽麓書院藏秦簡（叄）》，頁118。

秦人，邦亡荊レ；閡等荊人。亡，來入秦地，欲歸義（義），悔，不詣吏。以京州降為秦後，羣【盜＝（盜）殺傷好】等。皆審。疑尸等購。它縣論(1)。敢讞（讞）之。●吏議：以捕羣盜律購尸等レ。或曰：以捕它邦人【……】廿（二十）五年六月丙辰朔己卯，南郡叚（假）守賈報州陵守緄、丞越：子讞（讞）：求盜尸等捕秦男子治等四人、荊男子閡等十人，告羣盜盜殺傷好。治等秦人，邦亡レ；閡等荊人。來歸義（義），行到州陵，悔□□□□□□攻（？）盜（？）京州降為秦，乃殺好等。疑尺（尸）等購。

（1）它縣論

整理小組：奏讞文書主文結尾習慣用語，本義應為其他相關者由縣負責論處。《奏讞書》簡 015：「欺媚罪，它縣論。敢讞（讞）之。」〔註 297〕

按：對於「它縣論」的研究，學界主要有兩種論點：一是以高恒為代表的學者認為「它縣論」應當理解為「其他問題，縣廷已做出結論」〔註 298〕；二是以閆曉君為代表的學者認為「它縣論」應當理解為「情實以外懸而未論斷者」〔註 299〕。以上研究多以《張家山漢簡·奏讞書》為依據，《嶽麓書院藏秦簡（叁）》的公布，為研究「它縣論」提供了新材料。張韶光對「它縣論」提出了探討：「它縣論」在《嶽麓秦簡（叁）》出現了五次，第一次即在本簡，認為縣可以論處羣盜盜殺人和邦亡的問題。因為它邦人的關係，所涉及購賞的問題才需要往上級奏讞的原因。並提出「它縣論」本是司法官吏在向上級請示時，為了保證案件敘述全面，除了提出疑問之外，對於本機構能夠處理的事宜也同時附上，以「它縣論」來指代。隨著法律文書規範化，在沒有疑問時，官吏為了保證上奏之事無遺漏，也繼續用「它縣論」一詞，以確保文書敘述的全面性。因此成了奏讞書的習慣用語。〔註 300〕

〔註 297〕朱漢民、陳松長主編：《嶽麓書院藏秦簡（叁）》，頁 118。

〔註 298〕高恆：《秦漢簡牘中法制文書輯考》（北京：社會科學文獻出版社，2008 年），頁 344。

〔註 299〕閆曉君：〈張家山漢簡奏讞書考釋（一）〉《追尋中華古代文明的蹤跡——李學勤先生學術活動五十年紀念文集》（上海：復旦大學出版社，2002 年），頁 77。

〔註 300〕張韶光：〈秦漢簡牘奏讞文書中的它縣論研究〉（《咸陽師範學院學報》，2016年 5 月第 31 卷第 3 期），頁 25～32。

本段是鞫和吏議部分：鞫之：尸等活捉拿治、閻等，舉告其為羣盜盜殺好等人。治等是秦人，逃亡至楚；閻等人是楚人，都逃亡，來到到秦，想要歸順，但後悔，沒有到官府見官吏。在京州降為秦地後，羣盜盜殺傷好等，以上審理確鑿無疑。但尸等人的賞金有疑義。其它相關者由縣負責論處。敢讞之。

吏議：用捕羣盜的律法獎賞尸等人。或者用抓到外國人……二十五年六月二十四日，南郡假守賈答覆州陵守綰、丞越：你們請示如下：求盜尸等捕獲秦男子治等四人，荊男子閻等十人，舉告為羣盜盜殺傷好等·治等是秦人，逃亡到外國；閻等是楚人，想歸順秦國，走到州陵，後悔。……京州降為秦地，於是殺傷好等人。尸等人的賞金有疑義。

五、●瀸（讞）固有審矣。治等，審秦殹（也），尸等當購金七兩（1）；閻等，其荊人殹（也），尸等當購金三兩（2）。它有令。

（1）尸等當購金七兩

整理小組：治等四人，按照羣盜處理，每人獎賞十四兩，共賞五十六兩；尸等每人購金七兩，僅為獎賞全額的八分之一。因而可知，將治等送到官府領取獎金的只有八人，雖然獄史驩帶領尸等共十六人追捕治等，但其中有八人要麼沒有參與逮捕行為，要麼沒有資格領取獎賞。〔註301〕

陳偉：從文本上說，似可如整理者那樣理解為尸等每人得購金七兩，也可是指治等每人值購金七兩。……對于閻等購金的確定，顯然是依據前揭律文，即「外邦人……購金二兩」。對于治等購金的確定，涉及到群盜的相關規定。……這顯示秦大概也是以五人為群盜。在這種情形下，由于閻等被確定為荊人，適用于「外邦人……購金二兩」之律，剩下的治等四人，就不夠五人之數，因此不適用群盜購金之律，而按照死罪購金七兩處理。〔註302〕

陳松長：「尸等當購金七兩」，這裏所說的「購金七兩」，也就是捕獲死罪犯人的購賞數，按一兩五百七十六錢計算，正是四千三十二錢。〔註303〕

于洪濤：（「尸等當購金七兩」）也只是律文規定獎金的一半。〔註304〕

〔註301〕朱漢民、陳松長主編：《嶽麓書院藏秦簡（叁）》，頁118。
〔註302〕陳偉：〈尸等捕盜購金數試說〉，《簡帛網》，20130911首發。
〔註303〕陳松長：《〈嶽麓簡（三）〉「癸瑣相移謀購案」相關問題瑣議〉。
〔註304〕于洪濤：〈嶽麓秦簡《為獄等狀四種》所見逃亡犯罪研究〉，頁199。

鄔勗：盜殺傷好等的治等每人值購金 7 兩，南郡報讞在此處所引的購賞規定，應即產捕死罪，人購七兩之律。〔註 305〕

時軍軍：秦人治等因夥同閬等羣盜盜殺人，屬亡從羣盜盜殺人的死罪，其購金以捕死罪而非捕羣盜的標準發放，是為七兩。〔註 306〕

張韶光：對「購金七兩」的理解主要有兩種：一是只分得七兩可能是抓捕者中有人無法得到獎賞所致；另一種是因為治等只有四人，尚構不成羣盜，所以七兩是普通捕獲死罪犯人的獎賞。認同第二種觀點。〔註 307〕

按：對本案的判決，學界針對購賞提出多方疑問，縱觀案情分析，治等人的犯的罪不只一條，而是多重犯罪的罪犯。筆者認為治、閬等人不只犯一條罪，他們除了羣盜盜殺人，還有邦亡等罪。秦國的法律是沒有數罪並罰而是以最重的罪則論處。從《嶽麓簡》來看，秦的購賞制度相當嚴明，即便是同一個罪名，只要規範條件不同購金也不相同，所以本案針對治、閬雖皆為羣盜盜殺的行為，但身份差異，購賞也隨之不同。對治等購金七兩而非十四兩，即是因為人數不足五人，但又夥同閬等十人羣盜盜殺人，以「亡從羣盜盜殺人」為死罪的標準給予購金。

（2）尸等當購金三兩

整理小組：購金的計算根據未詳，或許「三」字不堉。此字為二或三。〔註 308〕

張功：秦代對服「刑城旦」徒刑逃犯的懸賞金額是每人「二兩」。不管是抓獲逃亡刑徒還是逃亡強盜或者羣盜，只要抓獲一人，就可以得到「二兩」的賞金。〔註 309〕

陳偉：看 43 號簡圖版，原釋為「三」的字只有上面的兩道橫筆清晰，其下第三劃其實相當模糊，走向也有不同。當是「二」字，與前揭關于外邦人購金的律文對應。〔註 310〕

〔註 305〕鄔勗：《秦地方司法諸問題研究》，頁 72。
〔註 306〕時軍軍：〈嶽麓秦簡尸等捕盜疑購案購賞辨析〉（肇慶學院學報，2015 年第 6 期）。
〔註 307〕張韶光：《《嶽麓書院藏秦簡（叁）》集釋》，頁 95。
〔註 308〕朱漢民、陳松長主編：《嶽麓書院藏簡（叁）》，頁 118。
〔註 309〕張功：《秦漢逃亡犯罪研究》，（湖北人民出版社，2006 年版），頁 332。
〔註 310〕陳偉：〈尸等捕盜購金數試說〉。

于洪濤：簡文中所記「三兩」似為訛誤。〔註311〕

水間大輔：考慮到與「它邦人□□□盜，非吏所興，無什伍、將長者，捕之，購金二兩」這一律文的關係，「三」字當為「二」字之誤。〔註312〕

陳松長：從紅外掃描放大版圖上的墨跡來看，第三劃其實並不模糊，也不存在走向的問題，顯然是個「三」字。而所謂「它邦人□□□盜，非吏所興，毋（無）什伍將長者捕之，購金二兩」，乃是指「非吏所興」的人捕獲罪犯購金二兩，案例中的「尸等」顯然不是「非吏所興」者，因此，這裏的「購金二兩」並不能作為簡文中的「三兩」或是二兩之誤的參照數。至於簡文中為什麼是「購金三兩」？我們認為，這也許就是秦代捕獲罪犯的賞格之一。〔註313〕

邬勖：捕盜的尸等16人全都屬於「吏所興」而「不欲拜爵」者，這種情況下的購賞金額可能要高於「非吏所興」時的「購金二兩」。〔註314〕

時軍軍：闋等為它邦人，符合「它邦人」及「非吏所興，毋什伍將長者捕之」條件，以捕它邦人律而非捕羣盜律為購賞標準，購金為二兩。文書中「三兩」為當時抄手之誤，這並非個別現象，漢律中對此有相應懲罰規定。〔註315〕

張韶光：對「三兩」的理解主要有兩種觀點：一、認為「三」當是「二」之誤；二、認為確應是「三」。認同「三」為「二」之誤。〔註316〕

按：三到底是三或二之誤，考之圖版，■，此字不模糊，應釋為三，筆者同意陳松長之看法，不能因為購賞推斷就以三為二，應再等待是否再有新出材料，以資佐證。

本段是郡報的主要回覆：所請示的本來很清楚。治等人，用審秦人的律法來判決，尸等人可以得到賞金七兩；闋等人，是用審楚人的律法來判決，尸等可以得到賞金三兩。其它如律令所判。

〔註311〕于洪濤：〈再論嶽麓簡尸等捕盜購金數額〉，《簡帛網》，20130916。
〔註312〕水間大輔：〈嶽麓三所見的共犯處罰〉，（華東政法大學學報，2014年第2期）。
〔註313〕陳松長：〈《嶽麓簡（三）》「癸瑣相移謀購案」相關問題瑣議〉。
〔註314〕邬勖：《秦地方司法諸問題研究》，頁73。
〔註315〕時軍軍：〈嶽麓秦簡尸等捕盜疑購案購賞辨析〉，頁63。
〔註316〕張韶光：《《嶽麓書院藏秦簡（叁）》集釋》，頁96。

肆、相關問題研究

一、購賞問題

對本案的判決，學界針對購賞提出多方疑問，整理者注釋為「按，治等四人，按照羣盜處理，每人獎賞十四兩，共賞五十六兩；尸等每人購金七兩，僅為獎賞全額的八分之一。因而可知，將治等送到官府領取獎金的只有八人，雖然獄史驪帶領尸等共十六人追捕治等，但其中有八人要麼沒有參與逮捕行為，要麼沒有資格領取獎賞。」至於購金三兩，計算根據未詳，或許三字不塙，這種解釋引起了學界的探討，陳偉認為治等四人，不足五人之數，故其購賞應是死罪而非羣盜購金，故賞金七兩。而三兩之「三」字，圖版第三劃模糊，應為二字，二兩是前文「它邦人□□□盜，非吏所興，毋（無）什伍將長者捕之，購金二兩。」的購金金額〔註317〕。于洪濤認同陳偉的三兩為二兩之誤說，並指出二兩為抓捕本國人亡盜的購賞金額。但在七兩問題上，同意整理者的推測，指出治等應以盜殺人罪論處，其購金應與捕羣盜相等為十四兩。〔註318〕鄔勖在治等購賞標準上認同陳偉所論。關於對闒等的購金三兩來源，其從尸等十六人皆為吏所興不欲拜爵的角度思考，認定其高於非吏所興情況下的購金二兩亦屬正常。只是依漢律這種情況下的購金額遠高於三兩，對此其解釋為秦漢購賞制度是非常具體，易變，沒有多少規律可言的規則性制度，因此也並不需過於追求不同情況下購賞金額的等級協調。〔註319〕陳松長認為從圖版來看，三字不誤，並指出尸等受命行事，與捕它邦人之律不符，律中購金二兩不可做為判決依據。至於何人購金三兩？他認為或許這本來就是秦捕罪人的賞格。〔註320〕水間大輔對秦捕羣盜購賞標準進行考察，指出若所捕羣盜為秦人，購金為十四兩，為荊人，購金二兩。〔註321〕針對以上分歧，筆者再做梳理，對相關問題進行深究。

〔註317〕陳偉：〈尸等捕盜購金試說〉，簡帛網，2013 年 9 月 11 日。
〔註318〕于洪濤：〈再論嶽麓簡尸等捕盜購金數額〉，簡帛網，2013 年 9 月 16 日。
〔註319〕鄔勖：《秦地方司法諸問題研究——以新出土文獻為中心》，（華東政法大學博士論文，2014 年），頁 73～74。
〔註320〕陳松長：〈《嶽麓簡〈三〉》「癸瑣相移謀購案」相關問題瑣議〉，王沛主編：《出土文獻與法律史研究第三輯》，頁 7。
〔註321〕水間大輔：〈嶽麓書院藏秦簡「尸等捕盜疑購案」所見逮捕盜的獎賞規定〉，《中國社會經濟史研究》（2014 年第 4 期），頁 91。

二、罪名探析

　　縱觀案情分析，治等人的犯的罪不只一條，而是多重犯罪的罪犯。陳偉認為治等四人因不符合羣盜最低五人的條件，不當以羣盜論。其購金七兩為死罪購。闕等符合「它邦人□□□盜」的適用條件。于洪濤認為治等應判為盜殺人罪，但賞金以捕羣盜標準發放。闕等以捕外邦人的標準發放賞金，同於抓捕本邦人亡、盜的標準。水間大輔認為兩者皆為捕羣盜，但秦國，按照其羣盜是秦人還是外國人在逮捕羣盜時區別獎賞。換言之，即治闕等皆以羣盜論處。時軍軍則認為拋開購賞金額的疑惑，發現文書中對治闕等人的判決似乎並無疑義，就是羣盜盜殺人的罪名。有疑義的是對尸等人的賞金。〔註322〕筆者認為治闕等人不只犯一條罪，他們除了羣盜盜殺人，還有邦亡等罪。秦國的法律是沒有數罪並罰而是以最重的罪則論處。

三、抓捕本國人購金標準

　　本案例對治等的購賞判決是「治等，審秦殹（也），尸等當購金七兩」對此學界的解釋有二：一是七兩賞金為尸等每人所得的數額；其二是七兩為每逮捕一名罪犯的標準賞金。秦簡中常以第二種形式描述對逮捕罪犯的獎賞，表示每抓捕一名罪犯所獲得的賞金。最後追捕者能得到多少賞金，要看有多少人來分。如《法律問答》簡136載：「夫、妻、子五人共盜，皆當刑城旦，今中（甲）盡捕告之，問甲當購○幾可（何）？人購二兩。」這裡「人購二兩」明顯是捕獲一名罪犯的購金數。又本案簡 36-37：「它邦人□□□盜，非吏所興，毋什伍將長者捕之，購金二兩。」其購金亦是如此。故尸等當購金七兩指尸等每捕到一名罪犯，獲得賞金七兩。

　　如前所述，治闕等羣盜盜殺人，按律活捉羣盜一人，購金十四兩。簡36尸等每捕一名罪犯應得十四兩金，與七兩不符。對此，我們認為治闕等作為一個團體，其羣盜盜殺人的行為是無誤的。但在發放賞金時，由於治等為秦人，闕等為楚人身份不同，法律規定有不同的獎賞。治等四人雖與闕等共同構成羣盜盜殺人的行為，但分開後其人數不足五人，不能以普通羣盜看待。所以闕等十人為羣盜盜殺人無誤，而治等和闕等總數仍屬羣盜殺人。所以亡從羣盜盜殺人的罪名是成立的。如此與判決中整體屬羣盜殺人的行為相

〔註322〕時軍軍：《嶽麓書院藏秦簡三相關問題研究》，鄭州大學碩士論文，2016 年 5
　　　　　月，頁 13～14。

符合。《二年律令‧盜律》：「羣盜及亡從羣盜，毆折人枳肢肤體……盜殺傷人……皆礫。」治等最終刑責是礫。礫是中國五刑之一。即是殘肢刑的一種，屬死罪，即沒有全屍的死刑。值得一提的是嶽麓簡中只要涉及死刑的皆是論礫，可見戰國時的秦在死刑方面，是較殘酷的。

從《嶽麓秦簡》來看，秦的購賞制度相當嚴明，即便是同一個罪名，只要規範條件不同購金也不相同，所以本案針對治閭雖皆為羣盜盜殺的行為，但身份差異，購賞也隨之不同。對治等購金七兩而非十四兩，即是因為人數不足五人，但又夥同閭等十人羣盜盜殺人，以「亡從羣盜盜殺人」為死罪的標準給予購金。

四、抓捕外國人購金標準

本案發生在秦王政二十五年，秦尚未統一中國，其中閭等人為楚人，屬外國人，因此抓捕閭等人的賞金應是「它邦人□□□盜，非吏所興，毋什伍將長者捕之」的條件。陳松長師認為尸等顯然不是「非吏所興」者，即案件中求盜尸等是州陵縣為了追捕治、閭等動員的，並且由獄史騌這一將長帶領的，是「為吏所興，與非吏所興毋什伍將長者捕之」的條件不符。水間大輔認為非吏所興毋什伍，將長者，是用來修飾被抓捕者，其對應他國吏所興的軍隊士兵而言，指以私事來到秦國犯罪的人，羣盜亦當然被包括在其中。進而指出捕閭等符合捕它邦人的條件。

時軍軍認為閭等符合「它邦人□□□盜，非吏所興，毋什伍將長者捕之」的條件，並且非吏所興是針對尸等抓捕者而言。分析《張家山漢墓竹簡（二七四號墓）》：「徹外人來入為盜者，要（腰）斬。吏所興能捕若斬一人，拜爵一級。不欲拜爵及非吏所興，購如律。」（《二年律令》簡61）〔註323〕「羣盜殺傷人，賊殺傷人，強盜，即發縣道，縣道極為發吏徒足以追捕之……興吏徒追盜賊，已令而逋，以畏奰論之。」（《二年律令》簡140-143）〔註324〕「令；所取荊新地多羣盜，吏所興為羣盜遇，去北，以儋乏不斗律論：律：儋乏不斗，斬。」（《奏讞書》簡57-158）〔註325〕

可知以上三條資料所言「吏所興」與「非吏所興」無不是針對實施抓捕

〔註323〕張家山二四七號墓竹簡整理小組：《張家山漢墓竹簡（二四七號墓）》，頁17。
〔註324〕張家山二四七號墓竹簡整理小組：《張家山漢墓竹簡（二四七號墓）》，頁27～28。
〔註325〕張家山二四七號墓竹簡整理小組：《張家山漢墓竹簡（二四七號墓）》，頁104。

的吏徒而言。

再看本案所載「非吏所興，毋什伍將長者」，是否如水間大輔所說與前文「即令獄史驩、求盜尸等十六人追」的記載不符，應指被逮捕者即閬等的組織形式？分析史料，可知獄史驩、求盜尸等追捕犯人是以追捕「盜盜殺傷走馬好等」為行動目的。而後文所言「非吏所興、毋什伍將長者」是說逮捕「它邦人□□□盜」這一行為。兩者在逮捕的對象性質不同，興吏徒的目的不同。

換言之，前文所興吏徒是為了逮捕羣盜治、閬等，並非「它邦人□□□盜」。故而說，文書中所言「非吏所興，毋什伍將長者」指抓捕者，與「即令獄史驩、求盜尸等十六人追」的記載並不衝突，反而是很關鍵的一點。參照《二年律令》簡154-155所載：「吏主若備盜賊，亡人而捕罪人，及索捕罪人，若有告劾非亡也，或捕之而非羣盜也皆非勿購賞。捕罪人弗當，以得購賞而移予它人，及詐偽，皆以取購賞者坐臧（贓）為盜。」〔註326〕可知，官府以捕亡人，盜賊的名義而實施的抓捕行為，如果被捕者並非亡人，羣盜等則不應予捕亡人羣盜的購賞。當然也並不是不給予任何賞金，其購賞當以被捕者實際罪名而定。可見秦漢時期興吏徒是有著明確目的的抓捕行為，某種程度上有軍事動員性，有著嚴格的限定條件。

因而，若以上所論不誤，閬等當以「它邦人□□□盜，非吏所興，毋什伍將長者捕之」的標準發放賞金，購金額每人二兩。然而，文書中所載為三兩。陳松長指出秦漢律中同一罪名由於具體條件的不同，其購賞額往往會出現很大差別。故此處購金三兩或為秦固有賞格〔註327〕。這一解釋對考察秦漢時期的購賞制度無疑具有啟發意義。然而本案所出現的以金為單位的羣盜及死罪購賞皆與〈癸瑣相移謀購案〉中以錢為單位的購賞額相等。故同一案件中，沒理由因金與錢的折算，而使購賞額由二兩變三兩。又從文書中郡縣兩級給出的各種發放購賞條件中，並沒有發現任何指向購金為三兩的理由。且法律文書皆具嚴謹邏輯，故三兩置於本案中顯然不合邏輯。那麼，依據文書所述條件，對判決中的閬等購金三兩最合理的解釋，就是其為當時文吏書

〔註326〕張家山二四七號墓竹簡整理小組：《張家山漢墓竹簡（二四七號墓）》，頁29。

〔註327〕陳松長：〈《嶽麓簡（三）》癸瑣相移謀購案相關問題瑣議〉，《出土文獻與法律史研究（第三輯）》，頁7。

寫時的筆誤。實際上這並不奇怪，古人書寫文書出現失誤在所難免。如本案簡 36 號中「閬等乃羣盜〔盜〕殺好等」，原圖版盜字下並不見有重文符號，或許這就是當時抄手的失誤，但據前後文意，整理者還是補充了盜字。又《二年律令》簡 17「□□□而誤多少其實，及誤脫字，罰金一兩。誤其事可行者，勿論。」〔註328〕可見時人書寫失誤現象並非個案，甚至在漢代曾以律令的形式對誤脫等書寫現象作相應懲罰規定，這反映了其多樣性。

第三節　猩、敝知盜分贓案

壹、前　言

　　本案共十八簡，簡編號為 045—061，是出土材料中少見關於盜墓的案例，主要內容是秦王政二十三年四月江陵丞「文」上讞說明，在秦王政二十二年九月庚子日時，收到要省察江陵獄案件的命令：江陵獄上造「敝」、士伍「猩」知道有人盜墓，分贓。判決結果是「敝」當耐鬼薪，「猩」黥城旦。等到戊午赦，赦為庶人。鞫審後，向上級奏讞。

〔註328〕張家山二四七號墓竹簡整理小組：《張家山漢墓竹簡（二四七號墓）》，頁 20。

圖版 3　〈猩敞知盜分贓案〉

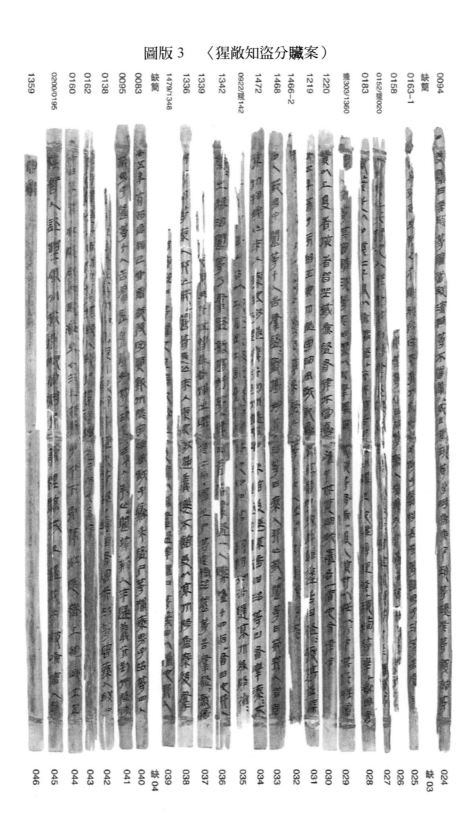

貳、釋　文

●廿（二十）三年四月，江陵丞文敢讞（讞）之：廿（二十）三（二）年九月庚子，令下，劾：掾（錄）江陵獄：上造敢、士五（伍）（044）

猩智（知）人盜椒冢，分臧（贓）。得。敢當耐鬼薪，猩黥城旦。遝戊午赦（赦），為庶人。鞫（045）

審。讞（讞）。（046）

●今視故獄：廿（二十）一年五月丁未，獄史窖詣士五（伍）去疾ㄑ，號曰：載銅。●去疾ㄑ，號曰：號乘輻（047）

之醴陽，與去疾買銅錫冗募樂一男子所，載欲買（賣）。得。它如窖。（048）

●執一男子。男子士五，定名猩。（049）

●猩曰：□□□□□樂，為庸（傭），取銅草中。得。它如號等。（050）

●屖陵獄史民詣士五（伍）達。與猩同獄，將從猩。●達曰：亡，與猩等獵漁。不利，負責（債）。（051）

冗募上造祿等從達等漁，謂達ㄑ，祿等亡居黃（夷）道界中，有廬舍ㄑ，欲毆（驅）從祿ㄑ。達（052）

等從祿。猩獨居舍為養，達與僕徒時（蒔）等謀椒冢，不告猩，冢巳（已）奯，分器，乃告（053）

猩。蒔等不分猩，達獨分猩。它如猩。●猩曰：達等椒冢，不與猩謀。分器，蒔等不分（054）

猩，達獨私分猩。猩為樂等庸（傭），取銅草中。它如達及前。●醴陽丞悝曰：冗募上造敢（055）

【……。●敢曰：……】（缺05）

椒冢者錫。到舍，達巳（已）分錫。達謂敢：巳（已）到前，不到錫。今冢中尚有器，器巳（已）出，買（賣）敢所。時（蒔）（056）

告達，請與敢出餘器，分敢。達曰：發冢一歲矣！今奯，敢乃來，不可與敢。達等相將之水旁，（057）

有頃，來告敢曰：與敢。敢來後，前者為二面，敢為一面。敢曰：若（諾）。皆行，到冢，得錫。敢買及受分。覺，（058）

亡。得。它如達等。●達言如敢。●【問】：達等椒冢，不與猩、敢謀，得衣器告；猩、敢受分，臧（贓）過六百六十錢。（059）

【它】如辤（辭）。●鞫之：達等椒冢，不與猩、敢謀，〔得〕衣器告；

猩、敞受，分臧（贓）過六百六十錢．得猩當黥（060）

城旦，敞耐鬼薪。遝戊午赦（赦）。審。江陵守感、丞暨、史同論赦（赦）
猩、敞為庶人。達等令（？）別（？）論。敢讞（讞）之。（061）

參、彙　釋

一、●廿（二十）三年四月，江陵(1)丞文敢讞（讞）之：廿（二
十）三（二）年九月庚子(2)，令下(3)，劾：掾（錄）(4)江陵獄：上
造敞、士五（伍）猩智（知）人盜掠冢(5)，分臧（贓）(6)。得。敞當
耐鬼薪(7)，猩黥城旦(8)。遝(9)戊午赦（赦）(10)，為庶人(11)。鞫審。
讞（讞）(12)。

（1）江陵

整理小組：秦縣名，見《漢書・地理志》：屬南郡，治今湖北江陵，原為
楚國郢都，秦昭襄王二十九年白起取郢都為南郡，秦置江陵縣也應在此時。
〔註329〕

按：《史記・秦本紀》：「昭襄王二十九年，大良造白起攻楚，取郢為南
郡。」《括地志》註云：「郢城在荊州江陵縣東北六里，楚平王築都之地也。」
〔註330〕又《史記・項羽本紀》：「因立敖為臨江王，都江陵。」《正義》：「江
陵，荊州縣。史記江陵，故郢都也。」〔註331〕，江陵即在荊州，屬南郡。

（2）廿（二十）三（二）年九月庚子

整理小組：秦王政二十三年九月丁卯朔，無庚子日。按，舉劾時間應在
秦讞前，可以確定二十三年九月庚子中必有筆誤。因為審判日期應在事件發
生後，可能性最大者為簡文本當作二十二年承二十三年而致誤。秦王政二十
二年九月壬申朔，庚子為二十九日。〔註332〕

〔註329〕 朱漢民、陳松長主編：《嶽麓書院藏秦簡（叁）》（上海：上海辭書出版社，
　　　　 2013年），頁125。
〔註330〕 〔漢〕司馬遷撰；〔劉宋〕裴駰集解；〔唐〕司馬貞索隱；〔唐〕張守節正義：
　　　　 《史記》，（臺北：鼎文書局，1981年），頁213。
〔註331〕 〔漢〕司馬遷撰；〔劉宋〕裴駰集解；〔唐〕司馬貞索隱；〔唐〕張守節正義：
　　　　 《史記》，頁316。
〔註332〕 朱漢民、陳松長主編：《嶽麓書院藏秦簡（叁）》，頁125。

（3）令下

整理小組：命令被下達。《語書》簡 02：「法律未足，民多詐巧，故後有閒令下者。」〔註333〕

（4）掾（錄）

整理小組：嚴格隸定。「掾」字從彖作「掾」形。按秦漢隸書彖、录兩旁常混用，本簡字「掾」字所從聲符彖其係录旁，如同人名「禄」從彖旁作「掾」形。「掾」字不見於先秦及秦漢文獻，與「錄」字的關係應屬改換形旁，與「讄」字當「瀿」形相似。錄：省察。《漢書·孔光傳》：「成帝初即位，舉為博士，數使錄冤獄，行風俗。」《雋不疑傳》：「每行縣錄囚徒還，其母輒問不疑：有所平反，活幾何人？」顏師古註：「省錄之，知其情狀有冤滯與不也。」

《睡虎地秦簡》也出現過當動詞使用的「掾」形字，似應改釋「掾」，讀為「錄」。《效律》簡 51-53：「官嗇夫貲二甲，令、丞貲一甲；官嗇夫貲一甲，令、丞貲一盾。其吏主者坐以貲、誶如官嗇夫。其它冗吏、令史掾（錄）計者，及都倉、庫、田、亭嗇夫坐其離官屬于鄉者，如令、丞。」同上簡 55：「司馬令史掾（錄）苑計，計有劾，司馬令史坐之，如令史坐官計劾然。」〔註334〕

張岩岩：此字，整理者說不見於先秦及秦漢文獻不確，此字還見於睡虎地秦簡（睡效五二）、（睡效五五）。《睡虎地秦簡》整理小組隸定為「掾」，并注：「掾，（音院），一種屬吏」。也見於張家山漢簡（奏讞書七五），整理小組隸定為「掾」。本案中的，也應隸定為「掾」。《二年律令·興律》簡397有「二千石官丞謹掾，當論，乃告縣道官以從事。」王偉先生認為從《興律》此簡文意来看，二千石臣「謹掾」的職責是獨立的，並無「佐助」的意味，這裏的「掾」可解為「審核」、「核查」，大概與古漢語「案」字意思接近。本案中「掾」也應當解釋為「審核」。〔註335〕

張韶光：「掾」在《睡虎地秦簡》中也有出現，《效律》簡55：「司馬令史掾苑計，計有劾，司馬令史坐之，如令史坐官計劾然。」……本案中的「掾」

〔註333〕朱漢民、陳松長主編：《嶽麓書院藏秦簡（叁）》，頁 125。
〔註334〕朱漢民、陳松長主編：《嶽麓書院藏秦簡（叁）》，頁 125。
〔註335〕張岩岩：《《嶽麓書院藏秦簡》（三）第一類簡集釋》（武漢：武漢大學碩士論文，2014 年），頁 42。

當與此類似，也可見秦代案卷審查的制度也較為完善。〔註336〕

按：「捸」字考之圖版為「⿰」，亦見於〈暨過誤失坐官案〉簡96「⿰」，整理小組皆釋為「錄」當「省察」之意。並說此字不見於先秦和秦漢文獻，張岩岩及張韶光皆認為不確，並舉《睡虎地秦簡・效律》簡55之例說明之，考之圖版，《睡虎地秦簡・效律》簡55的圖版為「⿰」〔註337〕，將此字釋同掾，《說文・手部》：「掾，緣也。从手，彖聲。」，段玉裁注：「掾者，緣其邊際而陳掾也。陳掾猶經營也。……漢官有掾屬。正曰掾。副曰屬。」考之《異體字字典》，捸為掾的異體字〔註338〕。但整理小組是將此字釋為捸，若是此字，先秦典籍確實未見。整理小組認為和讞一樣是部首不同，但意思一樣，釋為「錄」。筆者從圖版觀之，《嶽麓書院藏秦簡（壹）・占夢書》「緣木生長繁華」中「緣」字的圖版為⿰〔註339〕，本案中有禄字當人名的，簡053「等從禄」⿰，簡052「上造禄」⿰、「禄等亡居夷道」⿰、「欲毆從禄」⿰。從上下文觀之，「捸」的上字為「劾」，劾，《說文・力部》：「法有辠也，从力亥聲。胡槩切。」劾即法辦有罪之官員，「捸」當釋為「掾」，為主事者，掾指的是江陵獄的主事審理此案之官員。

（5）盜埱冢

整理小組：埱冢，挖墓。《法律問答》簡028「盜埱厓」，睡虎地秦簡的整理小組註：「叔音觸，說文：氣出土也。歷代註釋者沒有適當的解釋。簡文此字（中略）是挖掘的意思。」或以為「气」「穵」形近，《說文》「气」字即「穵」之誤。」

閆曉君：漢律有盜墓即所謂的「盜發冢」犯罪，與羣盜強盜一體治罪，處以磔刑。而唐律規定：「諸發冢者，加役流；已開棺槨者，絞；發而未徹者，徒三年。」區分不同犯罪情節，分別予以處罰，也要比漢律細密。〔註340〕

〔註336〕張韶光：《《嶽麓書院藏秦簡（叁）》集釋》（吉林大學古籍研究所碩士論文，2017年4月），頁98。

〔註337〕張守中：《睡虎地秦簡文字編》（北京：文物出版社，1994年），頁182。

〔註338〕異體字字典，http://dict.variants.moe.edu.tw/variants/rbt/word_attribute.rbt？quote_code=QjAxMzQ5。

〔註339〕朱漢民、陳松長主編：《嶽麓書院藏簡（壹）》（上海：上海辭書出版社，2010年12月），頁154。

〔註340〕閆曉君：〈秦漢盜罪及其立法沿革〉《法學研究》（2004年第6期）。

彭浩、陳偉、工藤元男：《說文》：「塚，高墳也。」可參考《龍崗秦簡》一二一號簡「侵食塚廬」、一二四號簡「人塚，與盜田同法」。《淮南子‧氾論》：「天下縣官曰：『發墓者誅，盜竊者刑。』」〔註341〕

方勇、侯娜：「埱」字本身所從「叔」旁就表示以弋掘地之義，加土旁為其會意之用。〔註342〕

水間大輔：盜墓在盜出財物一點上與盜竊相似，但《淮南子‧氾論訓》云：天下縣官曰：「發墓者誅，盜竊者刑。」據此，一方面，至少在漢代，盜掘似與盜竊有明確區別。並且，據這條記載，漢代似將盜掘墳墓處以死刑。秦律如何處理盜掘墳墓之罪，未詳。〔註343〕

張韶光：「埱冢」就是盜墓。在秦代，對「盜墓」的論處，龍崗秦簡簡124：「人冢，與盜田同瀳（法）。」也就是說，盜墓會按照盜田論處。……漢初，盜墓會被處以磔刑。可見漢對盜墓的判罰較秦有所加重。〔註344〕

按：《說文》：「⟨气⟩气，雲气也。象形。」說，《說文》：「⟨宆⟩宆，空大也。從穴，乙聲。」從《說文》中的字形來看，此二字並無形近，故整理小組此說稍嫌牽強。《說文》：「埱，气出土也。一曰始也。從土，叔聲。」，又章太炎《新方言‧釋言》：「今語謂通氣為埱氣，穿出為埱出，發越為埱發，埱，佗侯切，通以透字為之。」穿透。通「透」。若「埱」當「穿透」，那麼「埱冢」便可解釋為「挖墓」。

（6）分臧（贓）

整理小組：分贓，秦律罪名，或稱「受分」，分取贓款或贓物。《法律答問》簡009：「甲盜，臧（贓）直（值）千錢，乙智（知）其盜，受分臧（贓）不盈一錢。問：乙可（何）論？同論。」《二年律令》簡057：「智（知）人盜與分，皆與盜同瀳（法）。」〔註345〕

堀毅：如果事後參與分贓，則未直接參加偷盜者也得同偷竊者受同等處

〔註341〕彭浩、陳偉、工藤元男：《二年律令與奏讞書》（上海：上海古籍出版社，2007年），頁117。

〔註342〕方勇、侯娜：〈讀秦漢簡札記四則〉《古籍整理研究學刊》（2009年第4期）。

〔註343〕水間大輔：〈嶽麓三所見的共犯處罰〉《華東政法大學學報》（2014年第2期），頁43。

〔註344〕張韶光：《《嶽麓書院藏秦簡（叁）》集釋》，頁99。

〔註345〕朱漢民、陳松長主編：《嶽麓書院藏秦簡（叁）》，頁125。

罰。〔註346〕

　　按：「臧」的解釋在〈癸、瑣相移謀購案〉中已有詳細討論，本案主要討論的是「分贓」，整理小組提出《法律答問》「乙智（知）其盜，受分臧（贓）不盈一錢。問：乙可（何）論？同論。」，二年律令：「智（知）人盜與分，皆與盜同灋（法）」，堀毅的看法與整理小組同。但本案最後針對猩、敞知盜分贓進行的討論判決，並未提及達等人有實際盜墓者說明其獲判何種罪刑，只有說「令別論」，但從律令觀之，盜墓是磔刑，達等人應被論磔，但本案中猩和敞不但沒有被判磔刑，猩黥城旦，敞耐鬼薪。還遇到赦只成庶人。若分贓與盜同罪，這些人應該要一起論處，故將於本案的相關問題研究進行深入探討。

（7）耐鬼薪

　　整理小組：又稱耐為鬼薪或耐以為鬼薪，秦及漢初律特有的複合刑之一。專用於葆子以及上造以上特權身份。可以參看《二年律令》簡082。敞與猩在量刑上的差異來自二者的身份差距，敞為上造，猩為士伍。」〔註347〕

　　按：考之文獻，《史記秦・始皇本紀》：「及其舍人，輕者為鬼薪。」〔註348〕《漢書・惠帝紀》：「上造以上及內外公孫耳孫有罪當刑，及當為城旦舂者，皆耐為鬼薪白粲。」〔註349〕鬼薪白粲是一種男犯上山砍柴、女犯擇米的徒刑。鬼薪，指男犯要為祭祀鬼神而去上山砍柴；白粲，即是女犯要為祭祀鬼神擇米做飯。《漢書・高惠高后文功臣表》：「元朔二年，坐教人上書枉法，耐為鬼薪。」〔註350〕秦漢時，強制男性罪犯服勞役的刑罰。勞動範圍廣泛，包括從事土木工程或製作器物等。在勞役刑罰等級上次於城旦。《睡虎地秦墓竹簡・秦律雜抄》：「有為故秦人出、削籍，上造以上為鬼薪，公士以下刑為城旦。」

（8）黥城旦

　　整理小組：又稱「黥為城旦」或「黥以為城旦」。秦及漢初特有的複合

〔註346〕堀毅：《秦漢法制史論考》（北京：法律出版社，1988年），頁240。
〔註347〕朱漢民、陳松長主編：《嶽麓書院藏秦簡（叁）》，頁125。
〔註348〕〔漢〕司馬遷撰；〔劉宋〕裴駰集解；〔唐〕司馬貞索隱；〔唐〕張守節正義：《史記》，頁227。
〔註349〕〔漢〕班固撰；〔唐〕顏師古注：《漢書》（臺北：鼎文書局，1986年），頁85。
〔註350〕〔漢〕班固撰；〔唐〕顏師古注：《漢書》，頁587。

刑之一。黥,肉刑,在面額等刺刻塗墨;城旦,刑徒身份,剝奪財產權等多種重大行為能力,並終身科以重勞動。《二年律令》簡 055-056:「盜臧(贓)直(值)六百六十錢,黥為城旦舂;六百六十到二百廿錢,完為城旦舂;不盈二百廿到百十一錢耐為隸臣妾,不盈百一十到廿二錢,罰金四兩;不盈廿二錢到一錢,罰金一兩。」〔註351〕

按:黥城旦,見於古籍《史記・秦始皇本紀》:「下令三十日不燒,黥為城旦。」〔註352〕,又《睡虎地秦墓竹簡・秦律十八種・倉律》:「城旦之垣及它事而勞與垣等者,旦半夕參。」可見「黥為城旦」是秦漢時強制男性罪犯服勞役的一種刑罰。勞動範圍廣泛,包括築城工事或製作器物等,是秦漢勞役刑中最重的一級。「黥為城旦」在《嶽麓書院藏秦簡(叁)》中,出現三次,分別是本案的簡 45 和簡 61。〈芮盜賣公列地案〉簡 87「令黥芮為城旦」;〈多小未能與謀案〉簡 094「或曰黥為城旦」。

(9)逮

整理小組:逮,及,即趕上,遇到。〔註353〕

張伯元:作為一般詞語,有兩種用法:一迨也,及也。一同沓,如雜逮。……「逮」的第三種用法,同「逮」,表拘捕、捕捉之義。……「逮」,也可以看做是逮書的省寫,也就是拘捕令。……「逮書」是漢代法律專用術語,所指逮捕命令,或移獄文書。〔註354〕

彭浩、陳偉、工藤元男:「逮」、「捕」有別。蓋搜捕轄域內涉案人員為「捕」,傳訊轄域外人員為「逮」。〔註355〕

張韶光:逮有多種用法,但此處當解釋為「及」。相似的用法在睡虎地秦簡中也有出現,《秦律十八種》簡 105:「器敝久恐靡者,逮其未靡,謁更其久。」整理小組注:「逮(音帶),《方言》:『及也。』」〔註356〕

〔註351〕朱漢民、陳松長主編:《嶽麓書院藏秦簡(叁)》,頁 125。
〔註352〕〔漢〕司馬遷撰;〔劉宋〕裴駰集解;〔唐〕司馬貞索隱;〔唐〕張守節正義:《史記》,頁 255。
〔註353〕朱漢民、陳松長主編:《嶽麓書院藏秦簡(叁)》,頁 126。
〔註354〕張伯元:〈秦簡法律術語零拾四則〉,《出土法律文獻研究》(北京:商務印書館,2005 年),頁 224。
〔註355〕彭浩、陳偉、工藤元男:《二年律令與奏讞書》(上海:上海古籍出版社,2007年),頁 368。
〔註356〕張韶光:《《嶽麓書院藏秦簡(叁)》集釋》,頁 101。

按：遝當「及」，參見《說文》：「遝，迨也。从辵，眔聲。」段玉裁《說文解字注》：「迨也。廣韵：迨遝，行相及也。《文賦》：紛蔵蕤以馺遝。《方言》：迨遝，及也。東齊曰迨，關之東西曰遝，或曰及。」〔註357〕，遝在《嶽麓書院藏秦簡（叁）》中凡九見，請參閱下表：

表10：遝

NO	簡編	案　　例	釋　　文
1	045	猩、敞知盜分贓案	遝戊午
2	061	猩、敞知盜分贓案	遝戊午
3	095	暨過誤失坐官案	相遝贏論
4	099	暨過誤失坐官案	相遝不贏
5	100	暨過誤失坐官案	不當相遝
6	105	暨過誤失坐官案	皆相遝
7	203	田與市和奸案	貨毋智以後遝
8	204	田與市和奸案	[遝]己巳赦
9	207	田與市和奸案	遝己巳赦

由上表觀之，「遝」在《嶽麓書院藏秦簡（叁）》中皆當「及」，且此兩案皆涉及了赦免，因此當「及」較為適宜。

（10）戊午赦（赦）

整理小組：赦，《說文·攴部》「赦」字或體。詔令以頒佈日的干支命名之例見《居延漢簡》甲渠候出土的所謂「元康四年賜爵令」162.6＋162.14：「☑令賜一級，元康四年令～出☑□冊（四十）七　公乘鄴宋里戴通　卒　故小男，丁未、丁未、丙辰、戊寅、乙亥、癸巳、癸酉令賜各一級，丁巳令賜一級。」〔註358〕

張韶光：《司市》曰：「國君過市則刑人赦。」孫怡讓《周禮正義》說：「刑人謂市人之犯大刑者，即上云‘其附於刑者歸於士’是也。國君過市時，適遇有當附刑之人，則赦之。〔註359〕

〔註357〕〔漢〕許慎撰，〔清〕段玉裁注，《說文解字注》（臺北：黎明文化事業股份有限公司，1972年），頁17。
〔註358〕朱漢民、陳松長主編：《嶽麓書院藏秦簡（叁）》，頁125。
〔註359〕張韶光：《《嶽麓書院藏秦簡（叁）》集釋》，頁101。

　　按：《漢書・高帝劉邦紀》：「上還至雒陽，赦韓信，封為淮陰侯。」
〔註360〕赦即寬免應得的刑罰。「赦」在《嶽麓書院藏秦簡叄》中出現五次，
在本案簡 45，61 外，尚出現在《田與市和奸案》簡 203、204、207，詳見
上一個彙釋「遷」中的表格。

（11）庶人

　　整理小組：身份泛稱，相當於百姓、平民。《二年律令》：「奴與庶人奸，
有子，子為庶人。」律文多與刑徒，奴婢相對而言。《二年律令》簡 204-205：
「捕盜鑄錢及佐者死罪一人，予爵一級。其欲以免除罪人者，許之。捕一
人，免除死罪一人，若城旦舂、鬼薪白粲二人，隸臣妾、收人、司空三人，
以為庶人。」同上簡 162-163：「奴婢為善而主欲免者，許之。奴命曰私屬，
婢為庶人，皆使及箄（算）事之如奴婢。主死若有罪，以私屬為庶人，刑者
以為隱官。」錢大昕《廿二史考異・光武帝紀下》：「凡律言庶人者，對奴婢
及有罪者而言。」〔註361〕

　　曹旅寧：「庶人」是一個有別於常人、奴婢、刑徒享有不同法律地位及
權力階層的法律概念，……「庶人」的來源有三，一由親屬贖身的奴婢，二
是赦免的罪犯，三是主人放免的奴婢。〔註362〕

　　呂利：秦漢帝國初期，庶人是因出生或刑徒、收人、奴婢通過贖、免、
赦等方式獲得的自由人男女的階等身份。……與其說「庶人」是一個社會階
層，不如說是一種過渡性的身份。〔註363〕

　　按：庶人一詞，在《嶽麓書院藏秦簡（叄）》分別出現在本案簡 045「遷
戌午赦為庶人」及《識劫婉案》簡 113「免婉為庶人」，126「免婉為庶人」，
131「免婉為庶人」，135「為庶人」，136「或曰婉為庶人」中，在這兩案的「庶
人」皆是由奴隸階層被赦或被免的，並非指平民，而是曹旅寧和呂利所探討
的特別社會階層，是介於平民和奴隸之間的過渡身份。

（12）鞫審。灊（讞）

　　整理小組：針對下級機關的指示，意思為審問明白之後的來示。《法律問

〔註360〕〔漢〕班固撰；〔唐〕顏師古注：《漢書》，頁 59。
〔註361〕朱漢民、陳松長主編：《嶽麓書院藏秦簡（叄）》，頁 126。
〔註362〕曹旅寧：〈秦漢簡牘中的「庶人」身份及法律地位問題〉《咸陽師範學院學報》
　　　　　（2007 年 6 月第 3 期），頁 13。
〔註363〕呂利：〈庶人考論〉《社會科學家》（2010 年第 10 期），頁 44。

答》簡 053：「有投書，勿發，見輒燔之；能捕者購臣妾二人，繫投書者，鞫審讞之。」〔註364〕

本段內容為秦王政二十三年四月，江陵丞文向上奏讞，在秦王政二十二年九月時，郡的命令下達，舉劾江陵獄主審官員案件：上造敞，士伍猩知道有人盜墓，並分贓。被捕獲後，敞耐為鬼薪，猩黥城旦。等到戊午赦令，免為庶人。鞫審之後，向上級請示。

二、●今視故獄（1）：廿（二十）一年五月丁未，獄史（2）窣詣士五（伍）去疾、號曰：載銅。●去疾，號曰：號乘軺（3）之醴陽（4），與去疾買銅錫（5）冗募（6）樂一男子（7）所，載欲買（賣）。得。它如窣。●執（8）一男子。男子士五，定名（9）猩。

（1）視故獄

整理小組：查看，查閱。《封診式》簡 68：「診必先謹審視其迹。」視故獄：查閱原案。《奏讞書》簡 099：「覆視其故獄。」〔註365〕

李學勤：「視其故獄」，是查閱原審的案卷。〔註366〕

鄔勖：審閱已有案卷的意思，與《奏讞書》案例 17 的「覆：視其故獄」、《嶽麓簡（叁）》案例 11 的「覆：視其獄」形式相近但涵義有別，不說「覆」表明其並非真正的覆獄案件，即將原案整個地轉交給另一批官吏來辦理的案件。〔註367〕

蘇俊林：「覆視其故獄」就行為內容看是重新審核奏讞案件的具體內容，從行事方式看是審核奏讞案件的原有案卷。如此，「獄」字兼有了「案件的具體內容」和「記載案件具體內容的案卷（文書）」兩層意思。……「故獄」、「獄」可能是先前審理或判決案件的記錄文書，故以「故獄」、「獄」代稱之。〔註368〕

按：視故獄，「視」乃察看、觀察。如：「視察」、「巡視」。《論語·為政》：

〔註364〕朱漢民、陳松長主編：《嶽麓書院藏秦簡（叁）》，頁 126。
〔註365〕朱漢民、陳松長主編：《嶽麓書院藏秦簡（叁）》，頁 126。
〔註366〕李學勤：〈奏讞書解說下〉《文物》（1995 年第 3 期）。
〔註367〕鄔勖：《秦地方司法諸問題研究》（上海：華東政法大學法律史博士論文，2014年 5 月），頁 84。
〔註368〕蘇俊林：〈秦漢時期的「狀」類司法文書〉《簡帛（第九輯）》（上海：上海古籍出版社，2014 年），頁 308。

「視其所以，觀其所由，察其所安，人焉廋哉，人焉廋哉？」《管子·四時》：「令有時，無時則必視，順天之所以來。」「獄」是訴訟案件，《左傳·莊公十年》：「小大之獄，雖不能察，必以情。」視故獄即是察看先前的訴訟案件。

（2）獄史

整理小組：縣屬吏，負責刑事案件的搜查，預審以及其他治安工作。《後漢書·百官志》劉昭引《漢官》：「洛陽令秩千石…（中略）…鄉有秩，獄史五十六人，佐史、鄉佐七十七人，斗食令史、嗇夫、假五十人。」〔註369〕《奏讞書》簡075：「求盜甲告曰：從獄史武備盜賊。」《魏盜殺安、宜等案》簡169，獄史觸又稱「為令史廿（二十二）歲」，似乎秦國令史未曾分化，獄史實為令史，「獄」字僅表示其所擔當的業務範圍。〔註370〕

閆曉君：縣令屬吏（省略）負責起草法律文書，備盜賊、審理案件等。〔註371〕

水間大輔：獄史在秦漢時期縣級司法實務的運作中佔有重要地位，他們活躍在偵查、逮捕、訊問、逮捕、詢問查封等各個環節，甚至可以以起草判決原案的形式參與最終判決，其職務涵蓋的廣泛性超過縣令、令等長吏。可以說，在縣級進行的是「獄吏主導型」的治獄。〔註372〕又獄史雖然接受令和丞的指揮，但是丞是其直接上司。〔註373〕

朱紅林：獄史不但參與審判，抓差辦案的也多由獄史承擔。……獄史有時可能只是一個統稱，其實際職務也可能是獄官系統的令史。〔註374〕

張韶光：從現有材料來看，獄史負責起草法律文書、審理案件等工作，與令史的工作有重合的部分，但令史與獄史是否為一職還有待討論。《獄麓書

〔註369〕〔劉宋〕范曄撰；〔唐〕李賢等注；〔晉〕司馬彪補志：《後漢書》，（臺北：鼎文書局，1981年），頁3623。

〔註370〕朱漢民、陳松長主編：《嶽麓書院藏秦簡（叁）》，頁126。

〔註371〕閆曉君：〈張家山漢簡奏讞書考釋（一）〉，張懋鎔、王震中、田旭東、宮長為編：《追尋中華古代文明的蹤跡——李學勤先生學術活動五十年紀念文集》（上海：復旦大學出版社，2002年），頁77。

〔註372〕水間大輔：〈秦漢時期縣獄史的職責〉《出土文獻與法律史研究（第一輯）》（上海：上海人民出版社，2012年），頁201。

〔註373〕水間大輔：〈秦漢縣獄吏考〉《漢代城市和聚落考古與漢文化》（北京：科學出版社，2012年），頁423。

〔註374〕朱紅林：〈史與秦漢之際之決獄制度〉（法律史學會2016年會論文集，2016年），頁413~414。

院藏秦簡（肆）》簡334：「●獄史、令史、有秩吏及屬、尉佐以上，二歲以來新為人贅壻者免之。」從中可見，獄史與令史是兩個職官，所以令史與獄史為一職有待討論。〔註375〕

　　按：「獄史」一詞，《史記·項羽本紀》：「陳嬰者，故東陽令史，居縣中，素信謹，稱為長者。」《正義》：「楚漢春秋云東陽獄史陳嬰。」〔註376〕《漢書·項籍傳》：「請蘄獄掾曹咎書抵櫟陽獄史司馬欣」〔註377〕，《漢書·路溫書傳》：「稍習善，求為獄小吏，因學律令，轉為獄史，縣中疑事皆問焉。」〔註378〕《漢書·于定國傳》：「于定國字曼倩，東海郯人也。其父于公為縣獄史，郡決曹，決獄平，羅文法者于公所決皆不恨。」〔註379〕，傳世文獻中，《史記》張守節正義認為「獄史」和「令史」是一樣的，但《漢書》中的「獄史」就都是跟斷案、決獄有關的官吏。《嶽麓書院藏秦簡叁》凡九見，詳見下表：

表11：獄史

NO	簡編	案　例	釋　文
1	047	猩、敞知盜分贓案	獄史窣
2	051	猩、敞知盜分贓案	獄史民
3	084	芮盜賣公列地案	獄史豬
4	142	同、顯盜殺人案	獄史
5	147	同、顯盜殺人案	獄史能得微難獄
6	151	魏盜殺安、宜等案	獄史彭沮レ衷
7	154	魏盜殺安、宜等案	獄史觸與彭沮
8	168	魏盜殺安、宜等案	獄史彭沮レ衷
9	192	田與市和奸案	獄史相

　　上表中的獄史，工作內容很多，有偵查、逮捕、訊問、逮捕、詢問查封，而〈同、顯盜殺人案〉和〈魏盜殺安、宜等案〉中的獄史就是因為破獲微難

〔註375〕 張韶光：《《嶽麓書院藏秦簡（叁）》集釋》，頁104。
〔註376〕 〔漢〕司馬遷撰；〔劉宋〕裴駰集解；〔唐〕司馬貞索隱；〔唐〕張守節正義：《史記》，頁298。
〔註377〕 〔漢〕班固撰；〔唐〕顏師古注：《漢書》，頁1796。
〔註378〕 〔漢〕班固撰；〔唐〕顏師古注：《漢書》，頁2367。
〔註379〕 〔漢〕班固撰；〔唐〕顏師古注：《漢書》，頁3041

獄得到表揚。因此戰國時秦國的「獄史」應如水間大輔之研究，在縣級進行的是「獄史主導型」的治獄。

（3）醴陽

整理小組：秦縣名，不見於《漢書・地理志》，《奏讞書》簡 069 有「醴陽令」，整理小組註：「醴疑讀為澧，縣在澧水之陽，屬南郡。」〔註 380〕

按：醴陽在《嶽麓書院藏秦簡（叁）》中只出現在本案，《里耶秦簡》J⑧2319：「☑巳醴陽丞☑⊿☑劾令史佗☐☑⊿☐☐疵誠不☑⊿☑☐☐☑⊿」〔註 381〕，整理者並未對「醴陽」註解。從《嶽麓書院藏秦簡（叁）》案例發生地點來看，應屬南郡。

（4）銅鍚

整理小組：疑讀為鏐，銅之美者。按「銅鍚」「鍚」簡 048，056，058 均與前文簡 047「載銅」相應，應指盜墓所出土的青銅器。《說文・玉部》：『鏐，金之美者。』《爾雅・釋器》：『黃金謂之鏐。』師獸簋：「十五鍚（鏐）鍾。」〔註 382〕

方勇：簡文中的「鍚」字，分別作 鍚、鍚、鍚、鍚、鍚 諸形，……秦漢時期古人確實是時常將「昜」訛寫成「易」形，……簡文中的「銅」、「鍚（鍚）」應指古墓中被盜掘的銅器和鍚器。〔註 383〕

張岩岩：鍚，青銅的一種，常用在車馬器上，不是很貴重，與本案盜墓案情不符。另外秦漢簡帛文字中「昜」與「易」二形往往混用無別，「鍚」改釋為「鍚」應該沒有問題，方勇先生的意見可從。里耶簡 J⑧2227「買請銅鍚」，《校釋》將「鍚」釋為「鍚」，可參考。〔註 384〕

按：簡 056 出現三個鍚字，分別是 鍚，鍚，鍚，只有第二個字是

〔註 380〕朱漢民、陳松長主編：《嶽麓書院藏秦簡（叁）》，頁 126。
〔註 381〕陳偉：《里耶秦簡牘校釋（第一卷）》（武漢大學出版社，2012 年 1 月），頁 458。
〔註 382〕朱漢民、陳松長主編：《嶽麓書院藏秦簡（叁）》，頁 126。
〔註 383〕方勇：〈讀嶽麓秦簡叁札記一則〉《簡帛網》，20140221 首發。
〔註 384〕張岩岩：《《嶽麓書院藏秦簡》（三）第一類簡集釋》，頁 45。

錫，其他二字皆為錫，簡 058 的錫字為錫，簡 048 的錫字為錫，簡文中之錫字字形，右邊「易」很明確，只有簡 056 的第二個錫字訛成錫，其他都是錫字。考之文獻，錫有二義，一為馬額上的金屬飾物，行動時會發出聲響。《左傳·桓公二年》：「錫鸞和鈴，昭其聲也，錫在馬，鸞在鑣和，在衡鈴，在旂動，皆有鳴聲。」〔註 385〕另一解為：珤盾背上的金屬飾物。《禮記·郊特牲》：「朱干設錫，冕而舞大武，乘大路，諸侯之僭禮也。」漢·鄭玄·注：「干，盾也；錫，傅其背如龜也。」〔註 386〕，從簡文中上下文來看，若以第二解來看，釋為金屬飾物，似乎亦可。錫字《說文》不錄，《說文》：「鍚，馬頭飾也。從金陽聲。《詩》曰：『鉤膺鏤鍚。』一曰鍱，車輪鐵。」與章切。徐鉉等曰：今經典作鍚。」《廣雅·釋器》：「赤銅謂之鍚」。「鍚」又書作「昜」，「昜」應為「鍚」之初文，「昜」多見於甲骨文和金文，甲骨文《合集》11499 正：「大改（啟），昜（暘、陽）」，《合集》20631：「才（在）昜」。《永盂》：「昜（賜）畀師永厥田：涾（陰）昜（陽）洛疆罘師俗父田」（西周中期集成 10322）《五年師旋簋》：「昜登」，即銅兜（西周晚期集成 4261），《伊簋》：「對昜（揚）天子休」（西周晚期集成 4287），《沈兒鎛》：「中（終）翰且昜（揚）」（春秋晚期集成 203）。錫在本案指隨葬的金屬飾物，主要成份為銅。

（5）冗募

整理小組：冗募，身份。《秦律雜抄》簡 35「冗募歸」，整理小組註：「意即眾募，指募集的軍士。《漢書·趙充國傳》稱為『應募』。」〔註 387〕

孫言誠：冗募是兩種人，冗是冗邊者，募是應募而從軍戍的。……冗邊的人有兩種情況：一種是有適罪的，因罪罰充冗邊；一種是贖身的，用冗邊五歲來贖免親屬中的一個隸妾。〔註 388〕

陳偉：冗募是一事抑或二事，尚待考。冗募者為「戍卒」。則透過本簡（里耶秦簡 J8-131）可知。〔註 389〕

〔註 385〕〔清〕阮元審定，盧宣旬校：《左傳·桓公二年》（《重刊宋本十三經注疏》（臺北：藝文印書館，1965 年，），頁 94。

〔註 386〕〔清〕阮元審定，盧宣旬校：《禮記·郊特牲》，頁 487。

〔註 387〕朱漢民、陳松長主編：《嶽麓書院藏秦簡（叁）》，頁 126。

〔註 388〕孫言誠：《簡牘中所見秦之邊防》，（中國社會科學院研究生院研究生畢業論文，1981 年），頁 30。

〔註 389〕陳偉：《里耶秦簡牘校釋（第一卷）》（武漢大學出版社，2012 年 1 月），頁 70。

　　沈剛：冗募的工作是兵役而非勞役。「募」在文獻中可以比照的是西漢趙充國的例子，為軍士自不待言。關於冗，一是簡牘明確指出是冗戍。二是冗邊雖然不包括謫罪，但是秦漢時期的謫罪主要是戍邊。〔註390〕

　　張韶光：對冗募的身份，目前有三種觀點：一、冗募是募集的軍士；二、冗募包括服勞役和兵役兩種情況；三、認為冗募只服兵役。〔註391〕

　　按：「冗募」在本案例出現三次，分別是簡48「冗募樂」、簡52「冗募上造祿」和簡55「冗募上造敵」，案例中並無說明樂的身份為何？但他有手下猩。顯見身份地位應不是一般人，而上造祿和上造敵，皆是有爵位的「上造」。《睡虎地秦簡》將「冗募」解為「募集軍士」，《里耶秦簡》J⑧131「☑冗募群戍卒百卌三人」明顯指出是跟戍邊有關的身份。因此我們可以猜測，本案的三位都有戍邊的身份，樂的身份不明，但祿本身應是有罪的，他的「冗募」應是「有罪充邊」，但逃走了，才會「亡居夷道界中」跟著士伍達捕漁為生，而敵的「冗募」是什麼？案例中有缺簡，故不清楚其自述為何？只知道他買贓並分贓。冗募應該是跟戍邊有關的一種帶罪的身份。

（6）樂一男子

　　整理小組：樂一男子，樂（手下）的一名男性，即猩。按，後文簡055稱「猩為樂等庸（傭）」（簡050略同），可知樂手下的猩是去疾、號的載銅案與猩、敵分贓案之間的橋樑。〔註392〕

　　按：從案例分析，樂一男子指的是猩，猩在本案中並無參與盜墓，只有分贓和銷贓。因此被判黥城旦，後赦為庶人。

（7）執

　　劉海年：執，《說文》：「握持也。」秦律中的「執」是司法機構以強制手段拘傳被告人，類似現代的拘留。秦簡《封診式》中不少式例的被告人是由官吏「執」到宮廷審訊的。……從案情看，無論被縛詣或被執的人，一般都會定罪和處以刑罰。〔註393〕

　　按：執，拘捕、捉拿。見《詩經·大雅·常武》：「鋪敦淮濆，仍執醜虜。」

〔註390〕沈剛：〈里耶秦簡所見戍役種類辨析〉《簡帛研究二〇一五（秋冬卷）》（桂林：廣西師範大學出版社，2015年），頁97。
〔註391〕張韶光：《《嶽麓書院藏秦簡（叄）》集釋》，頁106。
〔註392〕朱漢民、陳松長主編：《嶽麓書院藏秦簡（叄）》，頁126。
〔註393〕劉海年：《戰國秦代法制管窺》（北京：法律出版社，2006年3月），頁182。

《左傳‧僖公五年》：「遂襲虞，滅之，執虞公及其大夫井伯。」

（8）定名

整理小組：定，審定、確定。《管子‧九守》：「脩〔循〕名而督實，按實而定名。」（「循」字據黎翔鳳《管子校注》訂正）《封診式》簡40：「其定名事里。」居延漢簡239.46：「鞫觳（繫）書到，定名縣爵里年☑。」此處「定名」用作名詞，應指戶籍上的正式名字。此簡為繫（拘管）猩的記錄，即《奏讞書》簡076、078所謂繫牒。繫牒比較完整的文字形式應如下引居延漢簡13.6：

戍卒東郡畔戍里斬龜

坐廼四月中不審日行道到屋蘭界中，與戍卒函何陽爭言，鬥以劍擊

傷右手指二所。●地節三年八月己酉械繫。〔註394〕

高恆：所謂「名事爵里」，即確定當事人的姓名、年齡、籍貫等基本情況。……早在秦時，就將「定名事爵里」定為審問案件的一項內容。所以《秦簡‧封診式》中有關函調文書格式都將「定名事里」列為調查的基本項目，……秦時僅問當事人的姓名、職業、籍貫住址，而漢時則需要問「名、爵、縣里、年、姓、官、祿」等項。〔註395〕

黃傑：繫牒應當是拘繫罪犯的文書，推測應當包含對繫者身份、因何被繫等情況的說明。……是奏讞書的一部分，沒有獨立性，似非繫牒。〔註396〕

張韶光：所謂定名，即「定名事里」。所謂「定名事里」，是指確定被捕之人的姓名、年齡、籍貫等基本情況。官府核實這些信息往往會採取向被捕之人戶籍所在地發文書的形式，由當地人核實之後，再以文書的形式回復。〔註397〕

按：「定名」一詞出現三次，分別是本案的簡49「定名猩」，〈魏盜殺安、宜等案〉簡158「定名魏」，〈學為偽書案〉簡223「定名學」。此三案件都是犯人的真實姓名。睡虎地秦簡《封診式》簡6-7：「敢告某縣主：男子某有鞫，辭曰：『士五（伍），居某里。』可定名事里，所坐論云可（何），可（何）罪

〔註394〕朱漢民、陳松長主編：《嶽麓書院藏秦簡（叄）》，頁126。

〔註395〕高恆：《秦漢簡牘中法制文書輯考》（北京：社會科學文獻出版社，2008年），頁445。

〔註396〕黃傑，〈《嶽麓書院藏秦簡（叄）》釋文注釋商補〉（簡帛網 http：//www.bsm.org.cn/，2013年9月13日）。

〔註397〕張韶光：《《嶽麓書院藏秦簡（叄）》集釋》，頁108。

赦，或覆問毌（無）有，遣識者以律封守，當騰，騰皆為報，敢告主。」整理
小組注：「事，《說文》：『職也。』名事里，姓名、身份、籍貫。《居延漢簡》
二三九‧四六有『鞠繫、書到，定名縣爵里。』」說明戶籍所在地吏員在收到
縣要求「定名事里」的文書之後，派人前去調查核實，並發文回覆的情況。同
樣也顯現出秦戶籍制度的嚴實。

　　本段說明偵查過程中的控告和供述的部分，上級命令人查閱原案為：秦
王政二十一年五月二十八日，獄史「窣」將士伍「去疾」、「號」押送至官府，
罪名是「非法運銅」。「去疾」，「號」說：「號乘小馬車到醴陽和去疾從冗募樂
手下的一名男子買銅錫，裝運後想轉賣。結果就被捕獲了。其它和「窣」所說
的內容一致。抓到一男子，男子是士伍「猩」。

　　三、●猩曰：□□□□□樂，為庸（傭）(1)，取銅草中。得。它
如號等。屛陵(2)獄史民詣士五（伍）達。與猩同獄，將從猩。●達曰：
亡，與猩等獵漁。不利，負責（債）。冗募上造禄(3)等從達等漁，謂
達，禄等亡居莢（夷）道(4)界中，有廬舍，欲毆（驅）(5)從禄。達等
從禄。猩獨居舍為養(6)，達與僕徒(7)時（蒔）等謀掾冢，不告猩，
冢巳（已）竇，分器，乃告猩。蒔等不分猩，達獨分猩。它如猩。

　　（1）庸（傭）

　　整理小組：傭，受僱為人勞動。《玉篇‧人部》：「傭，傭賃也。」《韓非
子‧外儲說右下》：「臣有子三人，家貧，無以妻之，傭未及反。」《奏讞書》
簡 111：「十月不盡八日為走馬魁都庸（傭），與偕之咸陽。」〔註398〕

　　高敏：不獨戰國末年和秦末如此，早在商鞅變法時的秦國，便有這種出
賣勞動力的人存在，而且被稱之為「傭」。《商君書‧墾令》篇曰：「無得取庸，
則大夫家長不建繕」；又云：「傭氏無所於食，是必農」，這裏的「傭」和「庸
民」，就是靠出賣勞動力為生的人。秦末漢初，這種被稱為「傭」的勞動者，
更為普遍了。〔註399〕

　　曹旅寧：當時出現了「市傭」的名稱，可見傭往往集中在市里待人僱

〔註398〕朱漢民、陳松長主編：《嶽麓書院藏秦簡（參）》，頁 127。
〔註399〕高敏：〈試論漢代的僱傭勞動者〉，《秦漢史論集》（鄭州：中州書畫社，1982
　　　　年），頁 191。

傭。……《商君書‧墾令》等還談到為了驅民歸農應該禁止私家取傭。看來國家對私家使用傭是有控制的。……因此禁取亡罪人為傭的律文則是說僱傭亡罪人為傭的主人即使不知情也要按匿罪人律處罰，即按照舍匿時日的長短，處以從黥□贖耐到贖耐的刑罰；知情后捕告或訽告吏捕得予以免罪，但不予獎賞。〔註 400〕

張韶光：《嶽麓書院藏秦簡（肆）》又為僱傭條件的研究提供了新材料。《嶽麓書院藏秦簡（肆）》簡 75-76……從中可知，禁止雇佣有罪之人，如若僱傭有罪之人，則僱主會因知情與否受到按照「匿」罪人或「舍」罪人論處。此外，一般情況下，受僱者不能將僱傭與其它活動同時進行。《嶽麓書院藏秦簡（肆）》簡 278-279……可見，除因貧困所致的衣用無法自理的服役者，官府會在服役期間專門給以從事僱傭活動的時間外，其它情況下受僱者不能將僱傭與其它活動同時進行。此外，僱傭代役對雙方均有一定要求。《嶽麓書院藏秦簡（肆）》簡 182-183……也就是說，要求雙方需為同縣關係，身體素質相當，並且需要向官府登記，以保證其合法性。〔註 401〕

按：庸，《說文‧用部》：「用也。从用从庚。庚，更事也。《易》曰：『先庚三日』。余封切」傭，《說文‧人部》：「均直也。从人庸聲。余封切」段注：「傭，役也。謂役力受直曰傭。此今義也。」徐灝注箋：「庸、傭古今字。……傭役字古亦作庸。《漢書‧周勃傳》：『取庸苦之，不與錢，』取庸，謂取直也。賃作役力謂之庸，因名其人曰庸，《司馬相如傳》：『與庸保雜作』是也。後加人旁作傭，以別於庸常之義。」「庸」在《嶽麓書院藏秦簡（叁）》中出現六次，分別見於本案簡 50「樂為庸取銅草中」，簡 55「猩為樂等庸取銅草中」；〈芮盜賣公列地案〉簡 64「勿庸報」；〈同、顯盜殺人案〉簡 143「為人庸除芝」，簡 144「為吏僕內為人庸」；〈魏盜殺安、宜等案〉159「魏（魏）曰庸取錢」。除了簡 64 的「勿庸報」之「庸」不當「傭」解，其他五個庸皆是指受僱於人。

（2）屏陵

整理小組：秦縣名，屬南郡，據《里耶秦簡》J1⑯52 離江陵縣百十一里，治今湖北公安縣西南。《漢書‧地理志》歸武陵郡，但據《二年律令》簡 456，

〔註 400〕 曹旅寧：《張家山漢律研究》（北京：中華書局，2005 年），頁 152。
〔註 401〕 張韶光：《《嶽麓書院藏秦簡（叁）》集釋》，頁 111。

「荊州紀南城」《松柏漢墓》M1 竹簡「南郡免老簿」簡 35 可以確定其在西漢武帝初年仍屬南郡。〔註402〕

（3）禄

整理小組：嚴格隸定，「禄」字從彔作「祿」形。按「祿」字初見於《龍龕手鑑》，音息淺反，實係「祿」字訛體。「禄」字又為秦漢時代常見人名，本案「祿」形字也是人名，因而可以將其釋為「禄」無疑。《奏讞書》案件二之所謂「大夫祿」亦然。《正字通・示部》：「祿、禄字之譌。」〔註403〕

張岩岩：睡虎地秦簡《編年記》簡五二壹的字形，整理者隸定為「祿」，即指張祿，范雎的化名。睡虎地秦簡《日書》甲簡七五背的形，整理者隸定為「祿」字。方勇先生認為應該隸定為「祿」形，為「禄」之訛混字。且張家山漢簡《奏讞書》八至十五簡中多次出現「祿」字，和此睡虎地簡字形基本相同，都為人名用字。本案中該字字形與睡虎地簡、張家山漢簡字形也基本形同，同為人名，該字可參考方勇先生的意見，隸定為「祿」。〔註404〕

按：本案中有「禄」字當人名的，簡053「等從禄」，簡052「上造禄」、「禄等亡居夷道」、「欲毆從禄」。當人名之字，應直釋，不需要再進行字形辨正。

（4）夷道

整理小組：秦道名，見《漢書・地理志》，屬南郡，治今湖北枝城市西。道，縣異名。《後漢書・百官志》：『凡縣主蠻夷曰道。』」〔註405〕

按：考之文獻，《後漢書・隗囂公孫述列傳》：又遣田戎及大司徒任滿、南郡太守程汎將兵下江關，破〔威〕虜將軍馮駿等，拔巫及夷陵、夷道，因據荊門。註云：「夷道，縣名，屬南郡，故城在今硤州宜都縣西。」〔註406〕，可見「夷道」是秦縣名。

〔註402〕朱漢民、陳松長主編：《嶽麓書院藏秦簡（叁）》，頁 127。

〔註403〕朱漢民、陳松長主編：《嶽麓書院藏秦簡（叁）》，頁 127。

〔註404〕張岩岩：《《嶽麓書院藏秦簡》（三）第一類簡集釋》，頁 47。

〔註405〕朱漢民、陳松長主編《嶽麓書院藏秦簡（叁）》，頁 127。

〔註406〕〔劉宋〕范曄撰；〔唐〕李賢等注；〔晉〕司馬彪補志：《後漢書》，頁 541。

（5）毆（敺）

按：《說文·殳部》：「捶毄物也。从殳區聲。烏后切。」《段玉裁注》：「按此字卽今經典之毆字。廣韵曰：俗作敺。……敺是馬部驅之古文。夫敺在馬部為古文，驅在殳部為俗毆字，無庸牽合。」，驅為毆俗字。

（6）養

整理小組：炊事或炊事員，多見里耶、敦煌、居延等地出土的帳簿類秦漢簡。《里耶秦簡》J1⑧145：「四人徒養：枼、痤、帶、復。」J1⑧736：「大隸臣廿（二十）六人□其四人吏養：唯、冰、州、□。」王國維《流沙墜簡·屯戍叢殘考釋·戍役類》引《公羊傳·宣公十二年》「厮役扈養」何休註：「炊亨（烹）者曰養。」據陸德明《經典釋文》，此義項讀去聲，餘亮反。〔註407〕

張韶光：養，也見於《睡虎地秦簡》，並對養的分配有明確規定。睡虎地秦簡《秦律十八種》簡72-74可見秦代後勤管理的制度化與法制化。〔註408〕

（7）僕徒

沈剛：時（蒔）的身份是僕徒，僕徒意思當是作為從事「僕」這項工作的徒，僕的身份是刑徒。〔註409〕

本段是猩在偵查時的供詞和本審中達和猩供述的內容：「猩」受僱於「樂」，從草中取銅，被逮捕。其它跟「號」所說的一致。

孱陵獄史「民」將士伍「達」，和「猩」一同押送至官府，跟「猩」是同案犯，送來與猩併案處理。「達」說：「他們一起逃亡後，與「猩」等一起捕魚，沒有得到什麼收益，所以負債。」冗募上造「禄」等跟著「達」等人捕魚，告訴「達」說「禄」等人逃亡居住藏在夷道界中，有房子住。他想要驅使我們跟從他，「達」等人就跟著「禄」一起，「猩」一個人留在屋裏負責做飯。「達」和僕徒「時」等人謀劃要盜墓。當時沒有告訴「猩」，盜好墓後，分好器物時，才告訴「猩」。「蒔」等人不分給「猩」，「達」將自己得到的贓物分給「猩」，其他和「猩」所說的一致。

〔註407〕朱漢民、陳松長主編：《嶽麓書院藏秦簡（叁）》，頁127。

〔註408〕張韶光：《《嶽麓書院藏秦簡（叁）》集釋》，頁113。

〔註409〕沈剛：〈秦簡中的「吏僕」與「吏養」〉，《人文雜誌》（2016年第1期），頁74。

四、●猩曰：達等埱冢，不與猩謀。分器，蒔等不分猩，達獨私分猩。猩為樂等庸（傭），取銅草中。它如達及前。●醴陽丞悝曰：冗募上造敞【……。●敞曰⑴：……】埱冢者錫。到舍，達巳（已）⑵分錫。達謂敞：巳（已）到前，不到錫。今冢中尚有器，器巳（已）出，買（賣）⑶敞所。時（蒔）告達，請與敞出餘器，分敞。達曰：發冢一歲矣！今勞⑷，敞乃來，不可與敞。達等相將之水旁，有頃，來告敞曰：與敞。敞來後，前者為二面，敞為一面⑸。敞曰：若（諾）。皆行，到冢，得錫。敞買及受分⑹。覺⑺，亡。得。它如達等。●達言如敞。●〖問〗：達等椒冢，不與猩、敞謀，得衣器⑻告；猩、敞受分，臧（贓）過六百六十錢。【它】如辭（辭）。

（1）敞曰

整理小組：簡056以下為敞的供詞，缺簡上應有「敞曰」字樣。〔註410〕

（2）巳（已）

整理小組：原初為動詞，表示完成義，後來轉換為副詞，表示「已經」等義。此處似仍為動詞，可以理解為「完成到這一行為之前，」也就是抵達之前。後文簡056「器巳出」及第二類《魏盜殺安、宜等案》簡161「已殺人」似亦相同。《封診式》簡49：「法（廢）丘巳傳，為報。」《秦律十八種》簡159：「除吏，尉巳除之，乃令視事及遣之。」〔註411〕

按：「巳」當「已」，甲金文「巳」又是「祀」的省體，用為「祀」，《工吳王劍》：「工（攻）吳王乍（作）元巳（祀）用」。除用作「祀」外，金文用法有五：一，用作地支名，《車𩰥夫鼎》：「癸巳」。二，表示終止，典籍作「已」，許子鐘：「眉壽母（毋）巳（已）」。三，用為句首嘆詞，《盂鼎》：「巳！女（汝）妹辰又（有）大服。」《尚書・大誥》：「巳！予惟小子。」孔安國傳：「巳，發端嘆辭也。」四，用為句末語辭，典籍作「已」，吳王光鑑：「往巳（已）弔（叔）姬，虔敬乃后。」五，「巳巳」表示怡悅和樂貌，典籍作「怡怡」。《論語・子路》：「朋友切切偲偲，兄弟怡怡。」馬融注：「怡怡，

〔註410〕 朱漢民、陳松長主編：《嶽麓書院藏秦簡（叁）》，頁127。
〔註411〕 朱漢民、陳松長主編：《嶽麓書院藏秦簡（叁）》，頁127。

和順之貌。」〔註412〕《嶽麓書院藏秦簡（叁）》出現三十一次。除了記日外，皆是當「巳（已）」。

（3）買（賣）

按：《說文・貝部》：「買，市也。从网、貝。《孟子》曰：『登壟斷而网市利。』」秦簡始見買賣之義，而買、賣均以「買」字表示。《睡虎地秦簡・秦律十八種》：「有買（賣）及買也，各嬰其賈（價）」。買字在《嶽麓書院藏秦簡（叁）》出現二十五次，詳見下表：

表 12：買（賣）

NO	簡編	案　　例	釋　　文
1	048	猩、敞知盜分贓案	買銅錫……載欲買（賣）
2	056	猩、敞知盜分贓案	買（賣）敞所
3	058	猩、敞知盜分贓案	敞買及受分
4	062	芮盜賣公列地案	芮買（賣）其分肆
5	063	芮盜賣公列地案	問：芮買（賣），與朵別賈地
6	065	芮盜賣公列地案	受棺列。買（賣）。問論。
7	074	芮盜賣公列地案	芮利（賣）所共蓋
8	075	芮盜賣公列地案	買漁具
9	078	芮盜賣公列地案	買芮肆
10	081	芮盜賣公列地案	盜買（賣）于方
11	082	芮盜賣公列地案	即盜給人買（賣）公列地
12	083	芮盜賣公列地案	芮即給買（賣）方
13	084	芮盜賣公列地案	芮為盜買（賣）公地
14	085	芮盜賣公列地案	買（賣）分四百卅五尺
15	116	識劫䩉案	為識買室
16	120	識劫䩉案	為識買室
17	127	識劫䩉案	已為識更買室
18	133	識劫䩉案	為買室
19	159	㜮盜殺安、宜等案	買鞞刀
20	161	㜮盜殺安、宜等案	以二錢買

〔註412〕漢語多功能字庫，http：//humanum.arts.cuhk.edu.hk/Lexis/lexi-mf/search.php?word=%E5%B7%B3

21	163	魋盜殺安、宜等案	盜取衣器去買（賣）行道者所。以錢買布
22	164	魋盜殺安、宜等案	買大刀
23	166	魋盜殺安、宜等案	買城旦赤衣
24	167	魋盜殺安、宜等案	買大刀
25	227	學為偽書案	盜以買金衣

由表可知，買、賣二字在《嶽麓書院藏秦簡（叁）》中都是以買字表示。

（4）劕

按：《說文·力部》：「劕，發也。从力从徹，徹亦聲。丑列切《注》臣鉉
等曰：今俗作撤，非是。」段玉裁注：「發也。發者，躲發也。引申為凡發去
之偁。劕與徹義別。徹者，通也。劕謂除去。若禮之有司徹，客徹重席，詩
之徹我牆屋，其字皆當作劕。不訓通也。或作撤，乃劕之俗也。从力徹。會
意。謂以力通之也。徹亦聲。丑列切。十五部。」徐鉉和段玉裁皆認為「劕」
和「徹」義不同。《說文·攴部》：「徹，通也。从彳从攴从育。徹，古文徹。
丑列切。」本案的「劕」整理小組認為是徹的假借，但從上下文觀之，此處的
劕是指冢劕，墓已挖通一年了，劕應是即段玉裁所謂的「以力通之」，因此本
處之劕字直釋為劕，不需假借。

（5）敞來後，前者為二面，敞為一面

整理小組：後、前：兩字前後相應，表示時間在後與在前。《史記·高祖
本紀》：「足下前則失咸陽之約，後又有彊宛之患。」同書《項羽本紀》：「先即
制人，後則為人所制。」面；疑為方面，二面與一面應表示出器的分工以及分
配方案。〔註413〕

按：「前者為兩面，敞為一面」，整理小組之解釋過於牽強，應是指分贓
的比例，先盜墓的人，可以分比較多，敞後到，分比較少。

（6）敞買及受分

整理小組：此處所說都應為前文所謂「餘器」，即敞來之後所搬出來的器
物。「受分」指敞直接分到的一面器物，「買」指達等所分到的「二面」器物，
敞從達等手裏買下。〔註414〕

〔註413〕 朱漢民、陳松長主編：《嶽麓書院藏秦簡（叁）》，頁127。
〔註414〕 朱漢民、陳松長主編：《嶽麓書院藏秦簡（叁）》，頁127。

（7）覺

整理小組：發覺。《說文·見部》：「覺，⋯（中略）⋯一曰：發。」《法律答問》簡 049：「誣人盜，直（值）廿（二十），未斷，有它盜，直（值）百，乃後。當并臧（贓）以論，且行真皋罪，有又以誣人論？當貲二甲一盾。」〔註415〕

（8）衣器

整理小組：器物泛指。按，衣器與前文簡 053、054「分器」，簡 056「有器」相應，可知其並非實指。法律問答簡 170：「『夫有罪，妻先告，不收。』妻媵臣妾，衣器當收不當？不當收。」《封診式》簡 08：「以某縣丞某書，封有鞫者某里士五（伍）甲家室、妻子、臣妾、衣器、畜產。」《奏讞書》簡 214-215：「有受孔衣器、錢財，弗詣吏，有罪。」〔註416〕

（9）猩、敞受分，臧（贓）過六百六十錢

整理小組：鞫之這段話表達出兩個重要的法律焦點：一個是「達等埱冢」，問題在於猩與敞何時得知此事；另一個是「猩、敞受分」，問題在於贓之多少。「達等埱冢，不與猩、敞謀，得衣器告」與前文簡 053-054「達與僕徒時（蒔）等謀埱冢。不告猩，冢巳（已）劈（徹）分器，乃告猩。」相應，二者都表示猩和敞都未參與共謀或實行行為，而參與與否正好是區分「盜埱冢」罪和「分贓」罪的判斷標準。「分贓」與盜同法，按照所受分贓額判刑，所以稱「猩、敞受分，臧（贓）過六百六十錢。」《二年律令》簡 055：「盜臧（贓）直（值）過六百六十錢，黥為城旦舂。」

水間大輔：敞與猩不一樣，他與達等一起盜掘了墳墓中餘下的青銅器。而且，雖然沒有使用「謀」一詞，⋯⋯敞明確與達等有共犯關係，江陵縣的判決卻否定之。〔註417〕

本段說明「猩」和「敞」的供詞，內容是：猩說：「達」等人挖掘墳墓盜墓，我沒有參與謀劃，所以分贓時，「蒔」等人沒有分給我，「達」獨自私下分給我。我是「樂」等人的僱工，工作是從草中取出青銅。其它如達前面所言。

醴陽丞「悝」說：「冗募上造「敞」⋯⋯，

〔註415〕朱漢民、陳松長主編：《嶽麓書院藏秦簡（叁）》，頁 127～128。
〔註416〕朱漢民、陳松長主編：《嶽麓書院藏秦簡（叁）》，頁 128。
〔註417〕水間大輔：〈嶽麓三所見的共犯處罰〉，《華東政法大學學報》（2014 年第 2 期）。

敞說：盜墓取得上等的青銅器，到了盧舍，「達」已經分好贓了。「達」
告訴我說：「在你抵達之前，我們已經得到的青銅，不能給你。現在墓中尚
有一些器物，把他們拿出來，賣給你。」「蒔」請求「達」，要和敞一起拿出
剩餘的器物，分給「敞」。「達」曰：挖掘墳墓已經一年了，已經打通了，「敞」
現在才來，不能分給「敞」。「達」等人一同去水邊。沒多久，回來對「敞」
曰：和「敞」一起合夥了，「敞」來得晚，先來的分二面，「敞」分一面。「敞」
說：好，一起走到墳墓，得到青銅器。「敞」又從「達」等手裏買下其他器
物。被發現後逃亡。被捕。其它如「達」等人所言一致。「達」言如「敞」。
查詢結果如下：「達」等挖掘墳墓，事前沒有不跟「猩」、「敞」一起謀劃，
得到墓中陪葬品後才告訴他們；「猩」、「敞」都有分到器物，贓物價值超過
六百六十錢，它如辭。

五、●鞫之：達等掘冢，不與猩、敞謀，〔得〕衣器告；猩、敞受，
分臧（贓）過六百六十錢・得猩當黥城旦，敞耐鬼薪。遝戊午赦（赦）。
審。江陵守感、丞暨、史同論赦（赦）猩、敞為庶人。達等令（？）別
（？）論。敢讞（讞）之。

鞫之：「達」等人盜墓，沒有和猩、敞一起謀劃，獲得衣器後才告訴他
們，「猩」、「敞」皆有分到，贓物價值超過六百六十錢，被捕獲後。「猩」應
判黥城旦，「敞」耐鬼薪。趕上戊午赦令。以上確鑿無疑，江陵守「感」、丞
「暨」、史「同」判處並赦免「猩」、「敞」為庶人，「達」等令另行論處，敢
讞之。

肆、相關問題研究

一、赦免問題研究

中國的赦免制度早在西周時期即已形成，《尚書・呂刑》：「五刑之疑有
赦，五罰之疑有赦，其審克之。」〔註418〕說明在辦案過程中要適當援引赦
免理念。《周禮・秋官》：「壹赦曰幼弱，再赦曰老旄，三赦曰憃愚」〔註419〕

〔註418〕　〔清〕阮元審定，盧宣旬校：《重刊宋本十三經注疏附校勘記》《尚書》（台
　　　　　北：藝文印書館，1965 年），頁 300-1。
〔註419〕　〔清〕阮元審定，盧宣旬校：《重刊宋本十三經注疏附校勘記》《周禮》（台
　　　　　北：藝文印書館，1965 年），頁 540-1。

明確規定赦免對象,是類似今之無行為能力之人。

到了春秋時期《左傳・莊公二十二年》:「春,王正月,肆大眚。」明朝學者邱濬和清代沈家本看法一致,認為「後世大赦天下,其原蓋出於此,夫魯所肆者,一國之中。」〔註420〕

到了秦代,《史記・秦本紀》:「繆公亡善馬,岐下野人共得而食之者三百餘人……乃皆賜酒而赦之。」〔註421〕後秦昭襄王「魏獻安邑,秦出其人,募徙河東賜爵,赦罪人遷之。」「二十六年,赦罪人遷之穰。」「赦罪人遷之南陽」「二十八年,大良造白起攻楚,取鄢、鄧,赦罪人遷之。」〔註422〕,孝文王因昭襄王卒,「孝文王元年,赦罪人」,三日後孝文王卒,莊襄王即位「大赦罪人,修先王功臣,施德厚骨肉而布惠於民。」〔註423〕。以上皆是大量的赦罪人。到了秦王政出現赦個人之罪,如赦韓非、趙高、高漸離等人。而本案中的猩和敞本來的判決是黥城旦,另一位是耐鬼薪,但都是因為秦王政二十三年頒布的戊午赦,才免為庶人的。

二、盜墓罪

《呂氏春秋・節喪》中有關於盜墓的處罰「上雖以嚴威重罪禁之,猶不可止。」〔註424〕但並未說明是何種重罪,到了漢代,《淮南子・氾論》:「天下縣官法曰:『發墓者誅,竊盜者刑。』此執政之所司也。」〔註425〕也就是說盜墓者一經被發現的,一律要誅殺。張家山漢簡是漢初的墓葬,漢初的律法是沿用秦律,因此《二年律令》中的律法,即是秦之律法。《二年律令》中的《盜律》明白規定,「盜殺傷人,盜發冢,略賣人口若已略未賣,矯相以為吏,自以吏以盜,皆磔。」由此可知,致人傷殘、盜墓及拐賣人口等同罪,都應處以磔刑。磔刑屬酷刑的一種,《說文・辛部》:「辛部曰。辜、辠也。《掌戮》:『殺王之親者辜之。』注:『辜之言枯也,謂磔之。鄭與也許合

〔註420〕 沈家本:《歷代刑法考・赦考》(北京:商務印書館,2011 年 11 月),頁 654。

〔註421〕 〔漢〕司馬遷撰;〔劉宋〕裴駰集解;〔唐〕司馬貞索隱;〔唐〕張守節正義:《史記》頁 189。

〔註422〕 〔漢〕司馬遷撰;〔劉宋〕裴駰集解;〔唐〕司馬貞索隱;〔唐〕張守節正義:《史記》,頁 212~213。

〔註423〕 〔漢〕司馬遷撰;〔劉宋〕裴駰集解;〔唐〕司馬貞索隱;〔唐〕張守節正義:《史記》,頁 219。

〔註424〕 陳奇道:《呂氏春秋校釋》,《學林出版》,1984 年版,第二冊頁 525。

〔註425〕 何寧撰:《淮南子集釋》,《中華書局》,1998 年版,頁 976。

也。』《大宗伯》:『以疈辜祭四方百物。』大鄭從故書作罷辜。云罷辜、披磔牲以祭。《爾雅》:『祭風曰磔。』郭云:『今俗當大道中磔狗云以止風。按凡言磔者、開也。張也。刳其胷腹而張之,令其乾枯不收。』〔註426〕磔刑在古中國是一種沒有全屍的酷刑,因此在古代盜墓的刑罰是很重的,本案中的達等人雖未言明是判何種罪,但我們可以得知「達」等人依律法是被判磔刑的。

三、同罪不同罰

本案出現了同罪不同罰的現象。猩與敲同樣知盜分贓,贓值都超過六百六十錢,但一個黥為城旦,一個卻是耐鬼薪。從案例分析,猩自始至終都沒有參與盜墓,只有分贓。被判黥為城旦,而敲不只參與盜墓,銷贓和分贓。卻只被判了耐鬼薪。應是因為敲有上造爵位。《二年律令‧具律》簡82:「上造、上造妻以上,及內公孫、外公孫、內公耳玄孫有罪,其當刑及當為城旦舂者,耐以為鬼薪白粲。」〔註427〕因此,有上造及其以上爵位的人,犯相當於「刑」(肉刑)或城旦舂的罪,可以減刑為耐鬼薪白粲。《漢書‧惠帝紀》:「上造以上及內外公孫耳孫有罪,當刑及當為城旦舂者,皆耐為鬼薪白粲。」〔註428〕跟《二年律令》的條文是一樣的,按此律法,敲本來應是判城旦舂的刑,但因其上造的身份才只判了耐鬼薪的。可見在先秦時期階級制度是存在,且是嚴明的。《漢書‧百官公卿表》:「爵:一級曰公士,二上造,三簪裊,四不更,五大夫,六官大夫,七公大夫,八公乘,九五大夫,十左庶長,十一右庶長,十二左更,十三中更,十四右更,十五少上造,十六大上造,十七駟車庶長,十八大庶長,十九關內侯,二十徹侯。皆秦制,以賞功勞。徹侯金印紫綬,避武帝諱,曰通侯,或曰列侯,改所食國令長名相,又有家丞、門大夫、庶子。」〔註429〕,此二十等爵的記載和《張家山漢簡‧戶律》中有按爵位高低受相應田宅的條文,雖未如百官公卿表一樣標明爵級,但爵名是一樣的。

〔註426〕〔漢〕許慎撰,〔清〕段玉裁注,《說文解字注》,(臺北:黎明文化事業股份有限公司,1972年),頁748。

〔註427〕張家山二四七號漢墓竹簡整理小組:《張家山漢墓竹簡二四七號墓釋文修訂本》,《北京:文物出版社》,2006年,頁20。

〔註428〕〔漢〕班固撰;〔唐〕顏師古注:《漢書》,頁85。

〔註429〕〔漢〕班固撰;〔唐〕顏師古注:《漢書》,頁740。

第四節　芮盜賣公列地案

壹、前　言

　　本案從簡編號 062 至 087，共有二十六簡，疑脫二簡。內容是關於芮盜公列地的商業糾紛案件，內容是芮和材想要租用公列地的人，沒有人爭到，芮卻先答應要把地賣給方，先收錢，但無地可給，後來只有還錢二百，被告後，黥為城旦的案件，內容記載得很詳細，是一椿商業用地買賣糾紛，可讓我們瞭解到戰國時期秦地的商業行為及相關律法。

圖版 4　〈芮盜賣公列地案〉

070 069 068 067 066 065 064 063 062 061 060 059 058 057 056 缺05 055 054 053 052 051 050 049 048 047

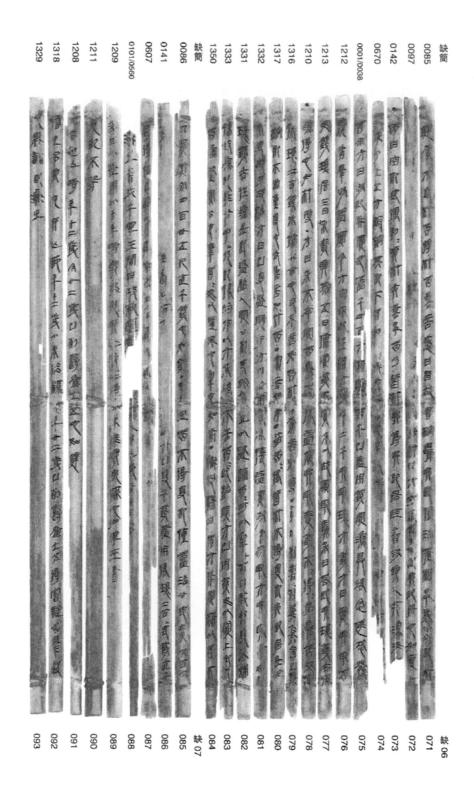

貳、釋　文

　　●敢讞（讞）之：江陵言：公卒芮與夫=（大夫）材共蓋受棺列，吏後弗鼠（予）レ芮買（賣）其分肆士（062）

　　五（伍）朵，地直（值）千，蓋二百六十九錢。以論芮。レ二月辛未，大守令曰：問，芮買（賣），與朵別買（價）地，且（063）

　　吏自別直？別直以論狀何如，勿庸報。鞫審，讞（讞）。●視獄：十一月己丑，丞暨劾曰：聞主市曹（064）

　　臣史，隸臣更不當受列，受棺列，買（賣）。問論。●更曰；芮、朵謂更：棺列旁有公空列，可受。欲受，（065）

　　亭佐駕不許芮、朵レ。更能受，共。更曰：若（諾）。更即自言駕，駕鼠（予）更。更等欲治蓋相移，材爭，（066）

　　弗得。聞材後受。它如劾。●材曰：巳（已）有棺列，不利レ。空列，故材列レ。十餘歲時，王室置市（067）

　　府，奪材以為府。府罷，欲復受，弗得。逎往九月辤（辭）守感。感令亭賀曰：毋（無）爭者鼠（予）材。走馬喜（068）

　　爭，賀即不鼠（予）材。材私與喜謀：喜故有棺列，勿爭材巳（已）治蓋，喜欲，與喜□□□賀。喜（069）

　　曰：可。材弗言賀，即擅竊治蓋，以為肆。未歖（就），芮謂材：與芮共。不共，且辤（辭）爭。材詑（070）

　　【……喜】（缺06）

　　辤（辭）賀=不鼠（予）材、芮，將材、芮、喜言感曰：皆故有棺肆，弗鼠（予）擅治蓋相爭。感曰：勿鼠（予）レ。材（071）

　　……材□□□芮□□欲居，材曰：不可。須芮來。朵即弗敢居。它如更。（072）

　　●芮曰：空列地便利=，（利）與材共。喜爭，芮乃智（知）材弗得，弗敢居。逎十一月欲與人共漁，毋（無）錢。（073）

　　朵子士五（伍）方販棺其列下，芮利買（賣）所共蓋公地，卒（？）又（？）蓋□□□□與材共□□□（074）

　　芮分方曰：欲即并買（價）地，蓋千四百。方前顧芮千，巳（已）盡用錢買漁具。後念悔，恐發（075）

　　覺有辠（罪）。欲益買（價）令方勿取，即枉（誑）謂方：賤！令二=

千＝。（二千）弗取，環（還）方錢。方曰：貴！弗取。芮（076）

　　毋（無）錢環（還）。居三日，朵責，與期：五日備賞（償）錢；不賞（償），朵以故賈（價）取肆。朵曰：若（諾）即。弗環（還）錢，去往（077）

　　〔●〕漁。得。它如材，更。●方曰：朵不存，買芮肆。芮後益賈（價），弗取。責錢，不＝得＝。（不得）居肆，芮母索（078）

　　後環（還）二百錢，未備八百。它及朵言如芮、材。●駕言如更。●賀曰：材、喜レ芮妻佞皆巳（已）受（079）

　　棺列，不當重受。它及喜言如材、芮。●索言如方。●詰芮＝：芮後智（知）材不得受列，弗敢居，是公（080）

　　列地殹（也）。可（何）故給方曰巳（已）受，盜買（賣）于方？巳（已）盡用錢，後撓益賈（價），欲令勿取；方弗取，有（又）弗（081）

　　環（還）錢，去往漁，是即盜給人買公列地，非令。且以盜論芮＝，（芮）可（何）以解レ？芮曰：誠弗受。朵姊（082）

　　孫故為兄妻，有子レ。兄死，孫尚存。以方、朵終不告芮＝，芮即給買（賣）方巳（已）用錢，毋（無）以賞（償）。上即以（083）

　　芮為盜買（賣）公地，辠（罪）芮＝，芮毋（無）以避。毋（無）它解。它如前。●獄史豬：芮方并賈（價），豬以芮不（084）

　　【……。問，……費六百】（缺07）

　　九錢，買（賣）分四百卅（三十）五尺，直（值）千錢。它如辤（辭）。●鞫之：芮不得受列，擅蓋治公地，費六百九（085）

　　錢，□……地積（？）四百卅（三十）五尺，……千四百，巳（已）受千錢，盡用。後環（還）二百レ。地臧（贓）直（值）千（086）

　　錢。得。獄巳（已）斷，令黥芮為城旦，未□□□□□。敢瀗（讞）之。（087）

參、彙　釋

　　一、●敢瀗（讞）之：江陵言：公卒（1）芮與夫＝（大夫）（2）材共蓋受棺列（3），吏後弗鼠（予）レ芮買（賣）其分肆（4）士五朵，地直（值）千，蓋二百六十九錢。以論芮レ。二月辛未，大守令曰：問，芮買（賣），與朵別賈（價）地（5），且吏自別直（6）？別直以論狀何如，

勿庸報。鞫審，灝（讞）。

（1）公卒

整理小組：秦漢無爵身份之一。《二年律令》簡 359-360：「不為後而傅者，中略⋯官大夫及大夫子為公士。不更至上造子為公卒。」〔註430〕

按：「公卒」，《嶽麓書院藏秦簡（叁）》中出現三次，除本案外，尚有〈識劫婉案〉簡 108：「公卒昌」，〈善等去作所案〉簡 208「公卒良」。《里耶秦簡（壹）》中出現五次，分別在簡 J⑧0113「☑公卒□☑」，簡 J⑧0430「丹陽公卒外里奕」，簡 J⑧0445「屯卒公卒胸忍固陽失自言」，簡 J⑧1563「洞庭尉遣巫居貸公卒」，簡 J⑧2246「娿出稟罰戍公卒」。陳偉註解為：「公卒，身份用語，從《二年律令》312、316 等簡可見，其地位低於公士，比士伍、庶人略高。」〔註431〕可見「公卒」也是無爵身份，是介於庶民和士伍之間的身份。

（2）夫=（大夫）

整理小組：大夫，秦漢爵名，下數第五級，見《漢舊儀》等。

按：《嶽麓書院藏秦簡（叁）》中出現十五次的「夫=」皆是指大夫，《里耶秦簡（壹）》中的「夫=」也都是指大夫。《說文・大部》：「大，天大，地大，人亦大。故大象人形。古文亣（他達切）也。凡大之屬皆从大。徒蓋切。」《說文・夫部》：「夫，丈夫也。从大，一以象簪也。周制以八寸為尺，十尺為丈。人長八尺，故曰丈夫。凡夫之屬皆从夫。甫無切。」古文字的大、夫是一字分化。

（3）列

整理小組：列：集市貿易場所。《秦律十八種》簡 068：「賈市居列者及官府之吏，毋敢擇行錢，布。擇行錢布者，列伍長弗告，吏循之不謹，皆有罪。」《二年律令》簡 260：「市販售匿不自占租，坐所匿租臧（贓）為盜，沒入其販賣及賈錢縣官，奪臧（贓）之列，列長伍人弗告，罰公各一斤。」〔註432〕

朱德貴：秦還設置了管理市場中「列」的列長，這一點與上引《二年

〔註430〕朱漢民、陳松長主編：《嶽麓書院藏秦簡（叁）》（上海：上海辭書出版社，2013 年），頁 137。

〔註431〕陳偉：《里耶秦簡牘校釋（第一卷）》（武漢大學出版社，2012 年 1 月），頁 65。

〔註432〕朱漢民、陳松長主編：《嶽麓書院藏秦簡（叁）》，頁 138。

律令》簡 260 是一樣的，這進一步說明了漢代承襲了秦的市場管理制度。
〔註 433〕

　　鄔勖：官府把在市場中劃定的經營用地「列」授給百姓，百姓在其上建造「蓋」即棚蓋，就成為一個可用來經營的商店即「肆」。本案中，「肆」＝「列」＋「蓋」的關係表現地十分清楚。……列的性質與名田宅制下的耕地和宅基地大體相同，官府可授給百姓，也可奪去。……受列者須向官府繳納「租」作為使用列的代價。……列在授出時可能要收取一定的費用，即所謂列的「地直」的來源。列的地直比較可能是指由官府收取的列的出讓金，其收取標準應是明確和固定的，只由列的大小決定，而與位置好壞等因素無關。……列的用途受到官府的明確限定。……當時相同用途的列應被規劃在一處，而未授出的列的用途可能即取決於相鄰的列的區域。〔註 434〕又，秦漢時期城市市場中的商業用地有著細密的管理制度，它在劃分時按所售商品的價格和種類確定大小，用途相同的土地被集中規劃在一處，由管理市場的市亭負責把土地授給個人，受取土地的資格和土地的使用權能也各有明確的規範可循。秦的刑事法律還對侵犯國有商業土地的行為作了專門歸制，其原則與《唐律》「盜貿賣公私田」條相類似。〔註 435〕

　　張韶光：「列」是集市貿易場所。睡虎地秦簡《秦律十八種》簡 68：「賈市居列者及官府之吏，毋敢擇行錢、布。擇行錢、布者，列伍長弗告，吏循之不謹，皆有罪。」整理小組注：「列，市肆。《漢書‧食貨志》：『小者坐列販賣。』注：『列者，若今市中賣物行也。』」列也編為什伍，互相監督，否則需承擔連坐責任。〔註 436〕

　　按：考之文獻，《史記‧平準書》：「縣官當食租衣稅而已，今弘羊令吏坐市列肆，販物求利。亨弘羊，天乃雨。」《索隱》：「坐市列。謂吏坐市肆行列之中。」〔註 437〕《漢書‧食貨志》：「商賈大者積貯倍息，小者坐列販賣，操

〔註 433〕朱德貴：〈嶽麓秦簡奏讞文書商業問題新證〉（社會科學，2014 年第 11 期）。
〔註 434〕鄔勖：《秦地方司法諸問題研究》（上海：華東政法大學法律史博士論文，2014年 5 月），頁 85。
〔註 435〕鄔勖：〈秦漢商業用地制度初探——以出土文獻為中心〉（江西社會科學，2015年第 7 期）。
〔註 436〕張韶光：《《嶽麓書院藏秦簡（叁）》集釋》（吉林大學古籍研究所碩士論文，2017 年 4 月），頁 119。
〔註 437〕〔漢〕司馬遷撰；〔劉宋〕裴駰集解；〔唐〕司馬貞索隱；〔唐〕張守節正義：《史記》，頁 1442。

其奇贏，日游都市，乘上之急，所賣必倍。」師古曰：「列者，若今市中賣物行也。」〔註438〕出土材料如《睡虎地秦簡・秦律十八種》簡68，《張家山漢簡・二年律令》簡260，也皆是將「列」釋為「集市貿易場所」。

（4）肆

整理小組：集市貿易場所。《周禮・天官・內宰》：「正其肆，陳其貨賄。」《後漢書・王充傳》：「家貧無書，常游洛陽市肆，閱所賣書。」《文選・遊西池》李善註：「肆，市中陳物處也。」本案簡070稱「擅竊治蓋，以為肆」簡037，074，080-081前後稱「空列地」、「公地」、「公列地」，可知列為官府所區劃的一塊地，而肆則是承租者所「治蓋」的店鋪。〔註439〕

朱紅林：「肆」的一個意思就是出售貨物的店鋪。……「肆長」的職責是維持負責商業經營的秩序，監督商品按照「名相近者相遠也，實相近者相爾也」的原則進行陳列，同時負責征收本肆的商品交易稅。因此，「肆長」實際上就是一個行業的代表。商品陳列首先以類相從，同時，又根據其質量的不同，分別陳列。正是由於物各異的「肆」，所以春秋戰國市場上屢見以商品名命名的市肆。〔註440〕

張韶光：在分配的地塊上建造房屋，就成為了肆。「肆」可指出售貨物的店鋪，也可泛指貿易場所。且「肆」根據所賣商品的不同劃分，并因所售商品對「肆」進行命名。〔註441〕

按：《說文・長部》：「肆，極陳也。從長，隶聲。鬟，或從髟。」段玉裁注：「肆、故也。肆、今也。」肆，市集貿易的地方、店鋪。如：「酒肆」、「茶肆」。《論語・子張》：「百工居肆，以成其事。」《嶽麓書院藏秦簡（叁）》中，「肆」只出現在本案及〈識劫𡟬案〉，皆是當店鋪之意。

（5）別賈（價）地

整理小組：別地，與後文簡075「并賈（價）地、蓋」相對；別賈（價），分別價錢；并賈（價），合併價錢；「地」「地蓋」，表示分別或合併價錢的對象。相似的語法結構見於《里耶秦簡》J1⑯6背面：「尉別書都鄉、司

〔註438〕〔漢〕班固撰；〔唐〕顏師古注：《漢書》，頁1132。
〔註439〕朱漢民、陳松長主編：《嶽麓書院藏秦簡（叁）》，頁138。
〔註440〕朱紅林：《周禮中商業管理制度研究》（長春：吉林文史出版社，2013年），頁183～184。
〔註441〕張韶光：《《嶽麓書院藏秦簡（叁）》集釋》，頁120。

空。」〔註442〕

陳松長、吳美嬌：整理者把「別」釋為「分別」欠妥，此處的「別」當是「另」、「另外」的意思。……因此，所謂「別價地」，就是另外定價的地。〔註443〕

鄔勖：「價」指的是芮、方買賣分肆的并價，「地」是指列地的面積，「直」一般指物所直的金額，本案中特指列地的地直。依次羅列賈、物、直三個數據是秦時同類記載的通例。……「問芮賣與朵，別價、地」是要求分別查明芮賣給朵的價金和列地的面積。〔註444〕

按：《說文・貝部》：「賈，市也。從貝襾聲。一曰坐賣售也。公戶切。」《說文・人部》：「價，物直也。從人賈，賈亦聲。古訝切。」賈與價通，賈為價之聲符兼形符。「別價地」是指另外估算的地值，即芮將地賣給朵的地價不是官方的估算價格。瞭解芮的售價才能知道芮的獲利有沒有超過六百六十錢，秦的律法以贓值有無超過六百六十錢為基準判刑。

（6）吏自別直

整理小組：直，估價。《管子・輕重乙》「君直幣之輕重」，尹知章註：「直，猶當也。」《法律答問》簡35：「士五甲盜，以得時直臧（贓），臧（贓）直百一十，吏弗直，獄鞫乃直臧（贓），臧（贓）直值過六百六十，黥甲為城旦。」或將動詞「直」讀為「值」，也無異。

吏自別直：與前文簡063「與朵別（賈）價地」相對，表示縣吏自行估價。按，據簡082，084詰問記載，芮的罪名為「盜賣公列地公地」，量刑以地價為標準，不包含違章建築物的價格。太守在此所問，即縣吏初審時估量列地價格的方法。〔註445〕

鄔勖：「且吏自別直」是要求調查官吏自己獨立計算列地的地直，而不能依賴江陵的計算結果；「別直以論」則是要求調查官吏按自己算出的地直來論罪。這些工作完成后不要急著回報，而要等所有情況查清、核實后再上讞，這就是所謂的「狀何如，勿庸報，鞫審，讞。」〔註446〕

〔註442〕朱漢民、陳松長主編：《嶽麓書院藏秦簡（叁）》，頁138。
〔註443〕陳松長、吳美嬌：〈嶽麓秦簡「芮盜賣公列地案」注釋獻疑〉，《簡帛研究二〇一四》（桂林：廣西師範大學出版社，2014年12月），頁193〜194。
〔註444〕鄔勖：《秦地方司法諸問題研究》，頁82。
〔註445〕朱漢民、陳松長主編：《嶽麓書院藏秦簡（叁）》，頁138。
〔註446〕鄔勖：《秦地方司法諸問題研究》，頁82。

按：吏自別直，指的就是官方計算出來的地值。此句跟上句別價地是緊緊相扣的句子，就是要釐清芮的獲利金額為何？是否超過六百六十錢。

本段是案件的揭發，由江陵縣呈報：公卒芮和大夫材一起搭蓋所承租的棺材攤位。後來當局沒有把攤位租給他們，芮將他的部分店鋪賣給士伍朵，地值一千錢，建築物值二百六十九錢，江陵縣以此論處芮。秦王政二十二年二月二十六日，南郡太守命令如下：詢問：芮賣店鋪時是跟朵將地分別定價還是當局自行分別定價？不用回報判決情況。審理明白後來請示。

二、●視獄：十一月己丑，丞暨劾曰：聞主市曹臣史(1)，隸臣(2)更不當受列，受棺列，買（賣）。問論。●更曰；芮、朵謂更：棺列旁有公空列，可受。欲受，亭佐(3)駕不許芮、朵レ更能受，共。更曰：若。更即自言(4)駕，駕鼠更。更等欲治蓋相移レ，材爭，弗得(5)。聞材後受。它如劾。

（1）主市曹臣史

整理小組：曹，分科辦事的官署或部門。徐灝《說文解字註箋·曰部》：「職官分曹治事謂之曹，如兵曹，刑曹之類皆是。」《里耶秦簡》J1⑧-554 有「廷吏曹」，J1⑧1288「廷倉曹」等。主市曹：應係縣廷中總管市政的部門，與直接主管商業區的市官有別。曹臣：似為隸屬於曹的一種身份，具體情況未詳。〔註447〕

陳松長、吳美嬌：文獻記載中關於「曹」的機構很多，如戶曹、倉曹、尉曹、法曹、金曹，但未見「主市曹」，此處的「主」也許當理解為「主管、負責」。「市曹」，也許就是縣廷中總管市政的部門，而司市及司市下設的各種市官是隸屬於「市曹」的官吏。……此處的「臣」，或許指一般官吏，……「主市曹臣」，即指主管市曹的官吏，也就是上文所說的「市曹官」。「史」作為主管市曹的官吏，他的身份很可能是司市，或是司市下的某一種市官。……這表明百姓要承租公列肆，除了向縣令、亭長申請外，可能還要向主市曹臣即司市申請登記，不符合承租條件的不允許承租，身為隸臣的「更」是不符合承租條件的。〔註448〕

〔註447〕朱漢民、陳松長主編：《嶽麓書院藏秦簡（叁）》，頁 138。
〔註448〕陳松長、吳美嬌：〈嶽麓秦簡「芮盜賣公列地案」注釋獻疑〉，頁 196～197。

　　鄔勖：勞武利將「臣史」解釋為「隸臣更在主市曹所擔任的職務」，勞說當是。睡虎地秦簡《答問》云：「可（何）謂『耐卜隸』、『耐史隸』？卜、史當耐者皆耐以為卜、史隸。●後更其律如它。」「臣史」與「史隸」或即一事，他們在官府中的地位和作用，正如《周禮》中位在大夫、士、史、胥之下的「徒」。〔註449〕

　　張韶光：對「主市曹臣史」的解釋有以下兩種觀點：一、「主市曹臣史」是指「主市曹」的官吏「臣史」，也就是隸臣更的身份；二、「主市曹臣」是職官名，「史」是人名。認同第一種觀點。

　　按：「主市曹臣史」的理解，筆者同意鄔勖及張韶光所言，「臣史」為職官。根據《嶽麓書院藏秦簡（肆）》簡272：「徒隸毄（繫）城旦舂、居貲贖責（債）而敢為人僕、養、守官府及視臣史事若居隱除者，坐日六錢為盜レ。」〔註450〕整理小組注：「『臣史事』即臣史當作的事情。『臣史』當是一種類似「書佐」的佐史，《嶽麓簡》0806上有「臣史佐吏書」的記載，又「臣」當是「隸臣」的「臣」，《嶽麓簡》1919上的「書佐隸臣」可資參證。」〔註451〕，由此可知，臣史乃為一職官。

（2）隸臣

　　整理小組：秦漢初的身份之一，用於中等罪犯，投降敵人以及罪犯之沒官家屬。《二年律令》簡398：「當戍，已受令而逋不行盈七日，若戍盜去署及亡過一日到七日，贖耐；過七日，耐為隸臣；過三月，完為城旦。」《秦律雜抄》簡38：「寇降，以為隸臣。」《二年律令》簡174：「罪人完城旦，鬼薪以上，及坐奸府（腐）者，皆收其妻、子、財、田宅。」同上簡435：「諸收人，皆入以為隸臣妾。」隸臣隸屬官府，在居住等方面受到一定的限制，並承擔一定的勞動義務。〔註452〕

　　按：考之文獻，《漢書‧刑法志》：「罪人獄已決，完為城旦舂，滿三歲為鬼薪白粲。鬼薪白粲一歲，為隸臣妾。隸臣妾一歲，免為庶人」師古注：「男子為隸臣，女子為隸妾。鬼薪白粲滿一歲為隸臣，隸臣一歲免為庶人。隸妾

〔註449〕鄔勖：《秦地方司法諸問題研究》，頁75。
〔註450〕陳松長：《嶽麓書院藏秦簡（肆）》（上海：上海辭書出版社，2015年12月），頁158。
〔註451〕陳松長：《嶽麓書院藏秦簡（肆）》，頁175。
〔註452〕朱漢民、陳松長主編：《嶽麓書院藏秦簡（叁）》，頁138。

亦然也。」」〔註453〕《漢書‧高惠高后文功臣表》:「二十一年,坐不齋,耐為隸臣。」〔註454〕可知在漢代的刑徒,最嚴重的是城旦(舂)—鬼薪(白粲)—隸臣(妾)—庶人。《嶽麓書院藏秦簡(叁)》「隸臣」出現十二次,分散在本案及〈譊、妘刑殺人等案〉〈同、顯盜殺人案〉〈魏盜殺安、宜等案〉〈得之強與棄妻奸案〉〉〈田與市和奸案〉〈學為偽書案〉。可以得知隸臣除了服勞役外,在行動上有一定的自由,還可以承租公列地。

(3)亭佐

整理小組:輔佐亭嗇夫之屬吏。《後漢書‧趙孝王良傳》李賢註引《東漢觀記》:「止宿亭,令奴金盜取亭席,金與亭佐孟常爭言,以刃傷常。」〔註455〕

按:「亭佐」不見於《里耶秦簡(壹)》,但見於傳世文獻,《後漢書‧陳寔列傳》:「少作縣吏,常給事廝役,後為都亭(刺)佐。」校云:「後為都亭(刺)佐,王先謙謂「刺」字衍,亭長下有亭佐,寔為之。今據刪。」〔註456〕可知亭佐為亭長的下屬。

(4)自言

整理小組:自言,法律術語,表示對官府的陳述以及各種申請行為。《二年律令》簡508:「諸乘私馬出,馬當復入而死亡,自言在縣官,縣官診及獄訊審死亡,皆告津關。」《居延漢簡》15.19:「永始五年閏月己巳朔丙子,北鄉嗇夫忠敢言之。義成里崔自當自言:為家私市居延。謹案:自當毋官獄徵事,當得取傳。謁移肩水金關,居延縣索關。敢言之。閏月丙子,敠得丞彭移肩水金關,居延縣索關。書到,如律令。」《居延漢簡》3.6:「隧長徐宗自言:責故三泉亭長石延壽莢錢少二百八十,數責不可得。」〔註457〕

籾山明:將私人對於官府進行申訴、申請的行為稱為「自言」,因此所提出的文書可稱為「自言」或者「自言書」。〔註458〕

〔註453〕〔漢〕班固撰;〔唐〕顏師古注:《漢書》(臺北:鼎文書局,1986年),頁1099。

〔註454〕〔漢〕班固撰;〔唐〕顏師古注:《漢書》(臺北:鼎文書局,1986年),頁543。

〔註455〕朱漢民、陳松長主編:《嶽麓書院藏秦簡(叁)》,頁138。

〔註456〕〔劉宋〕范曄撰;〔唐〕李賢等注;〔晉〕司馬彪補志:《後漢書》(臺北:鼎文書局,1981年),頁2065。

〔註457〕朱漢民、陳松長主編:《嶽麓書院藏秦簡(叁)》,頁138。

〔註458〕籾山明:《中國古代訴訟制度研究》(上海:上海古籍出版社,2009年),頁184。

張琮軍：以口頭形式的自訴在傳世法律文獻和簡牘資料中稱為「自言」。〔註 459〕

那思陸：自言是指以口頭的方式向縣庭提出控告。《漢書・韓延壽傳》：「（韓延壽）行縣至高陵，民有昆弟相與訟田自言，延壽大傷之……」〔註 460〕

張韶光：對「自言」的解釋主要分為以下兩種：一、「自言」是指向官府申請；二、「自言」是自訴、申請的意思。……此處的「自言」解釋為申請更合適。〔註 461〕

按：「自言」在《嶽麓書院藏秦簡（叁）》出現四次，除本案外，尚有〈暨過誤失坐官案〉缺 08，此簡是缺簡，由整理小組對照前後文補之。〈田與市和奸案〉簡 194「恐吏智不敢自言環錢」。〈學為偽書案〉簡 229「自言胡陽固所」。另《里耶秦簡（壹）》〔註 462〕亦出現七次，分別是簡 J⑧0445，J⑧0647，J⑧0656，J⑧1443，J⑧1466，J⑧1532，J⑧1554。以上「自言」皆是指向自言者的自我表述，所以釋為「自訴」較為適宜。

（5）材爭，弗得

陳松長、吳美嬌：此處的「相移」當即轉手、轉賣之意。前文「更」在供述中提到「芮、朵想與更共受公列地，而且更答應與他們合夥」，既然更答應和芮、朵合夥承租搭蓋，不可能還需要和他們相互交換，應該是更想與芮、朵合夥搭蓋好之後轉手給他人。……另外，「材爭」與「弗得」之間當有句讀。從上下文看，「材爭弗得」並不是指材爭棺肆沒有得到，而是指更與芮、朵合夥搭蓋好之後想轉手出去，因為材爭而沒有實現。〔註 463〕

黃傑：「材爭」下似當標逗號。從上下文看，「材爭弗得」並不是指材爭棺肆沒有得到，而是指更等欲治蓋移予芮、朵等，因為材爭而沒有實現。〔註 464〕

按：整理小組斷讀為「材爭弗得」，陳松長、黃傑等則認為應斷讀為「材爭，弗得」。由上下文觀之，應從陳松長、黃傑之說，因為材來爭取承租公列

〔註 459〕 張琮軍：《秦漢刑事證據制度研究》（北京：中國政法大學出版社，2013 年），頁 110。

〔註 460〕 那思陸：《中國審判制度史》（上海：三聯書店，2013 年），頁 65。

〔註 461〕 張韶光：《《嶽麓書院藏秦簡（叁）》集釋》，頁 124。

〔註 462〕 陳偉：《里耶秦簡牘校釋（第一卷）》（武漢大學出版社，2012 年 1 月）。

〔註 463〕 陳松長，吳美嬌：〈嶽麓秦簡「芮盜賣公列地案」注釋獻疑〉，頁 194。

〔註 464〕 黃傑：〈嶽麓書院藏秦簡叁釋文注釋商補〉（《簡帛（第十輯）》，2015 年），頁 118。

地，所以芮和朵沒有承租到。

本段內容是查閱原案：十一月十三日丞暨舉劾如下：從主市曹臣史處瞭解到隸臣更不應承租店鋪，但承租了棺材鋪，並且賣掉，問判決如何？更說：芮和朵對我說棺材鋪旁邊有公家的空店鋪，可以承租，我們想要承租，但亭佐駕不准許我們，你如果能承租，我們就合夥吧！我說：好。我就向駕提出申請，駕也答應給我，我們想搭蓋並交換，後來因為材來爭取，最後我們沒能得到，後來被材承租了，其他如同舉劾文書所述。

三、●材曰：巳有棺列，不利レ。空列，故材列レ。十餘歲時，王室(1)置市(2)府(3)，奪材以為府。府罷，欲復受，弗得。迺往九月辭守感(4)。感令亭賀(5)曰：毋爭者鼠（予）材。走馬喜爭，賀即不鼠（予）材。材私與喜謀：喜故有棺列，勿爭。材巳治蓋，喜欲，與喜□□□賀(6)。喜曰：可。材弗言賀，即擅竊治蓋，以為肆。未歇（就）(7)，芮謂材：與芮共。不共，且辭爭。材詫……喜辭（辭）賀＝不鼠（予）材、芮，將材、芮、喜言感曰：皆故有棺肆，弗鼠（予）擅治蓋相爭。感曰：勿鼠（予）レ。材……材□□□芮□□欲居，材曰：不可。須芮來。朵即弗敢居。它如更。

（1）王室

整理小組：王室：縣官舊稱。《里耶秦簡》J1⑧0461：「王室曰縣官，公室曰縣官。」縣官，朝廷，官府。《漢書・食貨志上》：「貴粟之道，在於使民以粟為賞罰。今募天下入粟縣官，得以拜爵，得以除罪。」〔註465〕

趙岩：「公室」原用於秦國君王稱公時，主要使用時間應在秦莊公至秦孝公之間，「王室」原用於秦國君王稱王時，主要用於秦惠王至秦莊襄王時。等到秦始皇稱帝，二者皆改稱「縣官」，不過因舊法遺留，在秦統一前的法律文獻中二詞皆有使用。「縣官」一詞在秦簡牘中已見使用，不過所用語義並非指「王」或「皇帝」義。〔註466〕

按：從上下文觀之，符合整理小組之義。當指「縣官」。

〔註465〕朱漢民、陳松長主編：《嶽麓書院藏秦簡（叁）》，頁139。

〔註466〕趙岩：《簡帛文獻詞語歷時演變專題研究》（北京：中國社會科學出版社，2013年），頁144～145。

（2）市

整理小組：市，城中劃定的貿易區域。《說文》：「市，買賣所之也。市有垣，从冂。」《秦律十八種》簡147：「春，城旦出徭者，毋敢之市及留舍闤外。」在本文中指掌管貿易區域的縣道下屬機構。〔註467〕

按：「市」字在嶽麓簡《壹》至《伍》中出現42次，除《嶽麓叄·田與市和奸案》中當人名用，嶽麓《肆》有「關市律」為律名，其他都是指市集或與買賣有關。

（3）府

整理小組：府，官衙。《周禮·天官·大宰》「以八灋治官府」，鄭玄註：「百官所居曰府。」《秦律十八種》簡150：「司寇勿以為僕、養、守官府及除有為殹（也）。」〔註468〕

陳松長、吳美嬌：「市」、「府」二字或可連讀為「市府」。「市府」是古代的市井官署。……「市府」應該是司市及司市下屬的各種市官辦公的官署。其職能主要是用以監督市場交易的狀況，處理糾紛；調整市政，調劑余缺，規範度量衡；同時頒布市場管理政令，以備隨時平衡市價等。〔註469〕

王偉：《史記·秦本紀》秦獻公七年「初行為市」，市場管理類秦印說明秦時在縣設有專門管理「市」的機構。〔註470〕

按：《說文》：「市，買賣所之也。市有垣，从冂，从ㄟ。ㄟ，古文及，象物相及也。之省聲。」《說文》：「府，文書藏也。从广，付聲。」段玉裁注：「文書藏也，文書所藏之處曰府。引伸之為府史胥徒之府。周禮，府六人，史十有二人。注云：府治藏，史掌書者。又大宰，以八法治官府。注云：百官所居曰府。」「市府」當如陳松長所釋連讀為市井中的官署，主要業務是市場管理。

（4）守感

整理小組：「守感」，應與〈猩敞知盜分贓案〉簡061「江陵守感」為一人。〔註471〕

〔註467〕朱漢民、陳松長主編：《嶽麓書院藏秦簡（叄）》，頁139。
〔註468〕朱漢民、陳松長主編：《嶽麓書院藏秦簡（叄）》，頁139。
〔註469〕陳松長，吳美嬌：〈嶽麓秦簡「芮盜賣公列地案」注釋獻疑〉，頁195。
〔註470〕王偉：《秦璽印封泥職官地理研究》，頁286。
〔註471〕朱漢民、陳松長主編：《嶽麓書院藏秦簡（叄）》，頁139。

按：從《嶽麓書院藏秦簡（叁）》的十五個案例觀之，出現的地理位置和人名，均有重複，故極有可能本案的「守感」和〈猩敞知盜分贓案〉的「江陵守感」是同一人。

（5）亭賀

整理小組：亭，亭嗇夫，即亭之長官，名為賀。《效律》簡 52-53：「其吏主者坐以貲、誶如官嗇夫。其他冗吏、令史掾計者、及都倉、庫、田、亭嗇夫坐其離官屬于鄉者，如令丞。」《奏讞書》簡 100：「十二月癸亥，亭慶以書言雍廷曰：毛買賣牛一，質，疑盜。謁論。」〔註 472〕

王偉：亭與市是對應設立的機構，亭有管理處於自己轄區內的「市」的職能。……秦時的亭有固定的官署場地和建築物，有固定的管轄範圍，亭的附近有固定的居民聚居地；有的「亭」還處在「市南街」中，或即是秦璽印和陶文所見的「都亭」。〔註 473〕

朱德貴：秦市場中「亭」具有如下職能：一是處理商業糾紛；二是管理店鋪的承租權；三是在產生糾紛時，直接接受太守的領導。〔註 474〕

張韶光：整理者等將此處的「亭」解釋為「市亭」，本案中市亭的長官是「賀」，均是沒有問題的。……在本案中出現了「王室置市府」，或可知，市亭的官署稱作「市府」〔註 475〕。

按：亭「賀」是亭佐「駕」的長官，此處之亭應如朱德貴所言為市場中的亭，可以在此處理商業糾紛、管理店鋪承租還可以進行審判。

（6）喜　　　貿

整理小組：喜字與貿字之間有容納三字左右的空白，此處簡文或許曾經被削改。〔註 476〕

按：考之圖版，喜與貿之間應可以容納三至四個字，簡文很明

〔註 472〕朱漢民、陳松長主編：《嶽麓書院藏秦簡（叁）》，頁 139。
〔註 473〕王偉：《秦璽印封泥職官地理研究》，頁 308～311。
〔註 474〕朱德貴：〈嶽麓秦簡奏讞文書商業問題新證〉（社會科學，2014 年第 11 期）。
〔註 475〕張韶光：《《嶽麓書院藏秦簡（叁）》集釋》，頁 127。
〔註 476〕朱漢民、陳松長主編：《嶽麓書院藏秦簡（叁）》，頁 139。

顯被削改。

（7）歔（就）

整理小組：歔，就音近古通。《說文・欠部》「歔字俗體作噈，从口就聲」，即其明證。隨州孔家坡漢簡《日書》簡 278 貳「辟門，歔（就）之蓋。」與睡虎地秦簡《日書・甲種》：直（置）室門篇簡 117 貳「辟門，成之即之蓋」對應。〔註 477〕

按：《說文》：「歔，歍歔也。从欠，籥聲。噈，俗歔，从口，从就。」歔，就音近古通，採「就」的「完成」之意。

本段是材的供述：大意是材本來就有一個棺材鋪，但獲利不好，空的鋪位原本也是材的，十多年前，因官方設置市府，將鋪位強行拿走，當做官署，官署廢棄後，材想再承租，沒能得到。在去年九月向太守感提出申訴，感命令亭長賀說：「如果沒有人爭就把鋪位給材。」結果走馬喜來爭，材與賀進行私下交易。結果芮來爭，在談判過程中，合作破局，形成訴訟。最後太守感誰都不給。

四、●芮曰：空列地便利＝，（利）與材共。喜爭，芮乃智（知）材弗得，弗敢居。酒十一月欲與人共漁，毋（無）錢。朵子士五（伍）方販棺其列下，芮利買（賣）所共蓋公地，卒（？）又（？）蓋□□□□與材共□□□(1) 芮分 (2) 方曰：欲即并賈（價）地，蓋 (3) 千四百。方前顧 (4) 芮千，巳（已）盡用錢買漁具。後念悔，恐發覺有辠（罪）。欲益賈（價）令方勿取，即枉（誣）謂方：賤！令二＝千＝。（二千）(5) 弗取，環（還）方錢。方曰：貴！弗取。芮毋（無）錢環（還）。居三日，朵責，與期：五日備賞（償）錢；不賞（償），朵以故賈（價）取肆。朵曰：若（諾）即。弗環（還）錢，去往〔●〕(6) 漁。得。它如材，更。

（1）卒（？）又（？）蓋□□□□與材共□□□

整理小組：「為獄等狀四種」中副詞「又」大多數作「有」，與《睡虎地秦

〔註 477〕朱漢民、陳松長主編：《嶽麓書院藏秦簡（叄）》，頁 139。

簡》等相一致，只有此處用「又」字。此簡（0670簡）簡末最後一個殘缺字疑為買字，與下一簡連讀為「買（賣）芮分方曰。」〔註478〕

（2）分

整理小組：芮所分到的部分店鋪，與簡 062-063，「買（賣）分肆士五（伍）朵」，簡085：「買（賣）分四百卅（三十）五尺」相同。〔註479〕

（3）并賈（價）地蓋

陳松長、吳美嬌：整理者認為「并」即「合并」也有點不妥，如果將「并」理解為「一起、一并」似乎更加合理。……據此，「并價地、蓋」，意思就是將地和建築物一起定價。〔註480〕

按：筆者認同陳松長的看法，將公列地和店鋪一起定價，價格才能賣得高。

（4）顧

整理小組：顧（雇），雇，報酬。《後漢書·宦者列傳·張讓傳》「因強折賤買，十分雇一」，李賢註：「雇，謂醻其價也。」江蘇省江西墓所出土買地券（《考古》一九八四年六期）：「買地買宅雇錢三百。」〔註481〕

按：《說文·頁部》：「顧，還視也。從頁雇聲，古慕切。」顧有回顧之意，「方」給的是購買店鋪的訂金，不能算是報酬，故整理小組釋為報酬疑有誤，應是指回顧先前「方」已先支付一千錢。顧字應直釋為顧即可。

（5）令二千

整理小組：令二千，疑為使之二千，即讓他出二千之意。千字右下有兩個小墨點，當係重文符號殘筆。〔註482〕

按：考之圖版，  ，整理小組之說可信。

〔註478〕朱漢民、陳松長主編：《嶽麓書院藏秦簡（叁）》，頁139。

〔註479〕朱漢民、陳松長主編：《嶽麓書院藏秦簡（叁）》，頁139。

〔註480〕陳松長、吳美嬌：〈嶽麓秦簡「芮盜賣公列地案」注釋獻疑〉，頁194。

〔註481〕朱漢民、陳松長主編：《嶽麓書院藏秦簡（叁）》，頁139。

〔註482〕朱漢民、陳松長主編：《嶽麓書院藏秦簡（叁）》，頁139。

（6）〔●〕

整理小組：簡 078 天頭圈點係誤點。按：圈點用在供等獨立性較強的程序成分之前，以前區別；「它如材、更」與簡 073「芮曰」相應，表示芮的供述結束，其前不應有圈點。〔註 483〕

本段是芮的供述，大意是空列地的位置很好，容易獲利，所以想和材合夥共有，因為喜的爭訟，才知道材無法爭取到，沒敢占用，十一月時，想和別人一起捕魚，沒錢。因為朵的兒子士伍方想要在那個鋪位旁賣棺材，芮貪圖利益，還有已經和材偷偷搭蓋好的公列地，就把自己的部分賣給方，公列地連同店鋪開價一千四百錢，方先付了一千錢，芮全部拿去買漁具。後悔了，也怕東窗事發會受到懲罰，於是跟方提高價格，說要二千錢才賣，方說太貴了，不想要。芮沒有錢還，過了三天，朵來討債，跟他約定五天內要還錢，如果沒還就按一千四百錢把店鋪拿走。

五、●方曰：朵不存，買芮肆（1）。芮後益買，弗取。責錢，不=得=。（不得）居肆，芮母索後環（還）二百錢，未備八百。它及朵言如芮、材。●駕言如更。●賀曰：材、喜レ芮妻佞皆巳（已）受棺列，不當重受（2）。它及喜言如材、芮。●索言如方。●詰（3）芮=：芮後智（知）材不得受列，弗敢居，是公列地殹（也）。可（何）故給方曰巳（已）受，盜買（賣）（4）于方？巳（已）盡用錢，後撓益買（價），欲令勿取；方弗取，有（又）弗環（還）錢，去往漁，是即盜給人買公列地（5），非令。且以盜論芮=，（芮）可（何）以解レ？芮曰：誠弗受。朵姊孫故為兄妻，有子レ。兄死，孫尚存。以方、朵終不告芮=（6），芮即給買（賣）方巳（已）用錢，毋（無）以賞（償）。上即以芮為盜買（賣）公地，皋（罪）芮=，芮毋（無）以避。毋（無）它解（7）。它如前。

（1）朵不存，買芮肆

鄔勖：也可理解為「朵不同意買芮肆」的意思。《奏讞書》中多有「存吏」一詞，《二年律令與奏讞書》指出「存」當訓為「在」，用為聽憑之義，認為「存吏」指聽憑吏的裁斷，是也。此處「不存買芮肆」或即不聽買芮

〔註 483〕 朱漢民、陳松長主編：《嶽麓書院藏秦簡（叁）》，頁 139～140。

肆，也就是不同意買芮肆之意。〔註484〕

按：《說文‧子部》：「存，恤問也。从子，才聲。」「存」有「關注、留意」之意。《後漢書‧桓帝紀》：「其輿服制度有踰侈長飾者，皆宜損省。郡縣務存儉約，申明舊令，如永平故事。」〔註485〕「朵不存」若釋為「朵不同意」，那麼方怎麼還會付一千錢的前金？應釋為「朵沒有留意、關注此事」才會有後來芮加價，由朵出面討債的事件。

（2）不當受重

勞武利：與公元前 186 年的那條向農民分田的法律很相似。農民一生只能受田一次。……在市場上註冊在籍的商人也只能獲得一個商肆。〔註486〕

鄔勛：商業用地是在規劃時按其所售商品價格和種類來確定大小的，其大小一經確定，授予時就不可能再依據身份等級進行分割。也就是說不論身份如何，都只能獲得同樣大小的土地。女性有權受地，但夫妻不能疊加受取。〔註487〕

按：從上文「皆已受棺列，不當重受」觀之，應即是當時已有經營棺材店的人，不應再承租公列地開設棺材鋪。

（3）詰

整理小組：詰，詰問，即針對供詞中的矛盾等進行追問。可參看封診式簡 02-03〔註488〕。

胡平生：「詰」是詰問、詰難之意，先秦、秦漢文獻中，其例甚多，茲不贅舉。上級官吏對下級官吏上報的文書有疑問而提出質詢，又以詰問「解何」的形式，……也許漢代公文中的詰問「何解」的質詢之制，也是由秦代文書制度的「詰之」形式沿襲下來的。〔註489〕

〔註484〕鄔勛：《秦地方司法諸問題研究》，頁 76。
〔註485〕〔劉宋〕范曄撰；〔唐〕李賢等注；〔晉〕司馬彪補志：《後漢書》（臺北：鼎文書局，1981 年），頁 229。
〔註486〕勞武利：〈秦代的司法裁判若干問題研究〉《出土文獻與法律史研究第三輯》（上海：上海人民出版社，2014 年），頁 157。
〔註487〕鄔勛：〈秦漢商業用地制度初探──以出土文獻為中心〉《江西社會科學》（2015 年第 7 期）。
〔註488〕朱漢民、陳松長主編：《嶽麓書院藏秦簡（叁）》，頁 140。
〔註489〕胡平生：〈讀里耶秦簡札記〉，《簡牘研究（第四輯）》（蘭州：甘肅人民出版社，2004 年），頁 8。

　　高恆：詰問，即追問。……當事人陳述之後，法官若認為仍沒有將案情交代清楚，即可追問，直至他無從辯解為止，所謂「其辭已盡書而無解，乃以詰者詰之。詰之又盡聽書其解辭，又視其它無解者以復詰之。」從《奏讞書》中得知，漢代因襲了秦時的「詰」制。在該書所錄案例中可以見到，被告人陳述後，法官隨即對於那些沒有交代，或沒有交代清楚的問題發出詰問。所問問題，對於認定被告人是否違法犯罪，有重要關係。〔註 490〕

　　勞武利：這一階段，被告人將面臨與其供述不一致的證詞，及與其供述相矛盾的證據。這一程序是為了給予被告人機會，讓其就被指控的勒索行為進行自我辯護，以避免司法誤判的產生。主管機關希望被告認罪，因為這種認罪似乎是定罪的必要前提。〔註 491〕

　　張韶光：對「詰」的解釋主要有兩種：一種認為「詰」是案件審理時的追問；另一種認為「詰」是上級官吏對下級官吏上報的質詢。在此處，認同第一種觀點。……這點正好印證了睡虎地秦簡《封診式》簡 2-3 所記：「凡訊獄，必先盡聽其言而書之，各展其辭，雖智（知）其詫，勿庸輒詰。其辭已盡書而毋（無）解，乃以詰者詰之。詰之有（又）盡聽書其解辭，有（又）視其它毋（無）解者以復詰之。」也就是說官吏在被審問之人陳述完畢後，對供述中有疑問的地方進行提問。〔註 492〕

　　按：《說文·言部》：「詰，問也。從言，吉聲。」，詰，即是詰問之意。

（4）盜買（賣）

　　整理小組：盜，竊取或搶劫財物，引申為用不正當手段謀取財物，即詐騙、騙取。《莊子·庚桑楚》「舉賢則民相軋，任知則民相盜」，王先謙《集解》引宣穎云：「盜，詐也。」盜賣，以騙取金錢的目的假裝或非法售賣，後文簡 083 又稱「給賣」。〔註 493〕

　　李明曉、胡波、張國艷：秦簡中「盜」作情態動詞，用於動詞謂語前，表示動作行為是未經官方允許而私下秘密進行的。可譯為「偷偷地」。表「偷偷

〔註 490〕　高恆：《秦漢簡牘中法制文書輯考》（北京：社會科學文獻出版社，2008 年），頁 452。

〔註 491〕　勞武利：〈秦代的司法裁判若干問題研究〉《出土文獻與法律史研究（第三輯）》（上海：上海人民出版社，2014 年），頁 153。

〔註 492〕　張韶光：《《嶽麓書院藏秦簡（叄）》集釋》，頁 131～132。

〔註 493〕　朱漢民、陳松長主編：《嶽麓書院藏秦簡（叄）》，頁 140。

地」義的「盜」是秦簡中新產生的詞。〔註494〕

黃傑：「盜」當即私自、非法之意。〔註495〕

陳松長、吳美嬌：「盜」，即私自、非法，與詐騙、騙取的含義並不相同。《說文》：「盜，私利物也。」《正字通》：「凡陰私自利者皆謂之盜。」可見，「盜」是一種暗中偷偷進行的利己行為。從語法上看，此處「盜」應是副詞，意為偷偷地、暗中地。《睡虎地秦墓竹簡‧法律答問》：「或盜采桑葉，臧（贓）不盈一錢，可（何）論？貲繇（徭）三旬。」《睡虎地秦墓竹簡‧徭律》：「及雖未盈歲而或盜陕（決）道出入，令苑輒自補繕之」其中「盜」詞性和詞義都與此相同。〔註496〕

張韶光：「盜」是私自、非法之義，「盜賣」也正如整理小組所言，是指以騙取金錢為目的，假裝或非法售賣。〔註497〕

按：盜賣即是非法買賣。芮並沒有得到公列地的承租權，和材還偷偷蓋了店鋪，並將自己的賣給方，這就是盜賣公地。

（5）盜紿人買公列地

陳松長、吳美嬌：整理者認為「紿賣」是「盜賣」的別稱，故將「買」括注為「賣」，但二者的含義並不相同，「紿」，古同「詒」，意為欺騙；詐騙。《玉篇》：「紿，疑也，欺也。」《穀梁傳‧僖公元年》：「惡公子之紿。」注：「欺也。」《史記‧高祖紀》：「乃紿為謁曰」，注：「詐也。」「紿買」則意為欺騙他人買。「盜賣」意為偷偷非法售賣。因此，此處的「買」也不應括注為「賣」，當讀作本字，「紿買方」，即欺騙「方」去購買。〔註498〕

鄔勖：盜紿人即以獲取財物為目的紿人，也就是以紿人坐贓為盜，《二年》簡261云：「諸詐（詐）紿人以有取，及有販賣買而詐（詐）紿人，皆坐贓與盜同法。」……所坐的贓直應即欺紿所取財物的金額。〔註499〕

黃傑：在將「盜紿人買公列地」讀作一句的前提下，「買」當讀作本字，

〔註494〕李明曉、胡波、張國艷：《戰國秦漢簡牘虛詞研究》（成都：四川大學出版社，2011年），頁202。

〔註495〕黃傑：〈嶽麓書院藏秦簡叄釋文注釋商榷〉，《簡帛網》，20130913首發。

〔註496〕陳松長、吳美嬌：〈嶽麓秦簡「芮盜賣公列地案」注釋獻疑〉，頁197

〔註497〕張韶光：《〈嶽麓書院藏秦簡（叄）〉集釋》，頁132。

〔註498〕陳松長、吳美嬌：〈嶽麓秦簡「芮盜賣公列地案」注釋獻疑〉，頁197。

〔註499〕鄔勖：《秦地方司法諸問題研究》，頁80。

「盜紿人買公列地」即非法欺騙別人（即方）買公列地。〔註500〕

張韶光：對「盜紿人買公列地」的理解主要有兩種：一、將「買」括注為「賣」；二、「買」應讀其本字。筆者認同第二種觀點。「盜紿人買公列地」即非法欺騙方買公列地，若將「買」括注為「賣」，即非法騙人賣公列地，是不合適的。〔註501〕

按：紿，古書通作「詒」，表示欺騙，如《史記・項羽本紀》：「（項王）問一田父，田父紿曰『左』。左，乃陷大澤中。」裴駰集解引文穎曰：「紿，欺也。欺令左去」〔註502〕筆者認同陳松長之看法，紿買即欺騙別人買公列地。

（6）以方、朵終不告芮

整理小組：以，以為認為。王引之《經傳釋詞》卷一：「以，猶謂也。」《漢書・元帝紀》：「人人自以得上意。」《奏讞書》簡043：「武曰：自以非軍亡奴，毋罪。」同上簡194-195：「廷尉、史議皆以欺死父罪輕於欺生父，侵生夫罪重於侵欺死夫。」

李均明：中國古代有親親匿的傳統，即一定範圍內的親屬之間可相互隱瞞罪行，法律不予制裁或減輕處罰，秦律及漢律中皆有其痕跡。〔註503〕

按：芮因為和方有姻親關係，認定不會被告，才會大膽進行詐騙。親親相隱一般是指有直系血緣關係的人，在本案不適用。芮是認為方會看在孫的份上，不會提告。

（7）毋（無）它解

張建國：「無解」分為兩種情況，一種是被告說：「罪，無解。」這是表示被告對犯罪事實加以承認，沒有繼續要辯解的問題，這往往是一些案情比較明確的案子；另一種是被告不承認事實，又對自己的行為或供詞中受到詰問的地方回答不上來，承審人員認為被告是在欺騙或拒絕認罪時，那

〔註500〕 黃傑：〈嶽麓書院藏秦簡叁釋文注釋商補〉，《簡帛（第十輯）》（上海：上海古籍出版社，2015年），頁118。

〔註501〕 張韶光：《《嶽麓書院藏秦簡（叁）》集釋》，頁134。

〔註502〕 〔漢〕司馬遷撰；〔劉宋〕裴駰集解；〔唐〕司馬貞索隱；〔唐〕張守節正義：《史記》，頁334。

〔註503〕 李均明：〈張家山漢簡所反映的包庇犯罪〉《簡牘法制論稿》（廣西師範大學出版社，2011年），頁129。

麼就可能要進行「掠治」，也就是刑訊。總之，這一種無解，最後是要被告說出「罪」這個詞，即自己承認有罪才算順利結束。〔註504〕

籾山明：在《奏讞書》詢問之場合可見，詰者詢問的末尾以「何解」結束，被詰者回答的末尾則以「存吏無解」、「無解」、「毋它解」結束。就是說，「無解」本來是用於供述結尾部分的一個詞，所謂「到此完畢，沒有什麼要解釋的了」，可以說是終了的意思表達。如果按照這樣的例子來看，就可以推定：《訊獄》所說的「其辭已盡書而毋解」這句話，可能就意味著「其供述已經被記錄完畢，沒有其他要解釋的意思表示」。後文所見「有〔又〕視其他毋解者」，可能是指「顯示供述再沒有其他解釋的意思表示」。〔註505〕

陳偉：毋它解，獄訟用語。《奏讞書》出現四次，皆是在審訊中「詰」的時候，被詰者陳述理由後用到。〔註506〕

按：「毋它解」，《嶽麓書院藏秦簡（叁）》出現四次，分別在本案，及〈暨過誤失坐官案〉簡103，〈識劫娩案〉簡130，〈田與市和奸案〉簡201。與《奏讞書》同，皆是在審訊中「詰」的時候，被詰者陳述理由後用到。

本段是方的供述及賀的供述並對芮進行詰問，大意是方趁朵不留心關注此事，買了芮的店鋪。芮後來漫天喊價，就不要店鋪了，欲討還欠款。芮的母親索後來還了二百錢，還欠八百錢。賀說材喜和芮的妻子都已有承租棺材鋪，不應重複承租。詰問芮，明知材沒有承租到攤位，為何要騙方，把錢用完了還想加價騙人，現在以盜罪論處。芮表示：確實沒有承租，朵的姐姐「孫」，是芮的嫂嫂，兩人有孩子，芮的哥哥過世了，嫂子還在，以此認定方和朵不會控告芮。就騙方的錢，對於罪名都承認，沒有要解釋的。

六、●獄史豬：芮方并賈（價），豬以芮不【……。問，……費六百】(1)九錢，買（賣）分四百卅（三十）五尺(2)，直（值）千錢。它如辤（辭）。●鞫之：芮不得受列，擅蓋治公地，費六百九錢，□……地積（？）四百卅（三十）五尺，……千四百(3)，已（已）受千錢，

〔註504〕張建國：〈漢簡奏讞書和秦漢刑事訴訟程序初探〉，《中外法學》，1997年第2期。

〔註505〕籾山明：《中國古代訴訟制度研究》（上海：上海古籍出版社，2009年），頁82。

〔註506〕陳偉：《里耶秦簡牘校釋（第一卷）》（武漢大學出版社，2012年1月），頁140。

盡用。後環（還）二百。レ地臧（贓）直（值）千錢。得。獄巳（已）斷，令黥芮為城旦，未□□□□□。<u>敢</u><u>瀘</u>（讞）<u>之</u>。

（1）【……。問，……費六百】

整理小組：此處缺一枚簡，缺簡記載內容應為獄史豬供述的後半部分與查詢記錄的前半部分，費六百三字以鞫文簡085擬補。〔註507〕

（2）四百卅（三十）五尺

整理小組：四百卅（三十）五尺，後文簡086稱「地積（？）四百<u>卅</u>（三十）<u>五尺</u>」，應指芮所分到的土地面積，即四百三十五平方尺。秦一尺為二十三點一公分，四百三十五平方尺等於二十三點二平方米。〔註508〕

（3）<u>千</u>四百

整理小組：千四百，與簡075「并賈（價）地，蓋千四百」相應，「卅」字與「千」字之間只有五個字左右的空白，前二字能確定為「五尺」，後三字或為「并地蓋」三字，或原初為「并賈（價）地蓋」四字，而中間有脫文。〔註509〕

本段是獄史豬的供述和全案的審理結果，內容大意是芮花了六百九十錢偷偷在公列地上蓋店鋪，非法賣公列地四百三十五尺，和店鋪一起賣給方，收了一千錢，只有還二百錢，是被捕的，非自首。命令芮黥為城旦。

肆、相關問題研究

《嶽麓書院藏秦簡（叁）》秦代市場交易探討

《嶽麓書院藏秦簡（叁）》共有十五個案例，其中有提到市集交易的有〈猩、敞知盜分臟案〉、〈芮盜賣公列地案〉、〈識劫婉案〉、〈同、顯盜殺人案〉、〈魋盜殺安、宜等案〉。從這五個案例，可以看出秦代的市場交易管理的特色：

一、市場地國有

〈芮盜賣公列地案〉簡062「公卒芮與夫=（大夫）材共蓋受棺列，吏後

〔註507〕朱漢民、陳松長主編：《嶽麓書院藏秦簡（叁）》，頁140。

〔註508〕朱漢民、陳松長主編：《嶽麓書院藏秦簡（叁）》，頁140。

〔註509〕朱漢民、陳松長主編：《嶽麓書院藏秦簡（叁）》，頁140。

弗鼠（予）」芮和材向官府申請承租公列地，官府可以決定給不給？且土地國有，如〈芮盜賣公列地案〉簡 067-068「十餘歲時，王室置市府，奪材以為府。」官府為了設置官署，可以收回土地。但店鋪需由承租人自行搭建如簡 062「共蓋受棺列」一起蓋棺材鋪。市場店鋪的位置由官府規劃，什麼地點賣什麼物品都是規定好的，由官府公告後才開放申請承租，〈芮盜賣公列地案〉中的公列地就是只能開棺材店，所以已經有棺材店的人都不能去承租。〈芮盜賣公列地案〉簡 079-080「材、喜、芮妻佞皆巳（已）受棺列，不當重受。」可知一個人不能重複承租同樣商品的商店。

二、市場商品多樣

〈猩、敝知盜分贓案〉簡 47-48「號乘輅之醴陽，與去疾買銅錫冗募樂一男子所，載欲買（賣）。」中可以看到號和去疾載銅去賣。〈芮盜賣公列地案〉中有棺材店，〈識劫婉案〉簡 109「婉有市布肆一、舍客室一」中有旅舍和布店。〈同、顯盜殺人案〉簡 143「薄宿所」有投宿所，即旅店。〈䯨盜殺安、宜等案〉簡 166「買城旦赤衣」、簡 164「買大刀」可知有二手衣店和兵器店。《嶽麓書院藏秦簡（叁）》所呈現出來的店鋪及商品很多樣，可以得知秦代的市集應是有非常多樣的商品選擇，也因為管理嚴格，所以才能破獲多起微難獄。

三、店鋪可以買賣轉讓

〈芮盜賣公列地案〉簡 62「芮買（賣）其分肆士五（伍）朵」就是買賣行為和〈識劫婉案〉簡 110「以肆、室鼠（予）識」屬轉讓行為，雖然婉是被脅迫的，但從這兩個案例，即可以看出秦代市場中的店鋪都是可以買賣轉讓的。

四、交易是以貨幣為主

《嶽麓書院藏秦簡（叁）》中從案例一到案例十五，交易皆是以錢做為交易媒介，如〈癸瑣相移謀購案〉簡 20 中訂金與購賞「私錢二千……死罪購四萬三百廿錢」，簡 22「羣盜購八萬六百卌錢」都是以貨幣支付。〈尸等捕盜疑購案〉簡 36「購金二兩」。〈芮盜賣公列地案〉簡 62「地值千，蓋二百六十錢。」〈識劫婉案〉中簡 109「錢六萬八千三百」，簡 116「為識買室，價五千錢。」簡 123-124「【沛】織（貸）建等錢，以市販，共分贏。市折，建負七百，昌三萬三千，積六千六百，喜二萬二千，遺六千」。可知秦代買

賣土地、房屋交易、借貸和購賞皆是以金錢給付。

　　從〈芮盜賣公列地案〉中我們可以得知秦代的市場管理，買賣交易情況，已經是蓬勃發展，且貨幣交易也是非常盛行，傅築夫說：「銅錢的歷史雖正式從秦代開始，但秦始皇行錢的這年，他就死去了，鑄造出來的銅錢數量是不可能很多的。秦始皇死後，就立刻進入大混亂時期沒有給秦王朝留下在此鑄錢和行錢的時間。」〔註510〕現從出土材料如《嶽麓書院藏秦簡（叄）》觀之，傅築夫的論點應是錯誤的。

〔註510〕傅築夫：《中國封建社會經濟史（第二卷）》（北京：人民出版社，1982年），
　　　　　頁489。